吾国吾民1919

时代风云与人物画像

黄乔生——著

中央党校出版集团◎大有书局

图书在版编目（CIP）数据

吾国吾民 1919：时代风云与人物画像 / 黄乔生著
. -- 北京：大有书局，2020.11（2021.11 重印）
ISBN 978-7-80772-018-8

Ⅰ. ①吾… Ⅱ. ①黄… Ⅲ. ①五四运动—研究 Ⅳ.
① K261.107

中国版本图书馆 CIP 数据核字 (2020) 第 200777 号

书　　名	吾国吾民 1919：时代风云与人物画像 WUGUO WUMIN 1919：SHIDAI FENGYUN YU RENWU HUAXIANG
作　　者	黄乔生 著
责任编辑	张媛媛　武　波
出版发行	大有书局 （北京市海淀区长春桥路 6 号　100089）
综 合 办	（010）68929273
发 行 部	（010）68922366
经　　销	新华书店
印　　刷	北京盛通印刷股份有限公司
版　　次	2020 年 11 月北京第 1 版
印　　次	2021 年 11 月北京第 2 次印刷
开　　本	170 毫米 ×240 毫米　16 开
印　　张	22.25
字　　数	310 千字
定　　价	56.00 元

本书如有印装问题，可联系调换，联系电话：（010）68929022

序 言

读者朋友先看了本书的“代后记”，就知道本书是“国民 1919”展览的图录。“代后记”主要介绍了过去五年间（2015—2019）北京鲁迅博物馆（北京新文化运动纪念馆）为纪念新文化运动和五四运动一百周年筹划的几个展览，“国民 1919”便是其中之一。

“国民 1919”展览的初衷，是对五四运动的大背景做一个系统描述。2019 年 4 月，在北京鲁迅博物馆（北京新文化运动纪念馆）红楼馆区举办了“五四现场”展览，在鲁迅博物馆馆区举办了“国民 1919”展览，两场展览彼此呼应，互有补充。五四当天有现场，五四运动有时段，民众的行动在“五四现场”展览中表现得较为充分；但五四运动的来龙去脉却需要从更长时间、更大范围、更多层次去考察：新文化运动如何推动五四运动？五四运动前思想上的准备有哪些，运动后的影响有哪些？陈独秀、鲁迅、胡适、钱玄同等新文化干将和众多青年才俊在五四运动前后处于怎样的状态？“国民 1919”展览就是想寻绎背景，探视全景。

1919 年的学生运动引发了自上而下的广泛的民众参与，其中知名人士尤为引人瞩目。但过去的叙述并不完整。即便是知名人士，在以往的叙述中，也只有一部分受到瞩目，另有一些则因为这样那样的原因被遮蔽甚至被丑化。除此之外，还有更为庞大的群体，所谓“沉默的大多数”——他们是“国民”的主体——其潜力有时会被忽视。

回眸五四，我们不能仅仅回到 5 月 4 日这一天，还应该回到 1919 年这一年。年份，在中国人的思维中占有很重要的位置。一个新的年份，总是带着新的希望。本书开篇就引用了《晨报》的新年献词,表达美好的祝愿。“国民 1919”展览把五四运动放在这一年中考察，而且还前溯到多年前，以及后溯多年后的中国社会情况，既探讨运动的起因，也评估运动的影响，尤其是与现代人的精神关联。在以一年作为一个短时段进行梳理、将百年作为一个长时段参照的时候，我获得了“一年与百年”的历史观念，让我感到许多问题需要重新审视。

五四运动一百周年纪念为我们提供了审视和反思的机会。

“国民 1919”展览制作过程因种种局限，存在诸多不足。例如，作为策展人，我为每个展品写了篇幅长短不一的说明文字，但在展览时，因为展线和版面的限制，每篇说明必须统一在百字左右，因此，有些背景复杂的展品的解说就有语焉不详之感，也进一步造成了本来就难以连贯的各展品之间照应不够。

的确，1919 年中国事件丛杂，头绪纷繁。单是表现五四运动，尚且要顾及北京、上海、天津等地，以及工人、商人、学生等不同社会阶层，国家情貌更为复杂。例如，单是文化一方面，门类就很多，有戏剧、诗歌、绘画、小说等，只能蜻蜓点水，很难面面俱到，而我在很多方面又是外行。本书最后一节的《卿云歌》歌谱，原是一件不能出声的图片展品，与齐白石的画、梅兰芳的戏文并列，似乎同属文学艺术，但实际上，选取这件展品，并不主要因为它是音乐，而是作为国家精神的一种表征。而将之作为本书收篇，还有一层考虑，即本书的开篇是鲁迅参与设计国徽，结尾则是鲁迅参与审查国歌，前后照应，始终相接。我对于音乐，正像对于绘画和京剧一样，所知甚少，因此对这样的题目只能是点到为止。本书对很多人物和事件都有未尽之处，这不只是因为篇幅限制，也因为作者学识浅薄。在成书时，我仍感觉本书只是形成了一个基本的框架,激起了星点的浪花。尽管在形成书稿过程中，我一直在尽力弥补“国民 1919”展览的散漫的缺憾，但很难说书稿就能让读者读出系统感和一贯性。

遗憾岂止于此。对于五四运动这样学界有了充分研究的重大历史事件，本书只是做了些平铺直叙。对于 5 月 4 日当天及其后的学生运动，很多学者做了很细致的梳理，成果丰硕。但勘查历史现场，追踪历史真实，还原历史时空，却并非易事。一些问题和细节，至今还有争论。比如，究竟蔡元培在运动发生前是否鼓动了学生？谁是学生运动的幕后指挥？斗争过程中究竟发生了什么？为了最大限度地回到历史现场，我们就需要更多的材料，更多的观察角度。本书或许有助于读者更客观地看待历史事件，更公平地倾听各方面的声音。

在发掘 1919 这样一个特殊年份中国社会存在的各种问题方面，本书也存在遗憾。那是一个百家争鸣的年代，各种思潮纷至沓来，古今中外相互碰撞。本书第三章简略介绍了大同思想、无政府主义、社会主义、实用主义、新村主义、工读主义等，这些主义和思想问题固然重要，但当时存在的社会问题更多——仅新民学会会员们就列出了一百多个。针对这些问题，本书单列专节介绍的并不多。历史上的问题可能会影响到现实中来，并且有些问题根深蒂固，本不是短时间就能解决的。尽管一百年不是一个短时段，但有的问题，如果找不到正确的方法，仅靠拖延时间无济于事。

“国民 1919”展览结束后，相关资料入库存档。一件工作算是完成了，但诸多遗憾仍在我心中萦绕——展览没有把这个精彩的年份描述得更全面、更细腻、更生动。参观展览的观众毕竟有限，怎样才能让更多人了解这些不常见的图片和资料？我试着把文字和图片结合起来，编成一本书，试图以专书形式将展览保存下来。

虽然策展时，原计划是用百件文物表现 1919 年的中国社会，但实际展览并非排出一百个物件的照片并配上一百篇说明文字，而是缩减为七十多节，每节配图数量不同，至少一幅，有的配两到三幅。编为图书，作者有了更大空间，好处之一是增加图片，如《巴黎和会》、《〈北京市民宣言〉》、《工读互助团》等节；好处之二是可以增加解说文字的篇幅，更详细地说明事件的缘起和进程，描述当事人的形象。而展览中无法使用的珍贵文物原件，在书中可以用图片呈现。

书稿初成，是在五四运动纪念日过去两三个月后，几位朋友看了展览和书稿，给予热情鼓励。有朋友建议将书名定为《吾国吾民 1919》，读起来对仗，朗朗上口，既有感染力，又透出感情色彩。这着实让我踌躇了一阵。展览题目“国民 1919”表现出一种追溯历史时空的意识，着意对客观真实的追求；“吾国吾民”则融入了感情，主观性大大增强，或竟堕入“我执”。再说，“吾国吾民”四字，先贤早已用过——林语堂曾有名著《吾国与吾民》（*My Country, My People*）出版。我不想以我狭窄的视角和微薄的意念影响读者。但思忖再三，还是接受了朋友们的建议。对于历史事件和人物的叙述，完全客观是很难做到的。举例来说，本书在图片选取上，如外国军队在中国政治中心的驻扎；在事件叙述上，如对中国的军政体制的介绍，我的倾向性都是很明显的。实际上，对很多具体的人和事，或赞赏，或嘲讽，或同情理解，字里行间，在在显露。在介绍留法勤工俭学运动时，我写下这样的意思：1919 年招收的留法学生中，有一位在 60 年后领导中国走上了改革开放快速发展的道路，因此可以说，这一年的勤工俭学活动为改革开放预备了人才。这虽然是事后诸葛亮式的话，但也透露出我的判断的主观性和倾向性。对这片土地及其养育的人物，作者的叙述完全不带感情色彩是根本不可能的。

然而，书稿的修改和出版遭遇了一场席卷全球的瘟疫。等到恢复正常状态，2020 年几乎过半。伤感之余，对一堆资料不免时不时摩挲一番，沉吟一回，敝帚自珍，亦思芹献。这是我对 1919 这个精彩年份的印象，对一场伟大运动的致敬，对诸多先贤的崇仰，对一些困扰中国社会的问题的反思。

大有书局的负责人和编辑关注到本书的题材，看了书稿后，认为用宽镜头、大视野对那个年份和那场运动进行审视，文图相配，为读者提供了一些可视可感的资料，决定出版。于是，我将资料再加审视，重新编排，删改补充，成了现在的样态。

本书与展览相比，已有了很大不同。为便于阅读，本书对展览的顺序和内容做了一些调整和改动。有的是将几个部分做了合并，如展览中的国语统一筹备会、注音字母，在书中并为一节；更多的修改是增加细节，交代了事件的过程和人物的结局。展览对五四运动叙述较为简略,是为了避免与“五四现场”展览重复。本书适当补充了第二章“五四”的内容，使三部分不显得畸轻畸重。当然，第三章仍然占据最大篇幅，因为我希望集中表现新文化运动和五四运动对国家和民众产生的影响。

五四运动是一场对中国社会和中国人精神生活产生巨大影响的历史运动，是由知识阶级发动，由青年们承担的。文化英杰们在五四运动之前发起了新文化运动，举起科学和民主的旗帜，进行着艰苦的启蒙工作。相比五四运动，新文化运动历时更长，波及面更广，影响更深远。北京新文化运动纪念馆设在原北大红楼内。北大红楼这座中西合璧的建筑，堪称新文化运动的象征。历史上进出这座大楼的英才俊杰，具有家国情怀，天下意识，自由包容的气度，改造社会的雄心，对中国社会的进步做出了卓越贡献，值得我们缅怀，鼓舞我们奋进。坐在红楼那间南临五四大街、东眺五四运动主题公园的办公室里，我常常有一种历史和现实贴近的亲切感。我既震撼于历史事件的伟力，更景仰先贤们的学问和人格。这座大楼应该也一定会有更丰厚的内容展示给观众和读者。我们已经做的展览和出版的图书，只是浅尝而已，希望不止于此，未来更有可期。

在展览制作和本书编写过程中，很多机构和个人给予大力支持。我在报告会发言中只列举其中的几位。借本书出版的机会，谨向以下机构和个人致谢：臧伟强、高扬、王梓端、韩斗和詹洪阁诸位先生，上海中共一大会址纪念馆、中国现代文学馆、留法勤工俭学纪念馆等机构提供了展品和藏品的图像；臧伟强先生还将他的未刊书稿《章宗祥交游考略》提供给我参考；刘思源、夏晓静、刘静、秦素银、赵菁、李平等同事查找资料、扫描图片；梁海军、李俊尧诸君整理文献、翻译外文资料、核对注释、增补大事年表；耿相新、郭孟良、张胜诸位先生对本书图片选择及编排给予了宝贵建议；大有书局的武波编辑为本书的出版付出了智慧和辛劳。

黄乔生

2020 年 9 月 15 日于北京

目 录

引子

《国民》

1919年1月1日，学生救国会机关刊物《国民》杂志在北京创刊。

学生救国会成立于1918年10月20日，由邓中夏、高尚德、黄日葵、段锡朋、张国焘、许德珩等北京大学学生发起。

学生救国会得到很多社会知名人士的支持。北京大学校长蔡元培和《京报》主编邵飘萍都出席了成立大会。蔡元培为《国民》创刊号撰文说：

> 《国民》杂志者，北京学生所印行也。学生唯一之义务在求学，胡以牺牲其求学之时间与心力，而从事于普通国民之业务，以营此杂志？曰：迫于爱国之心，不得已也。向使学生而外之国民，均能爱国，而尽力于救国之事业，使为学生者得专心求学，学成而后有以大效于国，诚学生之幸也。而我国大多数之国民，方漠然于吾国之安危，若与己无关。而一部分有力者，乃日以椓丧国家为务。其能知国家主义而竭诚以保护之者，至少数耳。求能助此少数爱国家唤醒无意识之大多数国民，而抵制椓丧国家之行为，非学生而谁？

蔡元培认为，虽然学生是于国家危难时临时创办《国民》的，但他希望学生在办刊中仍能做到“正确”、“纯洁”、“博大”，尤其是“博大”。因此，他提醒学生们：“所谓国民者，亦同时为全世界人类之一分子。苟倡绝对的

《国民》杂志创刊号

国家主义，而置人道主义于不顾，则虽以德意志之强而终不免于失败，况其他乎？《国民》杂志勿提倡极端利己的国家主义。”他告诫学生警惕国家至上主义，努力养成拥有人类主义情怀的国民心理。

时任北京大学图书馆主任李大钊也给学生救国会以热情帮助和悉心指导，积极为《国民》撰稿。他于 1919 年初写成《大亚细亚主义与新亚细亚主义》，刊登在《国民》1919 年 2 月 1 日的第一卷第二号上，对日本军国主义的侵略阴谋做了深刻剖析。

《国民》的办刊宗旨有四点：一是增进国民人格，二是灌输国民常识，三是研究学术，四是提倡国货。其中三点都落实到普通国民层面，即人格精神塑造、智识传播以及爱国主义倡导上。

《国民》在五四运动以前，仍使用文言文，刊登过近代著名文人章炳麟、刘师培、黄侃等人的诗词和散文。随着五四运动的深入，刊物正式使用白话文替代文言文。在稿件编排上，也不再强调采用文化学术界名人的文稿，基本脱离其办刊初衷第三点所强调的研究学术的范围。

当时，以北京大学教员为主体的同人杂志《新青年》已经在读者中产生了一些影响。《国民》的学生办刊者们正是发现了《新青年》在倡导观念解放、开启国民智慧方面的巨大功用，就效法师长，办起了杂志。

几乎与《国民》同时，另一本由北京大学学生编辑的刊物《新潮》也与读者见面。1918 年底，在北京大学图书馆（红楼），傅斯年、罗家伦、徐彦之、顾颉刚、俞平伯等在蔡元培、陈独秀、胡适、钱玄同、李大钊等指导和帮助下，发起成立新潮社，编辑出版《新潮》杂志。杂志“专以介绍西洋近代思潮，批评中国现代学术上、社会上各问题为职司”，提倡白话文和学术思想解放，反抗传统礼教，主张“伦理革命”。

《国民》主编之一黄日葵认为，《新潮》和《国民》分别代表了当时北京大学学生中的两种思想倾向：前者偏重于哲学和文学话题，后者偏重于政治和社会问题。《新潮》在思想改造和倡导文学革命上，紧跟《新青年》的步伐，积极鼓吹五四运动，使这场运动的意义深入人心。《国民》注重于将反抗帝国主义，特别是日本压迫的政治热情与民众的爱国意识相结合，体现出对于政治问题、社会问题的特别关注。

与《新潮》、《新青年》等杂志相比，《国民》杂志最鲜明的政治特点是反帝救国。其创始人之一张国焘回忆说，该社成员主张，所有的学生团体，从最顽固的保守派到无政府主义者，都应投入救国活动，救国比其他事情更重要，救国第一。他在回忆录中强调由他主持的《国民》杂志社在五四运动中的主力军作用：

一九一九年五月二日下午七时，“国民杂志社”循例举行社务会议；参加者是原有的十多个社员，议程也只是讨论杂志的出版事务。可是到会者不约而同地谈到中国在凡尔赛和会受屈辱的情形，以及曹汝霖等觍颜媚日和山东及其他各地人民团体奋起救国等消息，气氛异常激昂。我首先提议：由“国民杂志社”发起，约集北京各校同学举行一次示威游行。我并且说明：这次示威运动决不可再蹈去年请愿行动的覆辙；必定要做得有声有色，获得圆满的结果，时间愈快愈好。这次示威行动的意义是向日本使馆表示中国人民的抗议；唤醒民众，一致奋起，迫使在外交上准备屈服的政府拒绝在和约上签字，作为收回山东权益和取消二十一条的张本，并打击亲日卖国首领曹汝霖等人，以伸张民族正义。我这提议立即得到全体到会者的热烈赞成，大家提出了许多宝贵的意见。[1]

著名画家，时为北京大学画法研究会负责人的徐悲鸿为《国民》创刊号设计了封面——一位用手掌托着下巴思考的青年，似乎有所担忧，但其坚毅的神情又传达出明确的信息：他绝不耽于沉思，而要付诸行动。

创刊于 1915 年的《新青年》(原名《青年杂志》)，法文刊名为“La Jeunesse”(青年),后起的《国民》和《新潮》也一样具有国际视野。《新潮》以法文“Renaisance”期待中国的“再生”或“复兴”,《国民》则用了英文“Citizen”，强调在特殊时代，中国青年人应有的公民责任意识和社会担当精神。

《新潮》杂志编辑罗家伦回忆说:“当时各学校的中心，自然是北京大学，至于北大主持这个运动的躯干，要算是新潮社及国民杂志社里面的人。”[2]

---

[1] 张国焘：《我的回忆》，东方出版社 1991 年版，第 49—50 页。

[2] 罗家伦口述，马星野笔记：《我所参与的五四运动》，载台湾《传记文学》1978 年 5 月第 54 卷第 5 期。

第一章

国·民

中华民国

1919年的中国，国号为中华民国，国旗为红黄蓝白黑五色旗，象征五族共和。

中华民国是亚洲第一个民主共和国。1911年辛亥革命成功，革命党在南京成立临时政府，南方诸省代表推举孙中山为临时大总统。1912年元旦，孙中山在南京宣告中华民国成立，改用公历纪年。

孙中山这样解释国号的含义："民国者，民之国也。为民而设，由民而治者也。"[1]全国各省的民意代表是协商建立国家、管理国家的基础。1912年1月28日，各省代表会议改组为南京临时参议院，成为临时政府的最高立法机关。3月11日，在孙中山的主持下，临时参议院颁布《中华民国临时约法》，按照西方民主制度和立法、行政、司法"三权分立"的原则，建立议会制和责任内阁制。

在国家元首的职责分配上，中华民国政府采取接近内阁制的双首长制。总统与总理均由参议院选出，总统的职责范围包括执行法律、发布命令、统率全国陆海军队、任命官员、外交权，以及依法宣布戒严、特赦和减刑复权等，但以上权力均需经由参议院同意。国务总理与总统拥有相同的权力，主要是内政治理及法律副署权。

1912年4月，孙中山辞职，临时参议院选袁世凯任临时大总统，首都从南京迁至北京。临时政府正式迁京后，袁世凯政权与议会、国民党矛盾重重。袁世凯意图专权，打击国民党，孙中山号召武力讨袁，是为"二次革命"。但由于国民党力量涣散，而政府军力量强大，"二次革命"旋即失败。此后，

---

[1] 孙中山：《为居正题词》，载《孙中山全集》第5卷，中华书局1985年版，第200页。

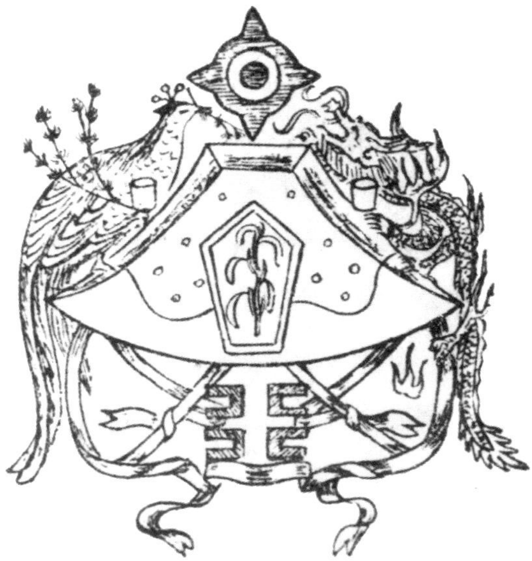

钱稻孙、鲁迅等拟国徽图。图案参考西方纹章布局，中心为一盾牌，中绘嘉禾，周围采用中国古代礼服的十二吉祥纹章：日、月、星辰、山、龙、华虫、宗彝、藻、火、粉米、黼、黻

袁世凯正式开始了复辟帝制的活动，1916年称帝。孙中山再次组织武力讨袁，发动护国运动。在一片反对声中，袁世凯被迫于1916年3月取消帝制，3个月后去世。

从1912年4月袁世凯担任总统到1919年，共和体制遭受严重破坏，政府首脑更替频繁：

袁世凯（1913年10月10日—1916年6月6日。其间，1915年12月12日称帝，改国号为中华帝国，年号洪宪。1916年3月22日宣布取消帝制）；

黎元洪（1916年6月7日—1917年7月1日）；

张勋（1917年7月1日—1917年7月12日）；

冯国璋（1917年7月6日—1918年10月10日）以副总统代理总统职；

徐世昌（1918年10月10日—1922年6月2日）。

1917年7月1日，张勋以调停“府院之争”为名，率军从徐州进入北京，拥戴溥仪复辟，但复辟只持续了12天。

从中华民国建国初颁布的《中华民国临时约法》和北京袁世凯政府颁布的《天坛宪草》以及其他文献中，可以大致了解基本国情：

一、土地。《中华民国临时约法》第三条规定：“中华民国领土为二十二行省、内外蒙古。”《天坛宪草》规定：“中华民国国土依其固有之疆域。国土及其区划依法律不得变更之。”

二、行政区划。民国建立之初，地方行政区划沿用清制，全国设23省，实行省、府（州）、县（州、厅）三级管理体制。1913年1月，袁世凯政府颁布《划一现行地方各级行政官厅组织令》，废除旧有地方制度，改设省、道、县三级管理体制。全国共有22个省，另设5个特别行政区。到1920年，全国共有县1885个，另有设治局、旗223个，计2108个三级行政区。

三、人口。民国元年人口数约为41964万，具有高出生率、高死亡率和低增长率的特点，死亡率为2.76%，而婴儿的死亡率则高达15.6%，人的平均寿命只有35岁，城市人均寿命为40岁左右。

四、实业和财政。中国的实业，与资本主义国家相比，显然是落后的。以纺织业为例，1910年代，中国纺锭的年产量还不足资本主义国家中排位比较靠后的俄国的纺锭产量的十分之一。而且，因为外来资本的渗透和干涉，中国实业没有也不可能形成一个独立体系。因为出口的需要，一些省份如山西、河北、江苏、安徽的煤矿和铁矿有所发展，但大部分控制在帝国主义和本国官僚资本手中。即便是中国官办的矿业和制造业，也多依靠外国资本。例如湖北官矿公署计划采、运、炼一条龙开采象鼻山铁矿，但机器钢板等需要从外洋购买，处处受制于人，不但价格高昂，而且运输不便，遇到战乱，更是难以运转，于是只好改成采出卖掉，出口原料。钢铁产量是一个国家工业发达的标志。1919 年，中国人口约 4 亿，每年生产的钢铁仅 40 万吨，人均用铁量约 1 公斤，而美国的人均用铁量是 250 公斤。国家经济十分拮据，还需要继续偿还清政府留下的债务，如庚子赔款等。政府职员常常拿不到足额的薪水。

在 1919 年到来时，欧战胜利让中国国民心情有所舒缓。这一年的元旦，报章纷纷发表迎新贺词。《晨报》的祝新文字表达了对中国走向复兴的殷切期待：

> 民国诞生以来，祸变频仍，迄今无宁日……则民国八年初幕，未必非交泰反复之期，更就事实而论，世界大战既终，国内争斗亦息，平和之声弥漫大地，由此而新思想、新潮流、新团体、新事业，风起云涌，气象万千，在世纪开一新纪元，在吾国开一新生命，果能顺时应变，力图自新，则起死回生之机，未必不在今日。

1919 年，中国的确发生了巨大变化，出现了轰动中外的历史事件。国民，尤其是青年，发出抗争的呐喊，开始在社会上发挥重要作用。

元首

有些中国历史书籍把 1927 年前的中华民国政府称为“北洋政府”，听起来好像是一个局部或临时政府。这是因为，这个政府的领导者多为北洋军将领，也就是中华民国第一任总统袁世凯的部下们。而在南方，还有一个不接受这个政府领导的政权，先后由孙中山、岑春煊等人主持。

政权建构和运行的难点是监督和制约元首的权力。中华民国一直没能解决这一问题。袁世凯实行独裁，恢复帝制。此后选出的国家元首，也是各实力派斗争和妥协的结果，难以实现公正的选举，国会的权力并没有或很少起到作用。

依据 1912 年大总统选举法，中华民国总统应由国会选举产生，每届任期 5 年。袁世凯于 1913 年（民国二年）10 月 10 日就职，任期未满去世，由黎元洪接任。黎元洪因派系争斗下台，又由冯国璋接任。到第一届总统（冯国璋）1918 年 10 月 10 日任职期满时，依照法律需要改选新总统。

作为候选人的徐世昌是袁世凯的挚友，曾深得袁世凯的倚重，但在袁世凯称帝时，他保持沉默，远离枢要。1916 年 3 月，袁世凯被迫取消帝制，起用徐世昌为国务卿。不久，袁世凯病逝，徐世昌再次离开权力中心。1918 年 9 月，徐世昌当选中华民国第二届、第四任总统。

徐世昌两次通电推拒，当然是做做姿态，最终，还是在参众两院议长梁士诒、王揖唐力促以及逊帝溥仪派人“敦劝”、地方多省函电“一致拥戴”下，于 1918 年 9 月 16 日通电允就。

据《申报》、《民国日报》等报道，1918 年 10 月 10 日上午八时，徐世昌乘车离开私邸，八点半在中南海怀仁堂与前任总统冯国璋会晤。九时，中华民国史上首次总统权力交接仪式开始，在大礼官黄开文引导下，冯、徐两

徐世昌

人同向国旗行三鞠躬礼。一身戎装的冯国璋致颂词，徐世昌致答词。随后，徐世昌及大礼官送冯国璋至居仁堂。十时，徐世昌宣读《就职宣言》，行三鞠躬礼，就职仪式完成。

媒体与外国人均未被邀请出席当天的总统权力交接仪式。翌日，美国总统威尔逊率先电贺徐世昌就任中华民国总统。

徐世昌有“文治总统”之称，朝野上下及北方各省对其品行及文人气质，均表赞赏。他国学功底深厚，擅长书法，安阳袁林墓碑额“大总统袁公世凯之墓”即出自他的手笔。他一生著述30余种，如《清儒学案》、《退耕堂集》、《水竹村人集》等。其门生曹汝霖在回忆录中写道：“东海（徐世昌）为人和善而有智谋，不威而严。素讲理学，尊崇黄老政治，无为而治，以德化民。

总统就职仪式后徐世昌与众官员合影

余每请益，辄劝我多读书。重礼节，每见客，即便熟人，亦整衣冠出见。其在病中，余每去视疾，总是起床整襟以见。”

徐世昌上任大总统，遇到两大难题：对外，要在巴黎和会上为中国争取权益；对内，要停止对南方的战争，筹划召开南北和会。

1919 年 1 月 11 日，钱能训代总理受总统之命改组内阁，任命各部总长：外交陆征祥（未到任前由次长陈箓代理），财政龚心湛（未到任前由次长李思浩代理），陆军靳云鹏，海军刘冠雄，司法朱深，教育傅增湘，农商田文烈，交通曹汝霖，内务钱能训（兼）。

军政

无兵或兵力不足是民国中央政府的一大困扰，特别是在遭遇动乱时候更显被动，于是中央政府将兵权下放地方，但此举又导致各地政府首长握有军事和财政大权，形成尾大不掉的局面。因此，袁世凯及其继任者决定采取一种从中央到地方的垂直军管的方式——军政。

民国初年，军阀实力较大的是以河北（直隶）人冯国璋为首领的直系，以及以安徽（皖）人段祺瑞为首的皖系。直系代表人物有曹锟、李纯、陈光远、王占元等，分别任直隶、江苏、江西、湖北等省督军，组成直系基本势力；皖系主要人物有徐树铮、靳云鹏、段芝贵、傅良佐、倪嗣冲等。

袁世凯去世，黎元洪继任总统，但实际掌握军权的是担任国务总理兼陆军总长的段祺瑞。

在与黎元洪的权力争斗中，段祺瑞想要取得日本的外力援助，因此积极主张对德、奥宣战，但遭到黎元洪和多数国会议员的强烈反对。

1917 年 5 月，黎元洪免去段祺瑞国务总理之职。皖系遂煽动 10 余省区的督军通电“独立”，发兵进逼北京。7 月，张勋乘机拥清废帝溥仪复辟。段祺瑞率兵讨伐并打败张勋，重新控制政权。皖系再次获权后，大举向日本借债，编练“参战军”，扩充实力，企图以武力统一全国。

因此，当时中华民国最大的督军是皖系军阀首领段祺瑞。1917 年 8 月 14 日，时任国务总理的段祺瑞主持会议，决定对德宣战，中国由此以协约国名义参加欧战。12 月 18 日，段祺瑞被代总统冯国璋特任为“参战督办”。

段祺瑞领导的参战督办事务处（简称参战处）不隶属内阁，可以制定参战计划，配置战争资源，对军事、内务、财政、自然资源及国家机器等都有支配权，且有权对各部下达指令。内阁各项事务，在禀报总统的同时，亦须

参战督办段祺瑞

报告参战督办事务处。可见，参战督办的权力几与总统相当。段祺瑞以参战为名，掌控住拿日本贷款所购的军火，迅速壮大北方皖系军阀的势力，引发以曹锟、吴佩孚为首的北方直系军阀的不满。率军在前线与南军对垒的吴佩孚，曾以“停战”手段与段祺瑞作对。

中华民国政府因为参与欧战，不仅缓付了协约国庚子赔款（赔款中的德、奥部分自然取消），还增加了关税收入。欧战结束，协约国获胜，中国也随之成为战胜国，在与一些国家尤其是美国结成盟国后，国际地位大大提升。段祺瑞因主张参战有功，于 1919 年 7 月由“参战督办”改任“边防督办”，其所建立的“参战军”改称“边防军”。

1918 年秋，在皖系的主持下，中华民国中央政府选举出安福系议员占绝对多数的新国会，新国会选举徐世昌取代冯国璋任总统，目的是想借此举进一步打压直系军阀，以便实行皖系专制。但皖系试图以武力统一天下的野心遭到直系将领强烈抵制，直系积极获取英、美外力支持，同皖系争夺中央政府的控制权。1919 年 12 月冯国璋病逝，曹锟、吴佩孚成为直系首领，直皖两系之间的权力争夺日益加剧。

徐世昌总统一上任，便被迫周旋于军事实权派中间，他的就任直接遭到非皖系军阀和南方军政府的共同反对。广州国会（由流亡到穗的国会议员组成）公开发表反对宣言，称“北京新国会系伪国会，无选举总统之权利”；直系军阀吴佩孚也通电抗议，称“卑劣不全之国会，不能代表全国民意”。

“三害”与“三利”

中华民国的军事实权操控在有军事实力的割据军阀手中。从这个意义来说，中华民国并非“民”国，而是“军”国。徐世昌的支持者是皖系军阀段祺瑞，国会则是在皖系主导下选出的“安福系”。

当时一家报纸刊登的照片或可说明中华民国当时的政治格局。虽然徐世昌的照片在上，段祺瑞的照片在下，这只是表面上的上下——实际情况正相反：徐世昌的总统政府如果失去段祺瑞的军事实力依靠，就无法正常运行。如果说中央层面尚能按照宪法规定设置两院，构成所谓的民主政治框架，地方政府则是赤裸裸的军事化，各省都由实权人物“督军”总揽一切，其权力靠枪杆子支撑，一旦需要就调动军队，进行武力打压。

各省的实权人物还会联合起来,形成更大的军事和政治力量。光绪末年，慈禧太后主张废光绪立新君没有成功，就是因为遭到多地大员联名反对。此外还有外国势力也对政府施加影响。中华民国时期,这种情况仍然没有改变。中央政权在处理与地方的关系时颇多掣肘。各地督军在行使权力和分配资源时，并无章法可寻。中央政府为了扭转自己的被动处境，虽然也在研究和制定地方选举法，但武力和金钱总能阻挠法律的实施:谁的军队强，谁就气壮，谁就有理。这就造成了后来皖系、奉系、直系三足鼎立，以军备和武装力量夺取政权的局面。

各省督军自建“督军团”，在北京设置代表。连总统、总理和总长，都要顾及“督军团”的意见,不敢得罪督军团。“督军团”后面还有“外交团”，由各国驻华公使组成。但“督军团”只是对内嚣张,对外则不得不听命于“外交团”。晚清以降，中国政治生态中出现这样一种畸形的结构链条：百姓怕官，官怕皇帝，皇帝怕洋人，洋人怕百姓，正所谓“一物降一物”。有人形

中華民國七年十月十日　神州日報　陰曆戊午年九月初六日　星期四　(二)

祝論一

●吾所祝於國民者

徐世昌氏

祝論二

●七年來復

祝論三

●中華民國七週之國慶

段祺瑞氏

祝論四

●說國慶

祝論五

●七年中之民國道德與教育

刊有徐世昌和段祺瑞照片的《神州日报》

东交民巷外国使馆驻军阅兵

象地总结，北洋时期的中国政治是“督军团”和“外交团”的“两团政治”。《每周评论》曾发表文章，说民间有一种通俗形象的说法：“上自大总统，下至挑粪桶，没有人不怕督军团。”但是“外交团比督军团还要厉害”，不管督军团在北京何等威风，只要“外交团小小的一个劝告，都吓得如鸟兽散”。[1]

督军团横行霸道，凭借外交团的外力操控，掌控中华民国政治命运。面对如此极端的政治怪相，新文化运动的几位主将创办了《每周评论》，对种种政治和社会乱象予以抨击。陈独秀发表《除三害》一文，指出中国若不除去军阀、官僚和政客，国内政治便永无澄清之日。他说：“若想除这三害，第一，一般国民要有参与政治的觉悟。对于这三害，要有相当的示威运动。第二，社会中坚分子，应该挺身出头，组织有政见的有良心的依赖国民为后援的政党，来扫荡无政见的无良心的依赖特殊势力为后援的狗党。”[2] 李大钊

[1] 只眼（陈独秀）：《随感录 · 两团政治》，载《每周评论》第 1 号，1918 年 12 月 22 日。

[2] 陈独秀：《除三害》，载《每周评论》第 5 号，1919 年 1 月 19 日。

接着发表《兴三利》,针对陈独秀提出的“三害”,又给出“三利”的解决之道:“开首，多多培养进取、有为、肯牺牲、负责任的少年为专门而博闻的学者。其次，实行科学教育，使人人对于事物都抱着遵守科学法的态度，都是批疑之胆大而容受之心虚。最后第三，创办种种真正绝对的民本事业，成立种种真正绝对的民本制度，务令人世的确是人的人世，不再是帝王军阀的人世，不再是官僚政客的人世，不再是资本家财主的人世。”[1]

李大钊在这篇文章中特别指出了国民的力量，警告“三害”切勿低估民众：“公众比一个人的聪明质量广、方面多，总可以判断出来谁是谁非。你们若是对于公众失败，那就当真要有个自觉才是。若能有民众袒右你们，那个能够推倒你们？你们若是不知道这个道理，总是隐在人家的背后，想抱着那位伟丈夫的大腿，拿强暴的势力压倒你们所反对的人，替你们出气，或是作篇鬼话妄想的小说快快口，造段谣言宽宽心，那真是极无聊的举动。”而对于中华民国的国民力量，李大钊尤其重视青年的思想觉醒及其将要发挥的作用。他以俄国革命为例，号召中国的新青年勇敢站起来，绝不要害怕武力镇压，因为新思想必定战胜旧思潮：“须知中国今日如果有真正觉醒的青年，断不怕你们那伟丈夫的摧残;你们的伟丈夫，也断不能摧残这些青年的精神。当年俄罗斯的暴横政府，也不知用尽多少残忍的心性，杀戮多少青年的志士。那知道这些青年牺牲的血，都是培植革命自由花的肥料;那些暗沉沉的监狱，都是这些青年运动奔劳的休息所；那暴横政府的压制却为他们增加一层革命的新趣味。”

[1] 李大钊:《兴三利》，载《每周评论》第6号，1919年1月26日。

安福国会

在今天的北京西单牌楼迤南，有一条安福胡同。1918 年，皖系军阀核心人物段祺瑞指派他的心腹徐树铮，在这条胡同里组织了一个俱乐部，时称“安福俱乐部”。

皖系实力派借口张勋复辟已经中断了中华民国，主张国家机构另起炉灶，成立新国会。1917 年 11 月，北京临时参议院成立，由皖系政客王揖唐任议长。此外，还有人称“小诸葛”的徐树铮的帮衬，他曾任段祺瑞内阁的秘书长、陆军次长等职。王揖唐上任后，对国会组织法和议员选举法实施修改。1918 年 2 月，两个新法正式颁布。

当时参加安福俱乐部的都是皖系集团或亲近皖系的议员政客，他们根据新的国会组织法和议员选举法，干预和操纵选举。他们采取金钱收买和政治高压的卑劣手段，演出了许多选举丑剧。例如，王揖唐派他的侄儿担任湘江道尹，包办湖南的选举，因内定人员未能全部当选，皖系军阀、湖南督军张敬尧便使用伪票来充数。此外，有的地方还让小学生排队投票，前门进，后门出，反复循环，凑足所需选票。

1918 年夏，安福国会完成了议员选举。8 月 12 日，临时参议院结束，国会正式开幕。安福系国会议员达三百多人，占绝对优势。王揖唐和刘思格分别当选为众议院的正副议长。9 月 4 日，国会参、众两院召开联合选举委员会，选出徐世昌为大总统。

安福国会成立后，安福系势力大增，各色各样的投机政客趋炎附势，“无奇不有，率皆金钱买取利欲引诱而来。鸡鸣狗盗，自命名流。社鼠城狐，谬

民国国会会堂

充政客。声踞枢要，自便私图”[1]。安福系蓄意破坏南北统一，为换取借款不惜出卖国家资源，引起各方不满。议员选举贿赂成风，民众对议员的反感不断加剧。总统恨国会，可以理解，民众也恨国会，说明民国的政治体制运行并不顺利。议员必须真正广泛地代表民意，才能得到民众的拥护；议会必须具有相当的权力，才能对国家行政权力产生制约。

1913 年 5 月 18 日，鲁迅接待一位同乡——国会众议员田多稼。田的名片上印着“议员”字样。鲁迅当天在日记中说他“鄙倍可厌”。可能是因为“议员”在社会上名声不佳，让鲁迅“恨屋及乌”。

北京大学成立进德会，会员守则中就有一条“不做议员”。但自诩道德优胜的人都不去做议员，民意怎么表达呢？这无疑失去了民主共和的本义。这一危机在当时并没有被注意到。胡适在当时也谴责议员，抨击国会，但多年后他对此进行反思，认为大家当时都操之过急。无论是上层，还是民间，都对国会缺少信心和耐心。国会这样容纳意见的机构需要相当长时间才能建构完善，因为一时的偏激情绪而蔑视甚至解散国会，将导致国家走向权力集中和专制，危害更大。并非所有议员都是腐败分子，也有不做猪仔的议员。

[1] 《留日学生声讨安福会》，载上海《民国日报》，1919 年 8 月 7 日。

曹锟向议员行贿买票两次，第一次是 1918 年竞选副总统，没有成功，第二次竞选总统，大大提高了金额，五千银圆一票，很多议员成了“猪仔”，但来自浙江淳安县的众议院议员邵瑞彭，收到支票后，拍照寄往北京、上海各地报纸发表，并向北京地方检察厅提出控诉，舆论为之哗然。为了躲避追杀，他辗转多地。当他返回故乡时，民众集会欢迎，师范讲习所的学生们高举横幅，上写“揭发五千贿选，先生万里归来”。浙江乐清的洪叔翰也做出同样的选择。

有人说，曹锟有军队，又如此厚脸皮，为什么不直截了当地坐到总统宝座上去，何必要经过许多曲折，并且花那么多金钱购买选票？曹锟的想法是，多么雄厚的武力和多么丰厚的资材，也抵不过宪法赋予的权力——他要“合法”地当上总统。这从反面说明坚持宪法威权的重要性和长期坚持维护宪法权威的必要性。

文化人有时自命清高，标榜不谈政治，专心研究。但学问文章，绕来绕去，总要归结到现实政治上来，因为政体是国家的根本，改革国家首先要改革政治。早在 1916 年 2 月，陈独秀就在《吾人最后之觉悟》一文中说：“吾人既未能置身政治潮流以外，则开宗明义第一章，即为抉择政体良否问题。”又说：“吾国欲图世界的生存，必弃数千年相传之官僚的专制的个人政治，而易以自由的自治的国民政治也。”就连以文化批评和文学创作为主业的鲁迅，也会在私信中议论国家的政体。五四运动一周年那天，他在写给友人的信中，针对有人不赞成共和体制，表示：“中国学共和不像，谈者多以为共和于中国不宜；其实以前之专制，何尝相宜？专制之时，亦无忠臣，亦非强国也。”[1]

提倡民主科学的新文化先驱后来逐渐觉悟到政治的重要性以及文化知识界人士袖手旁观作为“老好人”的危害：“政治改革是惟一下手工夫。我们深信中国所以败坏到这步田地，虽然有种种原因，但‘好人自命清高’确是一个重要的原因。‘好人笼着手，恶人背着走。’因此，我们深信，今日政治改革的第一步在于好人须要有奋斗的精神。凡是社会上优秀分子，应该为自

[1] 鲁迅 1920 年 5 月 4 日致宋崇义信。

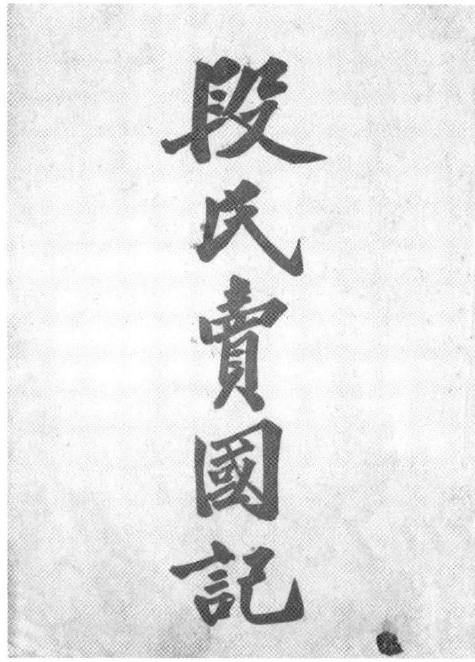

《段氏卖国记》，温世霖著，1919年10月出版

卫计，为社会国家计，出来和恶势力奋斗。”于是，五四运动三年后，胡适与蔡元培、汤尔和、陶知行、梁漱溟、李大钊、陶孟和、高一涵、丁文江等发表《我们的政治主张》，提出建设“好政府”的目标，对中国政治改革提出三个基本要求：

第一，我们要求一个“宪政的政府”，因为这是使政治上轨道的第一步。第二，我们要求一个“公开的政府”，包括财政的公开与公开考试式的用人，等等。因为我们深信“公开”（publicity）是打破一切黑幕的惟一武器。第三，我们要求一种“有计划的政治”。[1]

[1] 原载《努力周报》第2期，1922年5月14日。《东方杂志》第19卷第8号，1922年4月25日。胡适时任北京大学教务长。

1918 年底，巴黎和会即将召开，中华民国和平统一的呼声一时高涨。西方列强想要打破日本试图独占中国的野心，也要求民国南北统一。西南军阀和直系军阀为了打击皖系“挟天子以令诸侯”的野心，不肯承认安福国会，所以也赞成南北统一，另行立法。此外，大总统徐世昌虽是安福国会所选出的，但他本人也不愿完全受制于安福系，而是希望超越各派之争，真正行使总统职权。

在国内外复杂局势交织下，1919 年 2 月，和平会议（又称南北和会）在上海召开。安福系国会议员们非常慌张，因为他们不愿改变国会现状，担心和平会议会阻碍段祺瑞武力统一中国，更害怕公正公平的民主选举。于是，国会通电反对南北和会讨论国会问题，声称和会“倘若越权擅议，则紊乱国宪，摇动国本”[1]。安福系此举激起公愤，各地报纸声讨文字不断。当时，坊间出现了《安福祸国记》一书，记述了皖系俱乐部和安福国会活动，对安福俱乐部的缘起及其把持政治、操纵选举等均有较详细的揭露。

与该书配套的《段氏卖国记》，把中国政治混乱、丧权辱国直接归咎于段祺瑞。书中有这样一些章节：“段祺瑞之谋杀异己”、“段祺瑞之凌虐总统意图篡弑”、“段祺瑞之挑拨川乱”、“段祺瑞之发起徐州会议制造督团干涉宪法”、“段祺瑞贿选公民团、围殴国会议员”等。

从该书暴露的黑幕来看，段祺瑞确实是当时中国的实权派。但他的政敌实力不足，一时拿他没办法，只能出书揭露。但从另一面看，枪杆子很硬的段祺瑞尚且要贿选，因为自己的愿望得不到满足便殴打国会议员，至少说明国会还是有用的，不完全是摆设——它实在是“国宪”和“国本”的重要基石。

---

[1] 见南京文史资料整理处藏“北洋政府陆军部档案（1011）1474”，此电发于 1919 年 4 月 17 日。

南北和会

1917年，段祺瑞以张勋复辟为借口，宣称民国元年（1912）成立的国会和通过的《中华民国临时约法》，已不再具有法律效力，拟议解散国会，废除《中华民国临时约法》，成立新国会，从而把持中央政权。对此，孙中山在广州召开国会非常会议，组织护法新政府，任大元帅。翌年，孙中山因受到桂系军阀的排挤而去职，广州护法军政府大权被岑春煊、陆荣廷等操控。

中华民国出现南方护法新政府和北京政府并峙的局面。

南北两个政权几乎在所有问题上互相对立。例如，关于中国参加巴黎和会，北京决定派代表团参加，广州军政府立即提出反对，表示要自派代表。1919年1月9日，广州军政府委任伍廷芳、孙中山、汪兆铭、王正廷、伍朝枢作为出席巴黎和会的专使（后孙中山拒绝担任，改派王正廷等人）。1月15日，广州国会两院指定起草委员会草拟《中华民国国会第五次宣言》，声明不承认北京政府所派出席巴黎和会代表及其所订各项条约。

针对中华民国国内南北政权对峙、内战一触即发的紧急状态，美国开展了政治斡旋。美国图谋借机利用国民的反战情绪来打击日本。威尔逊在1918年10月10日祝贺徐世昌就任大总统的贺电中，就要求停止内战、南北统一，认为只有如此，中华民国才能在国际会议中占有地位。同时，美国驻华公使芮恩施和广州的美国领事分别在北京政府和南方军政府中积极活动。

迫于世界和平的巨大压力，日本自然不能公然支持中国南北内战。但日本不愿放弃在中国得到的好处，并且野心膨胀，因此竭力排斥美国来华分占利益。迫于美国等国的压力，也为了表现出积极友善的态度，日本于1918年10月23日提出，由英、美、法、意、日五国共同向南北政府提出劝告和

南北和会谈判会场

平统一，而不是只有美国一个国家提出。此建议得到其他国家的同意。在五国政府的干预下，北方政府于11月16日，南方政府于11月22日发布停战令。12月2日，在北京的五国公使赴总统府，驻广州的五国领事赴军政府，提出南北和平统一劝告："关于中国解决内讧之办法，五国政府无何等干涉之企图，亦不指示何等妥协之条件，或左右之意志，全由中国人士自己协定之。"

1919年2月20日南北和平会议在上海召开，北京徐世昌总统派代表朱启钤，南方军政府主席岑春煊派代表唐绍仪，举行和平谈判。

和会上的争吵反映了亲美派和亲日派争夺权力的斗争，由于南北和议有碍日本在华利益，有悖段祺瑞"武力统一"中国的意图，而北京政府本身也只是迫于中外压力才同意议和的。因此，北京政府代表，特别是属安福系的代表，对议和毫无诚意。段祺瑞甚至暗中授意一些代表，和谈只许失败，不许成功。

《每周评论》的记者追踪报道会议进展情况。该刊于2月9日第8期报道《和平会议协商会议规则》，引述双方代表拟定的规则后评论道："看这规则的内容，使我们生出许多不满意的感想。第一，单由总代表发言，是不许自由讨论的；第二，禁止旁听，是不取公开主义的。现在欧洲和平会议席上，已把几千年相沿的秘密外交主义打破了，我们商议内政问题，偏要在这里严守秘密，难道就能一手掩尽天下目吗？"

2月23日《每周评论》第10期上的《和平会议开幕的消息》报道了第一次会议前的仪式，因为记者不能旁听，所以只引述了双方总代表会后的宣言：

> 一个说国家要以统一为重，一个说国家要以法律为重；一个说西南五省当取消独立，一个说陕闽两省当禁止进攻；一个说西南条件总要平和，一个说北方意思总要忠诚。这就是第一天开议的大概情形。

美日矛盾不可调和，注定了南北和会不可能产生任何结果。在经历了近三个月时间的拉锯斗争之后，1919年5月14日，南北和会在双方代表都辞职的情况下宣告失败。

1919年5月4日，陈独秀在《每周评论》第二十号（实际出版时间可能延后）上发表《两个和会都无用》一文，揭开了上海和会和巴黎和会的虚假和平面纱，指出这是"两个分赃会议"：

> 上海的和会，两方都重在党派的权利，什么裁兵废督，不过说说好听，做做面子，实际上他们哪里办得了。巴黎的和会，各国都重在本国的权利，什么公理，什么永久和平，什么威尔逊总统十四条宣言，都成了一文不值的空话。那法、意、日本三个军国主义的国家，因为不称他们侵略土地的野心，动辄还要大发脾气，退出和会。我看这两个分赃会

议与世界永久和平，人类真正幸福，隔得不止十万八千里，非全世界的人民都站起来直接解决不可。若是靠着分赃会议里那几个政治家、外交家在那里关门弄鬼，定然没有好结果。

巴黎和会伊始，陈独秀对世界和平及中国受到公平待遇充满期待，称赞提出“和平十四条”的威尔逊总统是“世界上第一大好人”。然而，巴黎和会上列强的表现让陈独秀极为失望，于是，他对威尔逊的称呼就改成“威大炮”了。

孙中山

孙中山是中国近代最著名的政治领袖人物之一，他领导的辛亥革命结束了中国封建王朝两千年的统治，他在辛亥革命中发挥的重要作用，让他成为实至名归的中华民国奠基人。然而,孙中山并不是中华民国第一任正式总统，这就导致了他与袁世凯明里暗里的权力争斗。由于袁世凯恢复帝制，倒行逆施，孙中山在道义上占了上风。

1919年五四运动期间，孙中山在上海寓所闭门著书，总结其“奔走国事30余年”的经验，力图重整旗鼓，夺回政权。这个时期，他和他的同志们正式发布了《中华革命党改组为中国国民党通告》和《中国国民党规约》。

1919年6月，陈独秀被捕，孙中山在上海会见政府代表许世英，对此事件表示不满：“独秀我没有见过……你们做的好事，很足以使国民相信我反对你们是不错的证据。”“他们这些人死了一个，就会增加五十、一百，你们尽做着吧！”[1]许世英向北洋政府急电汇报孙中山的意见，这或者也是政府最终释放陈独秀的原因，因为孙中山的中华民国第一任临时大总统的显赫声望，使政府不能不有所忌惮。

孙中山在世的时候，便有青年人尊称他为“国父”，逝世后各党派都尊称他为国父，获得全社会的认同。发动革命和创建民国的孙中山被称为“伟大的革命导师”、“民主革命的先行者”。在与袁世凯为首的北洋政治势力的斗争中，他反对独裁，力主建立革命军队以及民主政府。

其实，孙中山领导的反清革命是以暴力进行的，会党是反清革命的主要力量。会党的结构和组织方式，相当于马上得天下，是所谓的“逆取”，而

[1] 沈定一1919年12月16日致胡适信，《胡适往来书信选》（上），中华书局1977年版，第77页。

1919年孙中山戎装照

中华民国建立共和体制，是与民共享天下，必须“顺守”。1919年1月14日，孙中山复信国史馆的蔡元培等人，针对来信提出的革命前的会党活动要不要写入国史的问题，谈了自己的意见：

尊函主《国史前编》上溯清世秘密诸党会，文于此意，犹有异同。以清世秘密诸党会，皆缘起于明末遗民，其主旨在覆清扶明。故民族之主义虽甚溥及，而内部组织，仍为专制，阶级甚严，于共和原理、民权主义，皆概乎未有所闻。故于共和革命，关系实浅，似宜另编为秘密会党史，而不以杂厕民国史中，庶界划井然不紊，此亦希注意及之也。

但在现实中，孙中山到处碰壁，搞实业两手空空，夺兵权力不从心，根本无法与北方军阀势力抗衡，因此，他领导的革命运动一再失败；在与南方实力派的合作中，也屡受排挤。

现实的教训使得孙中山最终选择继续壮大党派势力的道路，他创办军官学校，训练军队。为了增加凝聚力，他回到共和前的老路上，运用会党时期的个人崇拜手段，在蒋介石等追随者的拥护下，树立个人权威。通过国民党不断加强宣传，扩大他的影响力，促进了党内对他的权威的认同。不过，国民党统一全国的时候，孙中山已经去世。国民党对他的称呼，并不是“临时大总统”的那个“总统”，而是作为国民党党魁的“总理”。执政的国民党将孙中山的“总理”地位写入党章，赋予孙中山的“总理遗教”至高无上的法律地位：“全国人民之民族生活与国家生存发展，皆统一于总理之遗教之下。凡我同志及全国国民，均宜恪守勿渝者也。”

孙中山之后的国民党统治下的中国，虽然沿用了民国的称号，但政权结构不是民主制，而是所谓“训政”，一切统一于领袖个人意志，因此一步一步走向专制和独裁。国民党执政，建立新的民国政府，不仅只是字序上发生变化，而是将政党当作政府，从民国发展到“党国”。从个人崇拜等会党规矩可以看出，国民党只是一部分“国民”的党，是帮会的党，因此，最终会演变成为家族的党、权贵的党。

1929 年 12 月，胡适发表《新文化运动与国民党》一文，从文学革命、思想自由、新旧文化态度等方面，对国民党违背新文化精神的施政方针提出批评。他说，陈独秀拥护赛先生与德先生，就是为了提倡新文化运动：“新文化运动的一件大事业就是思想的解放。我们当日批评孔孟，弹劾程朱，反对孔教，否认上帝，为的是要打倒一尊的门户，解放中国的思想，提倡怀疑的态度和批评的精神而已。”“新文化运动的根本意义是承认中国旧文化不适宜于现代的环境，而提倡接受世界的新文明。”因此，“我们要明白指出国民党里有许多思想在我们新文化运动者眼里是很反动的。”[1]

[1] 《新月》第二卷第六、七号合刊（1929 年 9 月 10 日）。

个人政治魅力可以增加党派的吸引力。毫无疑问，孙中山的良好个人形象对于党派形象塑造起了巨大作用。个人崇拜有助于凝聚力量，在特定的时代，当个人崇拜符合历史语境，领袖作为民族与文化象征的政治崇拜符号，对于促进文化融合、民族认同具有积极意义，能起到国家用行政或法律手段无法达到的社会动员和国家整合效能。

二十一条

国与国之间的谈判，应该建立在平等的基础上。但是，半殖民地的中国在外交上往往处于劣势。1915年中日关于“二十一条”的谈判就是一个不平等的明证。

谈判前，3月17日，日本代表、日本驻华公使日置益坠马受伤，本应暂停谈判或者由日方改派代表，但日方却要求中国政府派出的外交部次长曹汝霖等人到东交民巷日本使馆内日置益卧室举行谈判，这样的谈判方式可谓奇耻大辱，引发了强烈的舆论责难。但最终，谈判仍是如此进行。

“二十一条”的第一部分就是关于山东问题：“中国政府允诺，日后日本国政府拟向德国政府协定之所有德国关于山东省依据条约或其他关系对中国政府享有一切权利利益让与等项处分，概行承认。”

第二部分关于南满及内蒙古东部问题：“将旅顺大连租借期限，并南满洲及安奉两铁路期限，均展至九十九年为期。”“中国政府允将在南满洲及东部内蒙古各矿开采权，许与日本国臣民……”“中国政府在南满洲及东部内蒙古聘用政治、财政、军事各顾问教习，必须先向日本政府商议。”“中国政府允将吉长铁路管理经营事宜，委任日本国政府，其年限自本约画押之日起，以九十九年为期。”

第三部分关于汉冶萍公司：“将汉冶萍公司作为两国合办事业，并允如未经日本国政府同意，所有属于该公司一切权利产业，中国政府不得自行处分，亦不得使该公司任意处分。”

第四部分关于沿海岛屿：日本要求中国政府答应，“所有中国沿岸、港湾及岛屿，概不让与或租与他国”。

第五部分上升到国家层面：“在中国中央政府须聘用有力之日本人，充

有关“二十一条”的漫画

为政治、财政、军事等各顾问。”“允认日本国人在中国有布教之权。”

如果条约签署，中国举国都将被置于日本钳制之下。

谈判过程也让中国民众感到屈辱。1915 年 1 月 18 日，日本驻华公使日置益向袁世凯递交条约时，因为担心第三国干涉，要求中国政府“迅速商议解决，并守秘密”。由于条约对中国国家利益侵害太大，袁世凯政府颇多犹豫，一再请求日本“原谅中国政府实在为难情形，勿过坚持”，“请留亲善余地”。为了迫使中国屈服，日本于 1915 年 3 月间增兵东北、山东、津沽等处，进行威逼。3 月 8 日，日置益对曹汝霖说：“会议迁延，日本国军国民，势难再徇情，若于数日内对于重要各条，无满意之承认，恐生不测之事。”针对中国民众的抗议之声，4 月 26 日，日本政府又提出修正案二十四款。但只是在形式和文字上略有变动外，基本内容仍和“二十一条”一样。5 月 7 日，日本向袁世凯政府下达最后通牒，要求在 5 月 9 日以前答复，“如到期不收到满足之答复，则帝国政府将执行认为必要之手段”。5 月 9 日，中国政府

北京，日本驻华公使馆大门

代表表示对日本的要求完全接受。5 月 25 日，两国代表在北京就“二十一条”各项内容的条约上签字。

“二十一条”是中华民国建国后最大的外交屈辱。中国民众将“五七”或“五九”作为国耻纪念日，“五七”即日本下最后通牒的日子，“五九”即中国承认“二十一条”的日子。李大钊在为中国留日学生总会撰述的《警告全国父老书》中说：“万一横逆之来，迫我于绝境，则当率我四万万忠义勇健之同胞，出其丹心碧血，染吾黄帝以降列祖列宗光荣历史之末页。”全国各地为挽救危难，掀起了救国储金运动。青年学生尤其义愤填膺。1915 年 5 月 11 日，北京救国储金团在中央公园开会，并发表宣言：“吾侪生为中国之人，死为中国之鬼。……今本商会出于吾国民爱国之忱，为自保身家性命起见，特发起救国储金团，日积所蓄，储备万一。”5 月 23 日，北京救国储金团在中央公园开第二次救国储金会，陆续到会者有工商学各界共十余万人，当场认储和交纳现金共八十余万元。

上海的鸳鸯蝴蝶派小说家周瘦鹃对“二十一条”之耻记忆深刻，他曾拟定笔名“五九生”以志不忘，因为他出生在5月8日夜间，只差几个钟头就是5月9日。1915年，他写下中篇小说《亡国奴之日记》，主人公在祖国沦亡后逃到太平洋孤岛上，发出锥心刺骨的悲号。

1919年9月，全国各地抗议活动此起彼伏，周瘦鹃创作《卖国奴之日记》，谴责政府阁员的卖国行径。因小说内容过于激烈，出版商都不敢接受，最后只得以“紫兰编译社”的名义自费出版。

海外华侨也投入到反对“二十一条”的斗争中。南洋华侨救国团致函表达悲愤心情：“天祸我国，惨遭奇难，人非木石，能无恫乎！侨等远居异地，国事不得其详，然据西电所传亦得其略……将见父皇帝儿皇帝互签押于条约上矣。呜呼！以一人之贪位，而易以五千年之国土，四万万之人民。伤心惨目，未有此极。何辜于天，我罪伊何而竟躬逢其变也。”

袁世凯损害国家利益接受“二十一条”，意图稳定政治局势，达到延续统治的目的，但他却没有坐稳皇帝的宝座，在1916年6月6日暴病死去。而“二十一条”的旧账，并没有因为袁世凯的死亡而勾销，在1919年前后时时被翻出晾晒。

矿产抵押

中国矿产资源虽然丰富，但由于矿业技术落后，矿产开采和利用水平低下。因此，只好求助于外人，这给外国公司来华开矿提供了机会。

民国政府初建，政府聘请外国人担任矿业顾问。瑞典的安特生是其中有名者，他后来由采矿转到科学考察乃至历史考古，是“北京猿人”的发现者之一。

1906年，中国留日学生顾琅和周树人（鲁迅）合著的《中国矿产志》由上海普及书局出版发行。全书概述全国地质状况及矿产分布的情况。一个月后，与此配套的《中国矿产全图》出版发行。书中以日本调查者的资料为基础，绘制了中国20个省的矿产分布图，马良（相伯）在该书的序言中称赞道：“罗列全国矿产之所在，注之以图，陈之以说，我国民深悉国产之所有，以为后日开采之计，不致家藏货宝为他人所攘夺，用心至深，积虑至切”，“深有裨于祖国”。清政府学部指定其为中学堂参考书，农工商部认为此书对中国地质源流言之甚详，绘图精审，通饬各省矿务、商务界购阅。[1]

两位留学生的心情可以理解，他们在看到日本农商务省地质矿山调查局的秘本《中国矿产全图》后，深感情势急迫，“急转借摹绘，放大十二倍，付之写真钢版，以供祖国”。这种状况实足令人悲哀，两位作者发出如此感叹：“目注吾广大富丽之中国。徒茫然尔。无已，则询之客，以转语我同人。夫吾所自有之家产，乃必询之客而始能转语我同人也，悲夫！”《中国矿产志》及附图资料来源是日本公开的部分，而日本关于中国矿产资源的材料应该比书中所披露的更翔实。

[1] 清政府《学部官报》第25期。

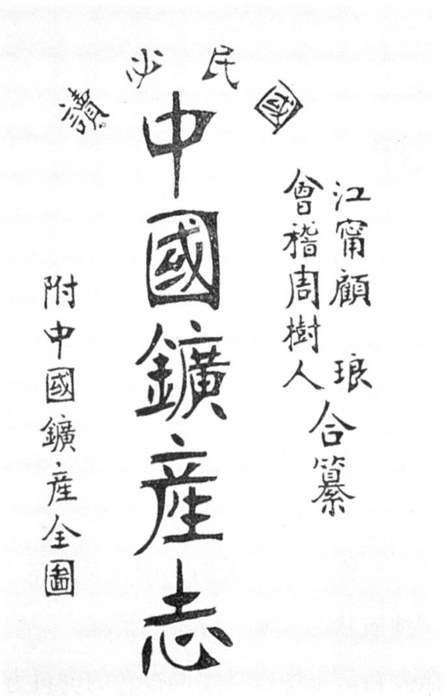

顾琅和周树人（鲁迅）合纂《中国矿产志》

两位毕业于江南陆师学堂附属矿路学堂的青年对国内矿产资源开发方面的情况自然有所了解，深知弊端所在。书中揭示，中国矿业的经营，以官方为主，存在着严重的官多民少的弊端："顾所经营者，以官业为多。非人民所敢染指。其偶有民业者，辄干涉诛求。非疲弊不已。改良进步，又何冀焉……"

矿路学堂学生曾到南京附近的青龙山煤矿实习。学堂正是因这个煤矿的发现而开设。鲁迅晚年回忆说："青龙山者，在江苏勾容县相近，离南京约百余里，前清开过煤矿，我做学生时，曾下这矿洞去学习的。后来折了本，停止了。"为什么如此呢？官府发现煤矿后，觉得出息不错，投资建厂，设立学堂，培养人才，并且聘请外国专家，但，"待到开学时，煤矿那面却已将原先的技师辞退，换了一个不甚了然的人了。理由是：一、先前的技师薪

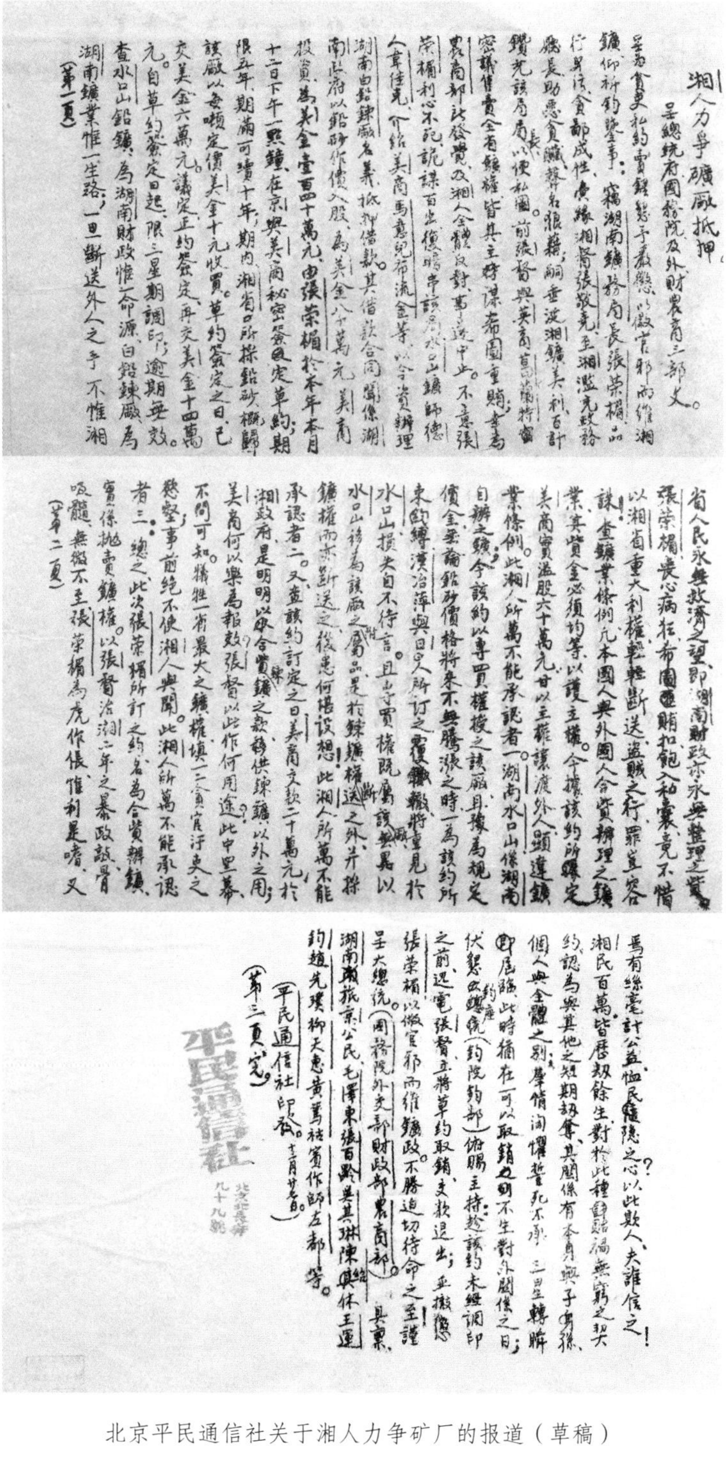

湘人力争矿厂抵押

呈总统府国务院及外财农商三部文。

呈为贪吏私约卖矿，恳予严惩，以儆官邪而维湘矿，仰祈钧鉴事：窃湖南矿务局长张荣楣，品行卑污，贪鄙成性，素缘湘督张敬尧至湘滥充政务厅长，助恶贪赃，声名狼藉；嗣垂涎湘矿美利，百计钻充该局局长，以便私图。前张督与美商葛雷福将图密订借贵金省矿权，皆其主持谋画，希图重贿，幸为农商部以发觉，及湘人全体反对，事遂中止。不意张荣楣利心不死，诡谋百出，复嗾串该局水口山矿师德人韦佳克，介绍美商马惠尼布流金等，以合资办理湖南白铅炼厂名义，抵押借款。其借款合同，略谓湖南政府以铅砂作价入股，为美金八十万元；美商投资，为美金壹百四十万元。由张荣楣于本年本月十二日下午一点钟，在京与美商秘密签定草约；期限五年，期满可续十年，期内湘省口所采铅砂，概归该厂以每吨定价美金十元收买。草约签定之日，已交美金六万元，议定正约签定，再交美金十四万元。自草约签定日起，限三星期调印，逾期无效。查水口山铅矿，为湖南财政惟一命源，白铅炼厂为湖南矿业惟一生路，一旦断送外人之手，不惟湘

（第一页）

省人民永无救济之望，即湖南财政亦永无整理之望。张荣楣丧心病狂，希图重贿，扣饱入私囊，竟不惜以湘省重大利权，轻轻断送，盗贼之行，罪岂容诛！查矿业条例，凡本国人与外国人合资办理之矿业，其资金必须均等，以护主权。今据该约所规定，美商实溢股六十万元，甘以主权让渡外人，显违矿业条例。此湘人所万不能承认者一。湖南水口山，系湖南自办之矿，今该约以专买权授之该厂，且预为规定价金，无论铅砂价格将来不无腾涨之时，一为该约所束，欲缚濡沾泽，与日人所订之汉冶萍铁约，将重见于水口山，损失自不待言。且专买权既属该厂，是以水口山矿为该厂之属品，是于炼厂断送之外，并将矿权而亦断送之，后患何堪设想！此湘人所万不能承认者二。又查该约订定之日，美商交款二十万元，于湘政府是明明以承合资矿之款，移供[illegible]炼矿以外之用；美商何以乐为输款？张督以此作何用途？此中黑幕，不问可知。犹惟一省最大之矿权，填一二贪官污吏之欲壑，事前绝不使湘人与闻。此湘人所万不能承认者三。总之，此次张荣楣所订之约，名为合资办矿，实系抛卖矿权。以张督治湘二年之暴敛，敲骨吸髓，无微不至，张荣楣为虎作伥，惟利是嗜，又

（第二页）

焉有丝毫讨公益恤民瘼之心？以此数人，夫谁信之！湘民百万，皆属劫余生，对于此种丧辱祸无穷之契约，认为与其他之短期劫夺，其关系有本身与子孙、个人与全体之别，誓愿润惧，誓死不承。三星转瞬即届，此时犹在可以取消之期，不生对外关系之日，伏恳大总统（钧院、钧部）俯赐主持，于该约未经调印之前，迅电张督立将草约取销，交款退出，并撤惩张荣楣，以儆官邪而维矿政。不胜迫切待命之至。谨呈大总统（国务院、外交部、财政部、农商部）。具禀：湖南旅京公民毛泽东、张百龄、吴其琳、陈嘉休、王运钧、赵先璞、柳天惠、黄马祐、贺作颐、左邹等。

（平民通信社印发。一月廿日）

（第三页完）

平民通信社 北京北长街九十九号

北京平民通信社关于湘人力争矿厂的报道（草稿）

水太贵；二、他们觉得开煤矿并不难。于是不到一年，就连煤在那里也不甚了然起来，终于是所得的煤，只能供烧那两架抽水机之用，就是抽了水掘煤，掘出煤来抽水，结一笔出入两清的账。既然开矿无利，矿路学堂自然也就无须乎开了，但是不知怎的，却又并不裁撤。”“到第三年我们下矿洞去看的时候，情形实在颇凄凉，抽水机当然还在转动，矿洞里积水却有半尺深，上面也点滴而下，几个矿工便在这里面鬼一般工作着。”[1]

到1919年，中国矿产资源开发利用中，官方垄断的局面并没有多大改观。官办的矿业，效率低下，需要借助外国资本和技术才能进行。中央和各地军政要员，很多参与经营工矿企业。比较有实力的，北方有以梁士诒为首的旧交通系，以曹汝霖、陆宗舆为首的新交通系，及所谓“北四行”；南方则有所谓“南五行”（江浙财阀）以及“华南集团”、“四川财团”等。官僚资本因为拥有权力，容易与外国资本勾结在一起。如1918年成立的中华汇业银行，由中日合办，总理陆宗舆，日本专务理事是柿内常次郎。该银行是日本寺内正毅内阁为扶植皖系军阀而设立的，资本总额1000万日元，每股100日元。1919年4月19日召开第一次股东大会，总股数83790，其中日本占44900，中国占38890，而中国的股份中，段祺瑞占3000多股，章宗祥3000多股，陆宗舆1000多股，冯国璋1000股，交通银行5000股，中国银行5000股，东三省官银行1000多股。缺少资本是中国实业发展共同的问题。几乎所有的实业，只要有一定的规模，就需要举借外债，而向外国借款，利息很高。以棉纺业为例，一般都在10%以上，有时高达12%。几乎所有企业都有过和外国企业公司、银行或其他团体的债务关系。例如，著名的申新、福新公司，1917年，申新向中日实业公司借款40万元；1918年，福新一厂向中日实业公司借款25万元。又如，著名的民生公司曾向加拿大银行借款，1919年，上海求新造船厂引进的是法国资本。民国从中央政府到各地官商的各类矿业，与日本合作的项目很多，因为要依赖借款才能开矿，因此矿产常常沦

[1] 鲁迅：《朝花夕拾·琐记》，《鲁迅全集》第2卷，人民文学出版社2005年版，第301—307页。

为抵押品，借款的条件相当苛刻。

曹汝霖和陆宗舆等经营的黑吉林矿，就是因借款关系将中国矿产抵押给日本人的一个实例。此事引发民众不满，使曹汝霖和陆宗舆等人在五四运动前已经背上了“卖国贼”的恶名。而且，幕后的真正主使者段祺瑞和徐树铮也被列入“卖国贼”名单。《民国日报》1918 年 1 月 8 日刊文《徐树铮出使》，首句便是：“中国今日，丧权辱国之事，成于段祺瑞，而主谋者即徐树铮，他与曹汝霖狼狈为奸。”

在巴黎和会的外交争端愈演愈烈之时，中日之间的经济合作仍在继续进行。单就矿产开发方面说，为了开采奉天（今辽宁）锦西大窑沟煤矿，中日合资在天津开办锦西煤矿有限公司，资本 300 万两。合作方式是：日本人安川敬一郎任日方总理，通裕煤矿公司代表陈应南任华方总理。合作协议规定“股票不得让与日华以外之人”。

此类项目，不胜枚举。

西原借款

政府办“洋务”既没有经验，也缺乏资金，只好聘用外国经理人，并向外国借款，因此不得不接受苛刻的条件，自然免不了被骗，就是后来常说的“交学费”。而与外国合作，必须官方出面才能进行。于是，又有腐败官员打着国计民生的旗号从中牟取私利。

借贷也成了中华民国财政的主要来源之一。就连中国参加世界大战，也由中央政府向日本借款来训练军队筹备物资。

1918 年 10 月，徐世昌总统一上任，当务之急就是向日本借款，驻日公使章宗祥为之奔走联络。

向西方借款手续繁琐，不如向日本借款容易操办。段祺瑞内阁对德宣战后，由曹汝霖出面向日方商洽而签订了以国有资产作抵押的几笔借款，称为“西原借款”，因为是通过日本首相寺内正毅的幕僚西原龟三居间联络。中国政府分别以有线电信、吉黑两省国有森林以及高（密）徐（州）、顺（邢台）济（南）铁路作抵押，与中日合办的中华汇业银行签订借款协议，由日本兴业等三家银行实际履行。

西原借款消息一出，舆论哗然，中方经手人曹汝霖首当其冲。一时间，他的两处住宅赵家楼及东单观音寺附近满布军警，以防不测。

西原龟三在《梦的七十余年——西原龟三自传》中回忆说:“对此等借款，主持签订的曹君一度犹豫，他当知此为饮鸩止渴，一旦借款成立，卖国的帽子便将扣上，本届内阁也将为之倒台。”[1] 曹汝霖则在回忆录中说 :“中央财政已至枯竭，如不续借，将功亏一篑，况再另举其他外债，则条框甚多，手

[1] 西原龟三:《梦的七十余年——西原龟三自传》，1994 年版。

西原借款谈判成功后合影留念，1919 年摄于日本

续繁琐，不解近渴。”但曹汝霖脱身不得：“余向合肥（总理段祺瑞）请辞财长职，他再三挽留，不得已又向日本商借贷款。”徐世昌担任总统时，中央政府财政更加拮据，曹汝霖的借款任务也就更其艰巨：“东海（徐世昌）需款更巨，乃与日本续借两千万日元。日要求以德国已丧失之高徐、顺济铁路作抵押，东海急于用款，命余速办。”[1]

中央政府用借款来稳定局势，地方政府也用借款填补财政亏空。借款如滚雪球般，多不胜数。慕绥铁路局向日本东方展拓公司借款 300 万元。福建督军兼省长和财政厅长曾与日商中华汇业银行签订借款 200 万日元合同；

[1] 曹汝霖原著，蔡登山主编：《曹汝霖回忆录》，台北：新锐文创 2019 年版。

1919 年 12 月 7 日，又与日商台湾银行签订借款 40 万日元合同。两项借款均以该省契税、屠宰税及杂捐杂税为担保，用作该省财政经费。还有很多贷款通过合资开发项目实现，如 1919 年 2 月 11 日，日本东洋拓殖会社以“中日合办”名义在哈尔滨开办中东海林实业公司，经营中东铁路海林站附近森林及周边电灯、制粉、窑作等副业，资本定额 300 万日元，开设期限 20 年，后该公司转由日本纸器制造株式会社经办。

尊孔

在汉朝以后中国的多数朝代，孔子都是极为重要的文化存在。中国各地孔庙甚多，至今保留的仍有一千多所，不过绝大多数已非教学机构，而是供参观游览的文物遗迹。

民国伊始，总统袁世凯即发布尊孔令。但皇权退位，实现民主共和后，社会上出现了废除祭孔的言论。

1913 年 8 月，孔教会代表陈焕章、严复、夏曾佑、梁启超等联名上书，请求政府将孔教定为国教："信教自由者，消极政策也；特立国教者，积极政策也，……许人信教自由而无国教，则放任太过，离力太大，而一国失其中正。"1913 年 10 月颁行的《中华民国宪法草案》(即《天坛宪草》)第十九条规定："国民教育，以孔子之道为修身大本。"

中华民国每年举行祭孔大典。1914 年编印的《祀孔典礼》是专为祭孔制定的仪程。祭孔活动由教育部承担。祭祀当日，教育部的值祭官一大早就要到达，有时甚至要提前一晚住在国子监。思想较新的部员对此兴趣不大，虽然行礼如仪，态度却不免散漫。社会教育司第一科科长鲁迅几乎每年值祭，他在 1913 年 9 月 28 日的日记中写道："又云是孔子生日也。昨汪总长令部员往国子监，且须跪拜，众已哗然。晨七时往视之，则至者仅三四十人，或跪或立，或旁立而笑，钱念敏又从旁大声而骂，顷刻间便草率了事，真一笑话。"

袁世凯死后，是否继续以国家名义祭祀孔子又成为国民议论的话题。康有为于 1916 年 9 月致书中华民国总统、总理，坚决反对废除祭孔。他说，自己"虽三周大地，游遍四洲，经三十国，日读外国之书，而所依归在孔子之学"。要求政府"以孔教为大教，编入宪法，复祀孔子之拜跪，明令保守府县学宫及祭田，皆置奉祀官，勿得荒废，勿得以他职事假赁侵占，且令议

民国政府制定的《祀孔典礼》册

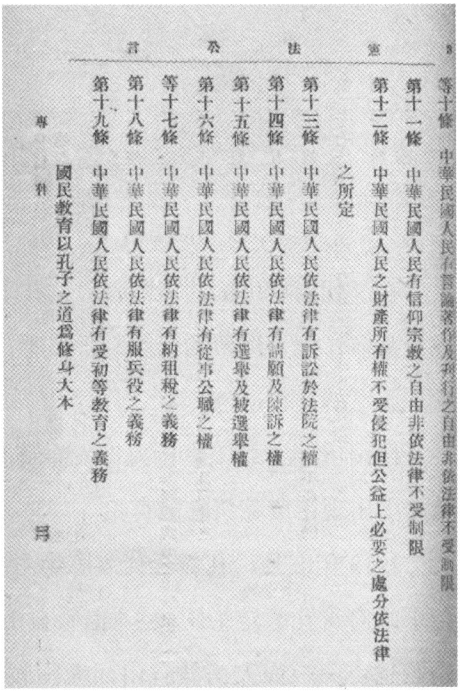

憲法公言

等十條 中華民國人民有言論著作及刊行之自由非依法律不受制限
第十一條 中華民國人民有信仰宗教之自由非依法律不受制限
第十二條 中華民國人民之財產所有權不受侵犯但公益上必要之處分依法律之所定
第十三條 中華民國人民依法律有訴訟於法院之權
第十四條 中華民國人民依法律有請願及陳訴之權
第十五條 中華民國人民依法律有選舉及被選舉權
第十六條 中華民國人民依法律有從事公職之權
等十七條 中華民國人民依法律有納租稅之義務
第十八條 中華民國人民依法律有服兵役之義務
第十九條 中華民國人民依法律有受初等教育之義務
國民教育以孔子之道爲修身大本

“中华民国宪法”关于尊孔的条文

院有司，永不提议”[1]。

从国家制度来说，虽然袁世凯的称帝和张勋的复辟均以失败告终，以及新文化运动的批儒言论使人们对孔子的尊敬有所减弱，但尊孔和祭孔作为宪法规定的文化制度，在宪法修改或废除相关条文之前，必须执行。因此，1919 年 1 月 3 日，徐世昌总统以清儒颜元、李塨“生平著书立说本原仁孝，归功实用，深得孔子圣教之旨”，准内务部呈请，令颜、李“扶祀”孔庙。

1919 年 1 月 16 日，徐世昌授予孔子七十六代孙“衍圣公”孔令贻一等大绶宝光嘉禾章。这个称号是宋朝以来皇帝对孔子嫡传后人的封爵。

孔家后代虽已成为中华民国国民，但却念念不忘清朝的“皇恩”。1919

[1] 康有为：《致北京书》，原载 1916 年 9 月 20 日《时报》，题为《康南海致北京政府书》，后收入《康南海文集汇编》卷五。

年春，孔令贻专程到北京，为清废帝溥仪“祝嘏”，获赏在紫禁城骑马。鲁迅在《孔教与皇帝》中嘲讽说：“报上载清廷赏衍圣公孔令贻‘骑朝马’，孔令贻上折谢恩。原来他也是个遗老。我从前听人说，孔教与帝制及复辟，都极有关系，这事虽然有筹安君子和南海圣人的著作作证，但终觉得还未十分确实。现在有这位至圣先师的嫡孙证明，当然毫无可疑了。”[1]

批评归批评，职责要履行。1919 年 9 月 30 日，鲁迅仍然担任教育部祭孔执事，到国子监筹备祭祀活动。虽然学生运动如火如荼，但祭孔活动没有停止，被罢课、罢工、罢职风潮搞得焦头烂额的徐世昌总统亲自参加了祭孔活动。

利用孔子思想来教化民众，是中国专制政权统治民众的一个方便有效的法门。孔子的学说本来宽仁温厚，通情达理，但因为官方的歪曲利用和权术通变，渐渐撑起虚伪的门面，诡诈欺骗随之而来。儒家思想在皇权时代已经有人质疑，现代社会更是备受诟病。孔子的后裔攀附皇家或权贵，也让民众反感。

儒家学说如何处理与国家政权和普通国民的关系，是其存续的一大关键。

耐人寻味的是，孔令贻并没有因为同清廷、张勋和康有为的亲密关系而被民国抛弃。因为孔子在传统文化中的重要作用，他的“衍圣公”名号受到相当的尊重。1935 年，中华民国政府将 1919 年出生的孔令贻的儿子孔德成改任为“大成至圣先师奉祀官”，是中华民国唯一世袭的特任官。

2019 年 1 月 19 日，为纪念孔德成的百岁诞辰，中华大成至圣先师孔子协会联合台北市政府共同举办“儒者之风——孔德成先生百年纪念会暨纪念展”活动。大陆的山东省海峡两岸经济文化发展促进会、青岛市孔子文化交流协会等机构派员参加。

孔子的嫡孙已传至第七十九代——第二任“大成至圣先师奉祀官”孔垂长——现居台湾省台北市。

[1] 载《每周评论》第 15 号（1919 年 3 月 30 日）。

《新青年》来稿

1917 年 2 月出版的《新青年》第二卷第六号上，刊登了湖北陆军第二预备学校学生叶挺（1890—1946）写给陈独秀的信，其中说："吾辈青年，坐沉沉黑狱中，一纸天良，不绝如缕，亟待足下明灯指迷者，当大有人在也。仆家计不堪，复哀国难，几不自支，然已稍能觉悟，廓而化之，日向圣贤路上鞭策。"

青年们感到一束启蒙的灵光从这本杂志上发出，纷纷来信来稿畅谈感想，发表议论。

1919 年 1 月，潘公展向《新青年》编辑部投寄了一封信和三首白话诗。诗没有被采用，信被刊登在杂志上。潘公展在信中先献上一番赞词：

> 贵杂志提倡新道德，灌输新思想，建设新文学，真不愧为"新青年"。我自从读《新青年》，不到一年，觉得完全改变了旧日的态度，就是我朋友之中和我一样被感化的也不少，可见《新青年》是今日国中一线的曙光；要拯拔中国的青年，跳出旧家庭旧社会束缚的势力，重新做他们的"人"，全靠这《新青年》了！

未刊发的诗稿被编辑保存下来，其中《劝姐妹》一诗上还有《新青年》主编陈独秀的评语。

"新诗"一词最早出现在晚清，1919 年以前，包括胡适在内，都把当时的新诗叫做"白话诗"，或称"白话韵文"、"国语的韵文"。1919 年 10 月 10 日，胡适在《星期评论》发表《谈新诗——八年来一件大事》，"新诗"一词逐渐被采用。

胡适、沈尹默、刘半农曾在《新青年》四卷一号上发表9首白话诗，分行分节，采用新式标点，句子长短不定，标志着白话新诗的诞生。

此后《新青年》每期都刊登新诗创作和译诗，发表诗作的有胡适、沈尹默、刘半农、沈兼士、周氏兄弟以及李大钊等。在这些诗作的示范下，文学青年踊跃投稿。

潘公展还就新诗的押韵问题发表意见，认同《新青年》的改革举措："审定今韵。——要做韵文，总逃不了韵，——无韵诗似在例外，——古韵和今韵不同，那么今人要做韵文，用前代的韵觉得勉强，随意用韵，那又各人不同；所以审定标准韵实在是最要紧的事。前在《新青年》上好像看见有北京大学审定今韵的事，——由玄同先生主任——不知道现在怎样了？"

潘公展这几首诗能被保存下来，要归功于钱玄同——大约各位编辑传看批阅后，交给"审定今韵"的钱主任了。

其中一首《劝姐妹》，形似西方诗歌，分行排列，全诗共4节，每节8行，句式长短不一，每行偶数对称地缩进一格。实际上这是潘公展按照苏滩小调之谱填写而成，韵脚都是南方地区流行的方言韵，语言上不但采用了上海方言"侬"、"俚"，苏州方言"倪"、"点笃"，而且还运用了"洋文"。第1节描写政府虽然改行新历，而民间依然在戊午除夕夜迎接旧历新年的到来。第2、3节表现了除夕夜富家姐妹由奴婢伺候玩牌喝茶，而穷家姐妹挨饿受冻的境况，在对比中表达了他的同情心。第4节，作者劝告穷家姐妹在新年来临之际，革除迷信旧习，接受教育，改良家庭，学会独立自尊。该诗第2节这样写道：

东家姐妹西家姨，
守岁要拿"扑克"来角逐；
"侬是'同花'俚'顺序'[1]

[1] 上海话侬是你，俚是他。——原诗注。

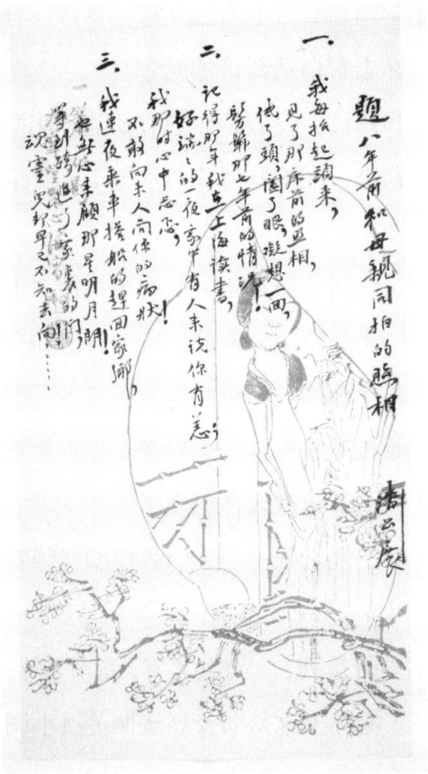

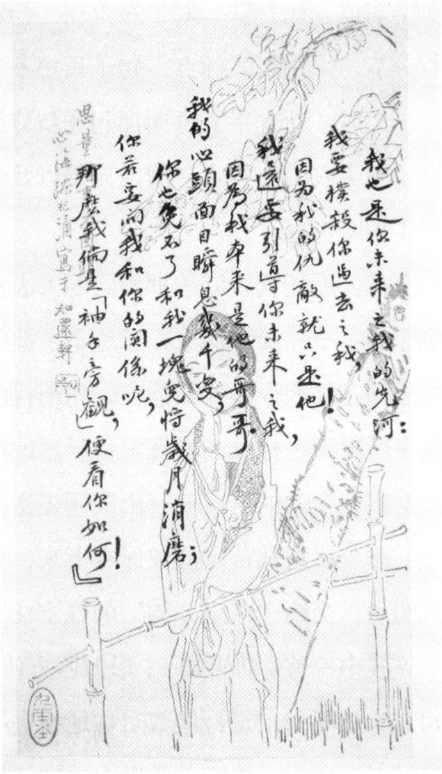

潘公展寄给《新青年》的诗稿

倪捏之‘富而好施’就可捉”。[1]

苏滩是流行于长江三角洲地区的传统曲艺说唱艺术——滩簧中的一种，后来发展为苏剧。清末民初，文坛开始借用包括民歌、小调、俗曲等艺术形式，填以新词，俗曲新唱，以吸引听众，当时类似于滩簧曲调改编的时调新唱在上海周边非常流行。《新青年》同人为建设白话新体诗，注重吸收利用传统和民间资源。潘公展这几首诗稿可能在《新青年》的陈独秀、钱玄同、

[1] “富而好施”、“fullhouse”和“同花”、“顺序”都是“扑克”游戏的专名。“倪”就是我。——原诗注。

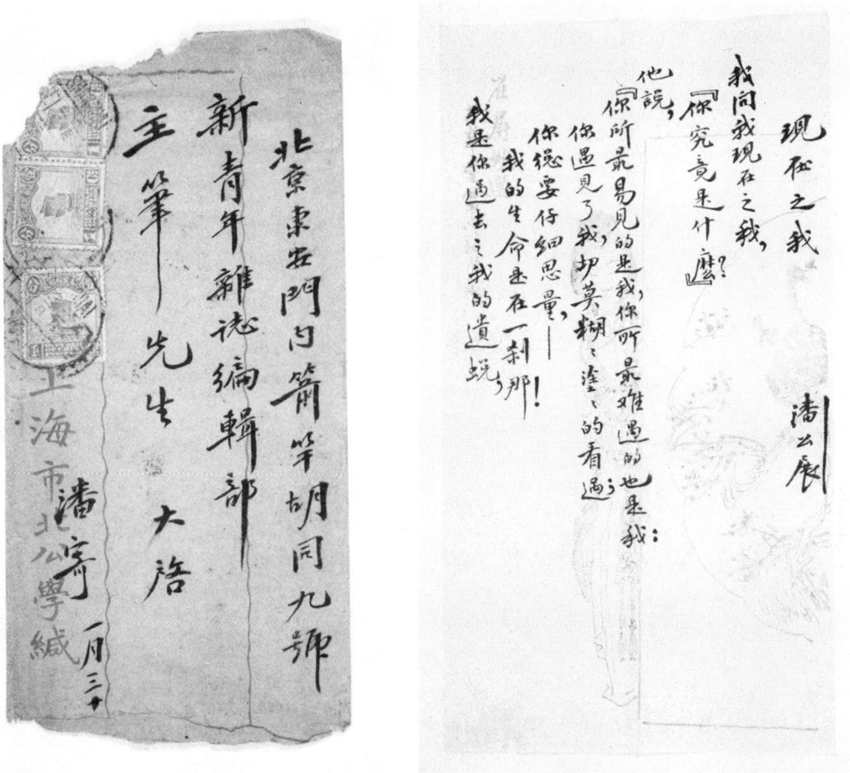

潘公展寄给《新青年》的诗稿及信封

胡适、李大钊、沈尹默等编委中传阅过，陈独秀的评语或许是终审意见："此等诗大似摊黄，少诗趣。独秀识。"诗稿最终落在原籍浙江湖州而出生在苏州的钱玄同手中。钱玄同在给潘公展的回信中，针对方言无法形成文字的情况表达了自己的意见，并对《题八年前和母亲同拍的照相》中潘公展注引家乡吴语方言词汇中出现的错误予以纠正：

先生的白话诗几首，已经拜读了。窃谓在纯文学——诗，小说，戏剧——中，描写口气的地方，固不妨用方言，以期曲肖。但方言中，往往有写不出字的。这写不出字的，约有三种：——（1）未曾制字者：

如我们吴兴人称“他”为 Dji，乃是“其”字；而称“他们”为 Dja，则未曾制字。（2）或有其字而未曾考出者：如吴兴人称虾蟆之音为 Di-en-dien-wu。这样的名目，似乎应该有个字；然而竟写不出来。（3）虽有其字，而因古今音变，不能适用者：如吴兴人称“不要”为 Shiau。此实是“勿要”二字之合音。但“勿要”二字，照国音是 U-iau，照吴兴方音是 Feh-iau，则不能再拿来表 shiau 音。

我主张凡方音中写不出字的：将来可以直用《注音字母》去拼他的音，不必更造字。现在《注音字母》尚未普及，或姑用罗马拼音表之，亦可。惟不可用近似而不甚合之字。如大作中“我淦清”的“我”字，注云，“音 Nga”。案，吴兴音之 Nga，其义实是“我们”而非“我”。（大作此句中之 Nga，则为“我们的”。）鄙意以为宜老老实实写 Nga 音，不必用近似之“我”字。未知尊见以为然否？

当时，标准国语尚未建立，许多方言用词缺乏文字符号，有音无字——文化界正在做统一的努力。

“荆生”大闹陶然亭

十九世纪末，林纾（1852—1924）翻译了法国小仲马的《巴黎茶花女遗事》，风靡全国。后来他陆续译出《黑奴吁天录》《块肉余生记》（即狄更斯《大卫·科波菲尔》）、《加茵小传》、《撒克逊劫后英雄略》、《吟边燕语》（莎士比亚戏剧故事）、《孝女耐儿传》（即狄更斯《老古玩店》）、《魔侠传》（即塞万提斯《堂吉诃德》）等，皆脍炙人口。然而他并不懂外文，其翻译方式是他人口译，自己笔录，堪称奇迹。

翻译了这么多欧美文学名著，按说林纾应该并不守旧，但事实上他对新文化新思潮颇不以为然，尤其对北京大学蔡元培校长容纳一班反传统的“海归”深致不满。1919 年 3 月 18 日，他在北京《公言报》上发表《致蔡鹤卿太史书》，攻击新文化倡导者是在“覆孔孟，铲伦常”，并坚决反对废除文言，声称“若废尽古书，行用土语为文字……则凡京津之稗贩，均可用为教授矣”。

蔡元培写下《答林琴南书》（载 4 月 1 日《公言报》）回应，说明自己在北京大学的办校方针。蔡元培以兼容并包的原则办学和选择教员，因此，《新青年》的编者和撰稿人如陈独秀、李大钊、胡适、鲁迅、周作人、钱玄同、刘半农、沈尹默等，均被他请来任教；而同时，“拖长辫而持复辟论”的辜鸿铭和“筹安会之发起人”刘师培也被聘请。蔡元培虽在北大组织进德会，戒嫖、戒赌、戒娶妾，但教员中如有违反这些戒条的，也不过于苛责，因为他认为：“人才至为难得，若求全责备，则学校殆难成立。”蔡元培说：“我素信学术上的派别，是相对的，不是绝对的，所以每一种学科的教员，即使主张不同，若都是‘言之成理、持之有故’的，就让他们并存，令学生有自由选择的余地。”他认为大学应该“囊括大典，网罗众家”。

在与新文学家的斗争中，也许是翻译小说的潜移默化影响，林纾找到了

贊成人
孫廉興木作
國際聯盟協會致三專使電
我國在西北參戰之回顧
和會開幕時之陝西問題
中日新交涉之反響
蠡叟叢談（十三）
荊生
（林琴南先生最近作）

《新申报》刊载林纾小说《荆生》

卫道武器，用小说宣泄对新文学及其提倡者的愤恨——其实这种手段并不新，是中国旧文学的老谱。

北京前门外西南，有一个陶然亭公园。明清两代，这里是烧砖制瓦的窑厂。清康熙三十四年（1695），管窑厂的工部郎中盖了三间敞厅，取白居易“更待菊黄家酝熟，共君一醉一陶然”诗意，取名陶然亭，成了文人雅士聚会的好去处。林纾写了一篇小说，借这一景观为背景，塑造一个名为荆生的“伟丈夫”，在陶然亭辱骂新文化倡导者。

林纾的这篇小说便是 1919 年 2 月 17 日发表在《新申报》上的《荆生》，写田必美（陈独秀）、金心异（钱玄同）、狄莫（胡适）聚谈于陶然亭，口出狂言，田生指责孔子，狄生主张白话，正说得热闹，从隔壁跳出来荆生，把三人大骂了一顿：

> 田生尚欲抗辩，伟丈夫骈二指按其首，脑痛如被锥刺；更以足践狄莫，狄腰痛欲断。金生短视，丈夫取其眼镜掷之，则怕死如猬，泥首不已。丈夫笑曰："尔之发狂似李贽，直人间之怪物，今日吾当以香水沐吾手足，不应触尔背天反常禽兽之躯干。尔可鼠窜下山，勿汗吾简（指荆生的铜简），……留尔以俟鬼诛。"三人相顾无言，敛具下山……

小说中影射的几位新文化干将当时正为青年学生所敬仰，而林纾自己却是"旧派"，落魄无名。林纾在小说末尾感慨道："如此混浊世界，亦但有田生狄生足以自豪耳！安有荆生？"文学创作大多是白日梦，林纾是在梦想荆生似的"伟丈夫"一跃而出，给予新文化诸"狂徒"以致命打击。

林纾的小说，引起不小的反响。3月2日，陈独秀以"只眼"的笔名在《每周评论》第11号上发表《旧党的罪恶》一文，愤怒谴责道：

> 言论思想自由，是文明进化的第一重要条件。无论新旧何种思想，他自身本没有什么罪恶。但若利用政府权势，来压迫异己的新思潮，这乃是古今中外旧思想家的罪恶，这也就是他们历来失败的根源。至于够不上利用政府来压迫异己，只好造谣吓人，那更是卑劣无耻了！

3月9日，陈独秀、李大钊等又在《每周评论》第12号上开辟专栏，全文转载《荆生》，并加按语，抨击林纾借小说诋毁新文化倡导者的行为，还转载了李大钊发表在《晨报》上的文章《新旧思想之激战》。"激战"中自然免不了出现偏激的言论。新文学阵营中，言论最激烈的是语言文字学家钱玄同。他自号"疑古"，对旧文化给予坚决的否定，他甚至在《新青年》上发表《中国今后之文字问题》，提出废除汉文、汉语的主张："欲使中国民族为二十世纪文明之民族，必以废孔学、灭道教为根本之解决，而废记载孔门学说及道教妖言之汉文，尤为根本解决之根本解决。"《每周评论》还发表了一篇“读者来信”，是一位中学教师写的《评林蟳庐最近所撰〈荆生〉短篇小说》，以国文老师的口吻，先指出林纾小说文理不通：“其结构之平直、文法之舛谬、字句之欠妥，在在可指。”经过逐段批评，最后判定：“此篇小说，其文之恶劣，可谓极矣。批不胜批，改不胜改。设吾校诸生作文尽属如此，则吾虽日食补脑汁一瓶，亦不足济吾脑力，以供改文之用。然吾昔读林先生所译之茶花女遗事及他种小说，尚不如是。岂年衰才尽，抑为他人赝作耶？”这种细节批评，让自诩精通“古文义法”的林纾颜面扫地。

新文化新思想带来的新气象，让当权者心生恐惧，害怕动摇他们的统治。因此，他们开始干涉新文化新思想的传播。例如，有安福议员要挟，如果政府不对新思想进行干涉，参议院将提出弹劾案。1919 年春，五四运动前夕，社会上已有政府要撤换北大校长和几位倡导新文化的教员的传言。

有人说，小说里的“荆生”系指皖系军阀徐树铮。因为这位实权人物对林纾很是爱重。民国初年，徐树铮任陆军次长时创办《平报》，延聘林纾任编纂，林纾在该报发表了大量诗文。徐树铮多方赞助林纾的学术活动，还为林纾出版著作。

吊诡的是，如此复古保守的林纾在家却谆谆叮嘱后辈学好英文。

整理“国故”

1919 年 3 月 20 日，刘师培、梁漱溟、黄侃等人发起的以维护儒家为代表的中国固有学术为宗旨的《国故》月刊创刊，编者有感于中国学术水平的下滑，传统道德的沦丧，希冀用以儒家伦常为主体的国学挽救世风。《国故》由刘师培任总编，梁漱溟、陈汉章、马叙伦等为特别编辑。

黄侃撰写了发刊词：

昔者老聃睹文胜之弊，著书示后，以为绝学无忧。原伯鲁之徒，盖习闻其说，遂曰可以不学，不学无害。闵马父忧之，著于传记，为世大戒，盖君子立言不可不慎如此也。然学之兴废在人，世或云有命，则不谛周秦之际，九流百家蜂涌，旁午秦政，李斯一旦焚诗书而坑儒士，道术由是遂亡。惟伏生、张苍、浮丘伯三数人者抱残守缺于人间，卒延古学之一綖。假使诸君子委废兴于天命，任典籍之散亡，则是文武之道终于坠地，六艺之传永绝萌芽。故曰，人能弘道，岂虚言也。挽近三百年中，古学至盛，自顾、黄、惠、戴而还，辅弱扶微者多有，钩深致远者比肩，物盛则衰，以有今日，国乱俗坏，诡慝弘多，诗刺具曰予圣，书戒侮昔无闻，传讥数典忘祖，孟子诃倍师变学，此皆古人已知之矣。夫化之文野，不以强弱判也；道之非韪，不以新旧殊也，或者伤国势之陵夷，见异物而思改，遂乃扫荡故言，诮为无用，虽意存矫枉，毋亦太过其直乎。诗曰，国虽靡止，或圣或否，民虽靡膴，或哲或谋。诸夏虽衰，老成典刑未尽丧也。有志之士，诚能振颓纲以绍前载，鼓芳风以扇游尘，识大识小，各尽尔能，宁过而存，毋过而废，则可以免绝学之忧，可以收藏书之绩，硕果不食，其在兹乎。是编之作，聊欲以讲习之勤，图商兑之庆，邦人

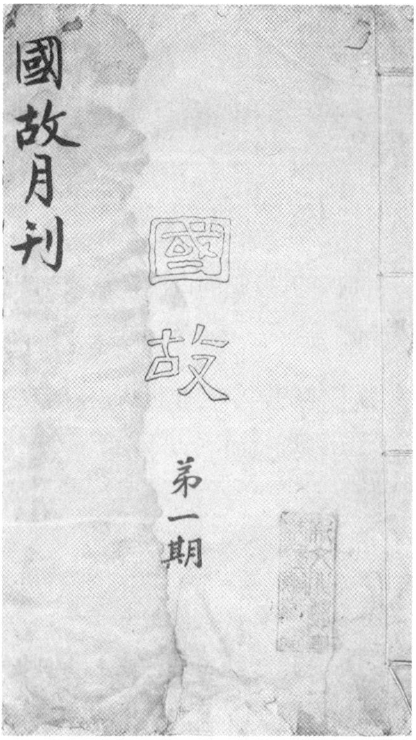

《国故》月刊第一期

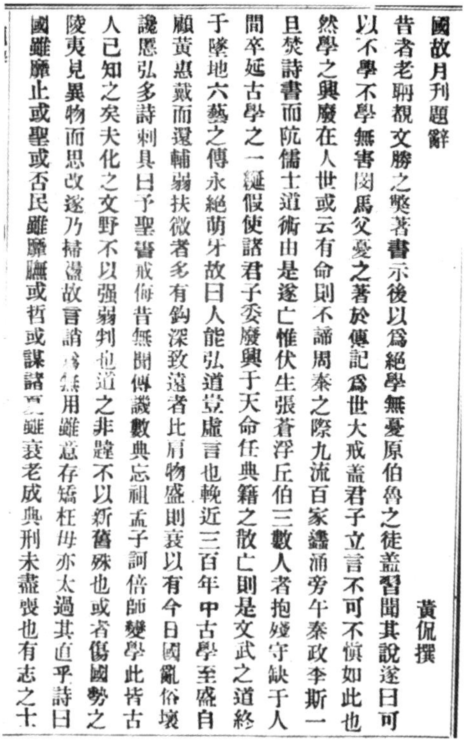

國故月刊題辭　黃侃撰

昔者老聃覩文勝之弊著書示後以爲絕學無憂原伯魯之徒蓋習聞其說遂曰可以不學不學無害閔馬父憂之著於傳記爲世大戒蓋君子立言不可不愼如此也然學之興廢在人世或云有命則不諦周秦之際九流百家蠭涌旁午秦政李斯一旦焚詩書而阬儒士道術由是遂亡惟伏生張蒼浮丘伯三數人者抱殘守缺于人間卒延古學之一綫假使諸君子委廢興于天命任典籍之散亡則是文武之道終于墜地六藝之傳永絕萌牙故曰人能弘道豈虛言也輓近三百年中古學至盛自顧黃惠戴而還輔弱扶微者多有鉤深致遠者比肩物盛則衰以有今日國亂俗壞讒慝弘多詩刺具曰予聖書戒侮昔無聞傳譏數典忘祖孟子訶倍師變學此皆古人已知之矣夫化之文野不以强弱判也道之非是不以新舊殊也或者傷國勢之陵夷見異物而思改遂乃埽盪故言謂爲無用雖意存矯枉毋亦太過其直乎詩曰國雖靡止或聖或否民雖靡膴或哲或謀諸夏雖衰老成典刑未盡喪也有志之士

黄侃为《国故》撰写的发刊词

诸友，庶几比意同力，求得废遗。传不云乎，斯文未丧，乐亦在其中矣。

黄侃认为，新文化提倡者把传统文化讥为“无用”，是矫枉过正，思想偏激。

《国故》发行后，立即出现了反对声音。

1919年5月1日出版的《新潮》第一卷第五号刊载了北京大学数学门二年级学生毛子水的《国故和科学的精神》，指责研究国故是抱残守缺：“我们中国民族，从前没有什么重要的事业；对于世界文明，没有重大的贡献；所以我们的历史，亦就不见得有什么重要。”还认为中国文明是一个死人，“我

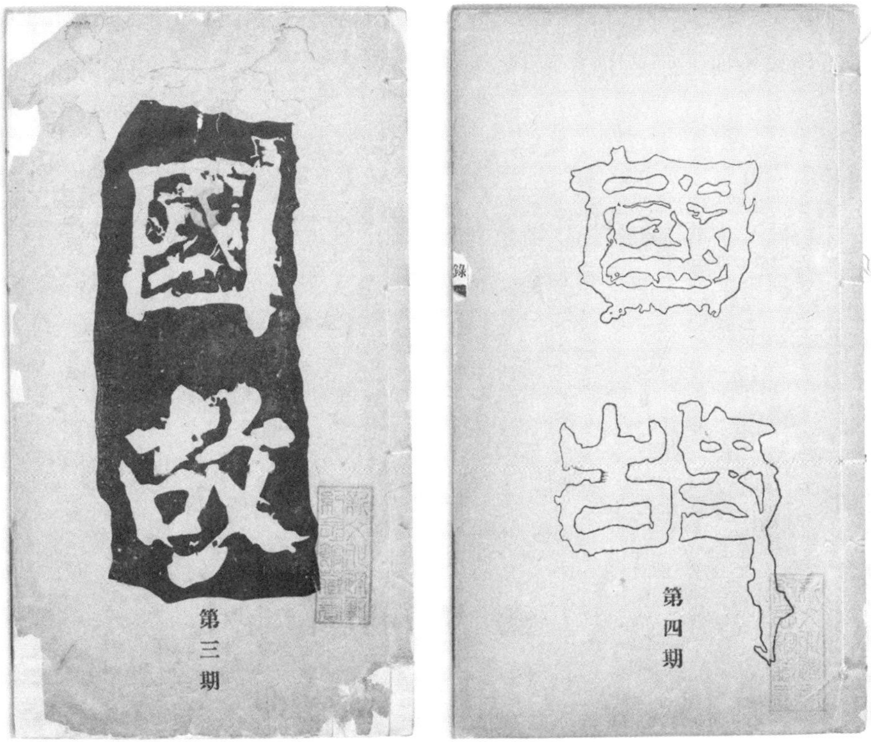

《国故》月刊第三、四期

们中国的国故，亦同这个死人一样”，只是供解剖、找病因的材料。

《国故》于 1919 年 9 月 20 日第四期出版后停刊，这说明它在五四时代语境中，不很受欢迎，但在兼容并包、新旧杂陈的北京大学中，却也存在着认同者。比如作为北京大学学生中的活跃分子，主编《新潮》的傅斯年就是其中一位，他提倡新文化，却又很佩服黄侃的学问——尽管黄侃极不赞成废文言用白话。

从根本上说，文化无论新旧，都须有学术的根基。黄侃学问扎实，虽然反对白话文，也得到学生们的敬仰。提倡新文化的学者也必须有扎实的学术根基，才能在北京大学这样的学校站稳。

事实上，新文化阵营内部，一些主将也困惑于如何对待旧学的问题，他们时刻感受到传统文化这个庞然大物的重压，感到化古为今、推陈出新的艰难。五四运动后，胡适等提出“整理国故”，就是新文化倡导者于困惑中寻路径的一种努力。1919 年 12 月，胡适在《新青年》上发表《新思潮的意义》一文，把“整理国故”当作新思潮的四大纲领之一，视为“再造文明”的手段。胡适后来在《国学季刊》发刊词中说：

近年来，古学的大师渐渐死完了，新起的学者还不曾有什么大成绩表现出来。在这个青黄不接的时期，只有三五个老辈在那里支撑门面。古学界表面上的寂寞，遂使许多人发生无限的悲观。所以有许多老辈遂说，“古学要沦亡了！”“古书不久要无人能读了！”

在这个悲观呼声里，很自然的发出一种没气力的反动的运动来。有些人还以为西洋学术思想的输入是古学沦亡的原因；所以他们至今还在那里抗拒连他们自己也莫名其妙的西洋学术。有些人还以为孔教可以完全代表中国的古文化；所以他们至今还梦想孔教的复兴；甚至于有人竟想抄袭基督教的制度来光复孔教。有些人还以为古文古诗的保存就是古学的保存了；所以他们至今还想压语体文字的提倡与传播。至于那些静坐扶乩，逃向迷信里去自寻安慰的，更不用说了。

在我们看起来，这些反动都只是旧式学者破产的铁证；这些行为，不但不能挽救他们所忧虑的国学之沦亡，反可以增加国中少年人对于古学的藐视。如果这些举动可以代表国学，国学还是沦亡了更好！

我们平心静气地观察这三百年的古学发达史，再观察眼前国内和国外的学者研究中国学术的现状，我们不但不抱悲观，并且还抱无穷的乐观。我们深信，国学的将来，定能远胜国学的过去；过去的成绩虽然未可厚非，但将来的成绩一定还要更好无数倍。

“国故”是中国传统文化的承载物，记录着几千年来中国人的思想和生活，是文化界和学术界不能回避的遗产。整理国故，让文化典籍在现实中发挥作用，可能需要多少代人坚持不懈努力；而且，更需要像胡适所说的心态上的“平心静气”。在战争、革命的纷乱环境中，学术研究更其艰难。

鲁迅致许寿裳信

许寿裳是鲁迅（周树人，字豫才）的挚友。他们留日时期是同学，归国后又是浙江两级师范学堂同事。民国初建，又同在教育部任职。1918 年，许寿裳调任江西省教育厅。

1918 年 5 月，《新青年》发表署名鲁迅的小说《狂人日记》，许寿裳读后，觉得这篇作品文风和思想很像老友周树人的风格，写信询问，果然出自豫才手笔。小说发表后，在青年读者中产生一些共鸣。1919 年 2 月 1 日《新潮》第一卷第二号上发表署名“记者”的文章《……》，赞扬道：“就文章而论，唐俟君的《狂人日记》用写实笔法，达寄托的（Symbolism）旨趣，诚然是中国近来第一篇好小说。”[1]

1919 年 11 月，吴虞在《新青年》第六卷第六号上发表《吃人与礼教》，称赞《狂人日记》并对“礼教吃人”的观念做了进一步阐发：

> 我读《新青年》里鲁迅君的《狂人日记》，不觉得发生了许多感想。我们中国人，最妙是一面会吃人，一面又能够讲礼教。吃人与礼教，本来是极相矛盾的事，然而他们在当时历史上，却认为并行不悖的，这真正是奇怪了。《狂人日记》内说：“我翻开历史一查，这历史每页上都写着‘仁义道德’几个字。仔细看了半夜，才从字缝里看出字来，满本都写着两个字，是‘吃人’”。我觉得他这日记，把吃人的内容，和仁义道德的表面，看得清清楚楚。那些戴着礼教假面具吃人的滑头伎俩，都被他把黑幕揭破了。

[1] 也许是笔误，也许是有意，记者把《狂人日记》的作者写成“唐俟”，透露鲁迅和唐俟实为一人。

鲁迅在给许寿裳的回信中提供了更详细的写作背景：“《狂人日记》实为拙作，又有白话诗署‘唐俟’者，亦仆所为。前曾言中国根柢全在道教，此说近颇广行。以此读史，有多种问题可以迎刃而解。后以偶阅《通鉴》，乃悟中国人尚是食人民族，因成此篇。此种发见，关系亦甚大，而知者尚寥寥也。”

鲁迅信中还回答了老朋友来信询问孩子应该读什么书的问题，颇有新观点，可看作是对《狂人日记》的补注：

> 来书问童子所诵习，仆实未能答。缘中国古书，叶叶害人，而新出诸书亦多妄人所为，毫无是处。为今之计，只能读其记天然物之文，而略其故事，因记述天物，弊止于陋，而说故事，则大抵谬妄，陋易医，谬则难治也。汉文终当废去，盖人存则文必废，文存则人当亡，在此时代，已无幸存之道。但我辈以及孺子生当此时，须以若干精力牺牲于此，实为可惜。仆意君教诗英，但以养成适应时代之思想为第一谊，文体似不必十分决择，且此刻颂习，未必于将来大有效力，只须思想能自由，则将来无论大潮如何，必能与为沆瀣矣。少年可读之书，中国绝少，起孟（指周作人。——作者注）素来注意，亦颇有译述之意，但无暇无才无钱，恐成绩终亦甚鲜。主张用白话者，近来似亦日多，但敌亦群起，四面八方攻击者众，而应援者则甚少，所以当做之事甚多，而万不举一，颇不禁人才寥落之叹。大学之《模范文选》，本系油印，近闻已付排印，俟成后奉寄，不必得模胡之旧印矣。大学学生二千，大抵暮气甚深，蔡先生来，略与改革，似亦无大效，惟近来出杂志一种曰《新潮》，颇强人意，只是二十人左右之小集合所作，间亦杂教员著作，第一卷已出，日内当即邮寄奉上其内以傅斯年作为上，罗家伦亦不弱，皆学生。

鲁迅在这封信中申明的文化态度更加鲜明。对待传统文化，他继续吹弹《狂人日记》中“仁义道德的字里行间是吃人二字”的腔调，指出中国传统

鲁迅致许寿裳信（1919 年 1 月 16 日）

文化毒素甚多：中国古书，叶叶害人；少年可读之书，中国绝少。有一个时期，鲁迅甚至还写出“汉文终当废去”的偏激词句。几年后，又发出对青年人“少读或者不读中国书”的告诫。[1]

鲁迅对于大学（指北京大学）的两千学生不抱希望，因为看到蔡元培校长的改革成效不大。但此信的最后有一个光明的尾巴：他提到青年学生创办的《新潮》杂志，略表欣慰之意。其中提到两位北大学生的名字，正是几个月后五四运动中北大学生领袖。为了跟老友分享这份希望，他特意给许寿裳

[1] 鲁迅：《青年必读书》，载《京报副刊》，1925 年 2 月 21 日。

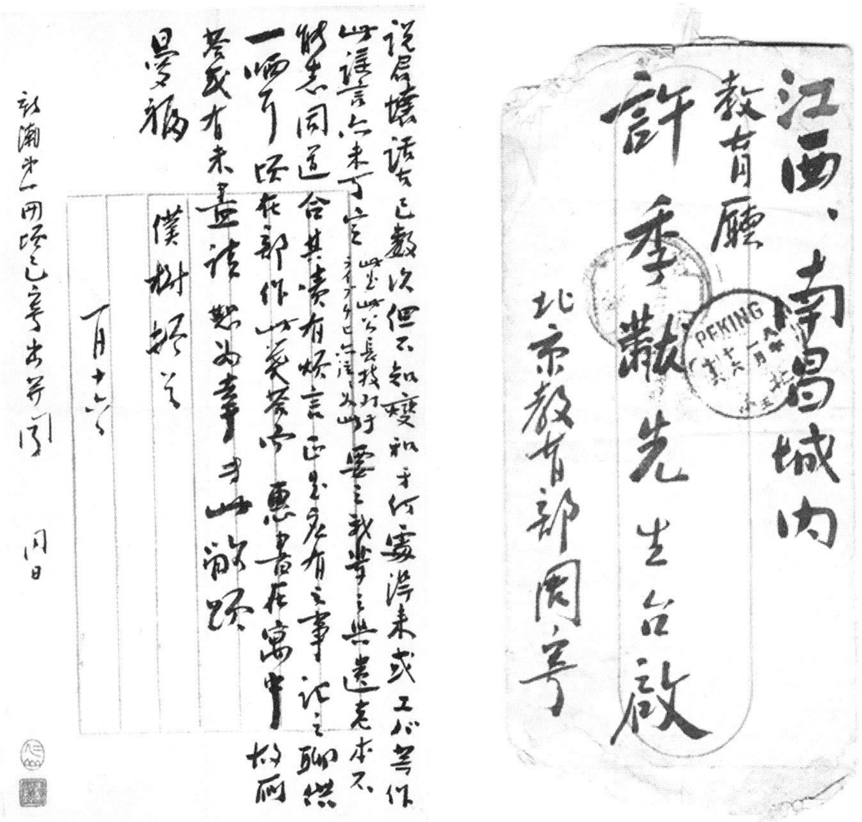

鲁迅致许寿裳信（1919 年 1 月 16 日）

寄去了新出版的《新潮》杂志。《新潮》的主旨是坚持全盘西化。傅斯年在一篇答读者的信中说：“极端的崇外，却未尝不可。因为中国文化后步，所以一百件事，就有九十九件比较的不如人，于是乎中西的问题，常常变成是非的问题了。”[1]

与当时欧战胜利带来的欢乐社会气氛不相协调的是，鲁迅这封信总体上透露出悲观的气息，因为他偏重的是思想建设，痛感社会暮气沉重。大学生尚且如此，更遑论其他阶层。

[1] 《通信》，载《新潮》第 1 卷第 3 期，1919 年 3 月 1 日。

这封信中答复许寿裳的问题，是一个很多人都会问而且也不断会有人问起的问题：孩子到了上学的年龄，该读什么书？鲁迅的回答也让人丧气。没有书籍可以推荐，他只能搜集一些北京学校的教学材料，以供参考。20 年后，鲁迅到了上海，情形也没有很大改观。他为老朋友搜集儿童文学书籍，结果仍没有什么好读物。中国不大关心儿童玩具和儿童文学，教法、教具比较粗陋，缺少美感。

1930 年秋，许世瑛考入清华大学文学系，鲁迅应邀为其开列了一个中国文学参考书目。[1] 作为长辈，给孩子什么样的书读，让他们受怎样的教育，是家庭义务也是社会责任。鲁迅当然不会忽视这样的责任。

激烈的文化潮流常让人急躁，学生们读了《狂人日记》之类的控诉词语，生出愤激的情绪，不满前辈造成的制度和习俗，一时会以为自己站在道义的制高点，生出砸烂旧社会、建设美好新社会的志愿和梦想，可能做出过激发狂的举动。然而，实际情况是复杂的，新旧不可能完全区分开来。旧社会大可不必全部砸烂，最好是改造利用。鲁迅晚年反思早年对中国古书的过激态度，写了《拿来主义》[2] 一文，主张广泛吸收前人创造的文明成果，中国古代文化的菁华也在拿来之列，与他这封信中说的“中国古书叶叶害人”有所不同，可以说是他的“晚年文化定论”。

[1] 《开给许世瑛的书单》，收入《集外集拾遗补编》。

[2] 载 1934 年 6 月 7 日《中华时报》副刊《动向》，收入《且介亭杂文》。

战胜国

1918年11月11日，第一次世界大战结束，德国战败。中国于1917年对德宣战，为协约国的胜利做出了贡献。1918年，10余万中国劳工被送往法国，在西部前线战场上挖掘和维护战壕，辅助协约国士兵抵抗德国的进攻。战争中有很多中国劳工被炸伤炸死，有的因生病或生活无着死亡。实际上，中国派出的并不是“兵”，而是“民”。

战争结束，中国人沉浸在胜利的喜悦中。

在国家层面，中央政府召开了纪念大会，政府首脑和协约国驻华使节参加。

民众的庆祝活动持续了多天。北京各学校于1918年11月14日至16日连续放假3天。东交民巷和天安门一带，人头攒动，一片欢腾。15日和16日两天，北京大学在天安门举行讲演大会，蔡元培、李大钊、胡适等都发表了演说。同月28日至30日，北京各学校又放假3天，更多学生参加了北京各界的庆祝大会。这3天的每天下午，北京大学都在天安门和中央公园举办讲演会，讲演者有校长、教职员，也有学生。蔡元培在《黑暗与光明的消长》的演说中说：“现在世界大战争的结果，协约国占了胜利，定要把国际间一切不平等的黑暗主义都消灭了，用光明主义来代他。”蔡元培认为，弱肉强食的生物进化论思想导致“一战”爆发，因此今后应由互助论的进化思想取而代之。他说：“生物进化，恃互助不恃强权。此次大战，德国是强权论代表，协约国互助协商，抵抗德国，是互助论的代表。德国失败了，协约国胜利了，此后人人都信仰互助论，排斥强权论了。”“世界的大势，已到这个程度，我们不能逃在这个世界以外，自然随大势而趋了。我希望国内持强权论的，崇拜武断主义的，好弄阴谋、执着偏见，想

庆祝“一战”结束活动，1918年11月13日摄于北京西什库教堂。段祺瑞（参战督办）、林权助（日本驻华公使）、朱尔典（英国驻华公使）、陆征祥（外交总长）、朱深（司法总长）、姚震（大理院院长）、沈瑞麟（和约研究会副会长）、刘崇杰（国务院参事）、刘冠雄（海军总长）、曹汝霖（交通总长）、林懋德（法国神甫，天主教北京教区主教）、包朴（法国驻华公使）、梁士诒（参议院议长）等出席

用一派势力统治全国的，都快快抛弃了这种黑暗主义，向光明方面去呵！”

此前，蔡元培在16日的演讲《劳工神圣》中赞扬了“在法国的十五万华工”，称“此后的世界，全是劳工的世界呵！”

李大钊在题为《庶民的胜利》的演说中指出：“这回战胜的，不是联合国的武力，是世界人类的新精神。不是那一国的军阀或资本家的政府，是全世界的庶民。我们庆祝，不是为那一国或那一国的一部分人庆祝，是为全世界的庶民庆祝。不是为打败德国人庆祝，是为打败世界的军国主义庆祝。”在演讲的最后，李大钊指出，大战有两个结果，一个是政治的，一个是社会的，政治的结果是“民主主义战胜，就是庶民的胜利”，“社会的结果，是资本主义失败，劳工主义战胜”。

陈独秀以《关于欧战的演说三篇》为总题，将李大钊《庶民的胜利》、蔡元培《劳工神圣》和陶孟和《欧战以后的政治》，发表在 1918 年 11 月 1 日印行的《新青年》头版位置上。

在中央公园的讲演会上，有一名北京大学法科的学生赞扬“华工”说：“不知一人之力，力虽小，合为群力，其力大也。如十五万之华工，彼等在本土之时，丝毫无足轻重，且常为旧官僚派所贱视，乃赴欧也，竟致协约国获最后之胜利，于以知华工虽少，其功实不在协约国以下。”

2018 年 11 月，在法国巴黎举行的第一次世界大战结束 100 周年纪念典礼上，主办方安排一位华裔学生诵读了百年前一名华工写给国内亲人的信中描述巴黎街头庆祝战争胜利场面的段落。

“公理战胜”牌坊

举国欢庆中，人们想到一个“报复性庆祝”的好办法：把北京东单的克林德碑（牌坊）推倒。

清末，慈禧太后垂帘听政，曾想废掉光绪皇帝，另立新君，但国内多省大员表示反对，列强担心中国局势混乱，损及其利益，也不赞成废立。太后心愿未遂，对列强很不满，又受了“爱国者”宣扬“神功”的蛊惑，就想利用义和团的武力战胜洋人，竟对 11 国宣战，并以政府的名义下令捕捉洋人：“生擒洋人一名，男则赏银五十两，女则四十两，幼则三十两。”

1900 年 5 月，德国公使克林德坐轿经过东单牌楼北侧，被清军兵丁枪杀，此事以及各地陆续发生的其他杀害外国来使和传教士、教民的暴行，成为列强扩大对华战争的借口。

八国联军攻入北京，义和团溃散，清军惨败，慈禧太后和光绪皇帝逃亡西安。接下来的谈判让清廷难堪。1901 年 2 月 18 日，庚子年除夕，鉴于列强“要挟甚迫”，清廷电谕谈判代表奕劻、李鸿章，表示要处分主战派：“现存诸人，即照前次（各国）照会办理，实因宗社民生为重，当可止兵，不至再生枝节。”慈禧在此电谕上特意加一句：“量中华之物力，结与国之欢心。”为了保住她的性命和大清江山，她不惜牺牲一切。1901 年 9 月 7 日，李鸿章与奕匡在《辛丑条约》上签了字。

被清兵杀死的德国公使克林德的妻子发誓报仇，谈判过程中提出要慈禧太后抵命。最后李鸿章请来与德国军队统帅瓦德西有交情的妓女赛金花出面斡旋，终于说服克林德夫人同意中国政府以赔礼道歉，并在克林德死难之处树碑立传的方式了结此事。

《辛丑条约》共十二款，第一款即为此而列。1901 年 9 月 4 日，清政府

公理战胜牌坊（西德尼·甘博摄于1919年）

派遣道歉专使醇亲王载沣在柏林向德皇威廉二世履行了条约。而在此前，6月25日，克林德纪念碑在东单北大街西总布胡同西口克林德死亡处已开工建造。1903年1月8日举行了纪念碑落成典礼。

此外，条约还规定清政府向列强赔偿白银四亿五千万两（中国人均一两），拆除由大沽口至北京沿途国防设施等。

克林德碑是一座中国式的白色石头牌坊，造型为四柱三间七楼（楼，是指牌坊上屋顶式的建筑，七楼即有七座屋顶），三块坊心石上镌刻着用德文、拉丁文、汉文三种文字书写的光绪皇帝谕旨。牌坊之所以叫“碑”，是因为上挂一额，书“克林德碑”四字。李鸿章和奕劻等为皇帝准备的碑文，叙述事件经过，申明悼惜之意，并表歉疚之心：

国家与环球各国立约以来，使臣历数万里之远，来驻吾华，国权所寄，至隆且重。凡我中国臣民，俱宜爱护而恭敬之者也。德国使臣克林德，秉性和平，办理两国交涉诸务，尤为朕心所深信。乃本年五月，义和拳匪阑入京师，兵民交讧，竟至被戕殒命，朕心实负疚焉！业经降旨特派大臣致祭，并命南北洋大臣于该使臣灵柩回国时，妥为照料。兹于被害地方，按其品位，树立碑铭。朕尤有再三致意者：盖睦邻之谊，载于古经；修好之规，详于公法。我中国夙称礼仪之邦，宜敦忠信之本。今者，克林德为国捐躯，令名美誉，虽已传播五洲，而在朕惋惜之怀，则更历久弥笃！惟望绎读是碑者，见物思人，惩前毖后，咸知远人来华，意存亲睦，相与开诚布公，尽心款洽，庶几大和之气，洋溢寰区，既副朝廷柔远之思，益保亚洲升平之局，此尤朕所厚望云！[1]

也许是碑文篇幅过长的缘故，最终刻在石碑上的文字减缩为以下几句："德国使臣男爵克林德，驻华以来，办理交涉，朕甚倚任。乃光绪二十六年五月拳匪作乱，该使臣于是月二十四日遇害，朕甚悼焉。特于死事地方，敕建石坊，以彰令名，并表朕旌善惩恶之意。凡我臣民，其各惩前毖后，无忘朕命。"

借助冠冕堂皇的文言文，碑文不但掩盖屈辱，更把皇太后和皇帝发动战争的罪责一推了之。说到底，都是"拳匪"的错，统治者高瞻远瞩，永远正确。

中国民众于大战结束后两天迫不及待地拆毁了克林德纪念碑。1919 年，驻北京的法国外交代表，会同中国方面，以"战胜国"的资格，命令德国人将堆放在东单北大街的克林德纪念碑散件运至中央公园（1928 年改称中山公园），重新组装竖立，将原有文字铲掉，"克林德碑"四字改为"公理战胜"，以庆祝第一次世界大战的胜利。

由于拆毁过程中部分构件损坏遗失，所以重建后的牌坊只有四柱三间三楼，比原牌坊少了四个"楼"。美国人西德尼·甘博（Sidney D. Gamble）所

[1] 王彦威、王亮辑编，李育民、刘利民、李传斌、伍成泉点校整理：《清季外交史料 6》，湖南师范大学出版社 2015 年版，第 2778 页。

摄照片显示，1919年的牌坊上有英文“Victory Arch”字样，石坊正面（北向）东楼额记“中华民国八年三月十五日”，西楼额记“西历一千九百十九年三月十五日”。

在今天的北京中山公园内，仍然矗立着这个悲喜交集的牌坊，不过又更换了名称——1952年10月，亚洲太平洋地区和平会议在北京召开，为了表达世界和平的愿望，大会决定将这块牌坊改名为“保卫和平”。

如今，曾经作为历史耻辱标记的“克林德碑”只留下改了名目的残件，但更留给国人一些教训：（一）原件不应销毁，而应留之以告诫后人警惕统治者的昏庸颟顸，民众的愚昧冲动；（二）文物不应随意改变，导致最后不知所云——堂皇正大的妙文，往往不过是遁词；（三）若文物已经发生变动，后人应在原址标记叙述。

威大总统

胡适在天安门纪念“一战”胜利的演讲中说:“这一次协商国所以能大胜,全靠美国的帮助。美国所以加入战国,全是因为要寻一个‘解决武力’的办法。”并自设问答:“如今且说美大总统所主张,协商各国所同声赞成的‘解决武力’的办法是什么?”答曰:“把各国私有的武力变成了世界公有的武力,就是变成了世界公有的国际警察队了。这便是解决武力的办法。”

所谓“解决武力”的办法,就是美国总统威尔逊于1918年1月8日在美国国会演说中所提出的十四条。

十四条中第六条至第十三条,涉及俄国、比利时、法国、意大利、奥匈、罗马尼亚、塞尔维亚、门地内哥罗、土耳其、波兰等国问题,其他几条如下:

> 一、公开之和平条约,以公开之方法决定之。此后无论何事,不得私结国际之盟约。凡外交事项,均须开诚布公执行之,不得秘密从事。
>
> 二、领海以外,无论和平或战时,须保绝对的航海自由。但于执行国际条约时,得以国际之公意,封锁一部分或全部之公海。
>
> 三、除却各种关于经济之障碍,使利益普及于爱和平及保障和平之各国。
>
> 四、立正确之保障,缩小武装至最低额,而足以保护国内治安为度。
>
> 五、对于殖民地之处置,须推心置腹,以绝对的公道为判断。殖民地人民之公意,当与政府之正当要求共适权衡。此种主义,各国须绝对尊重,不得丝毫假借。
>
> …………
>
> 十四、确定约章,组织国际联合会,其宗旨为各国交互保障其政治

威尔逊总统

自由，及土地统辖权。国无大小，一律享同等之利权。

条约体现出威尔逊总统对于世界利益和美国利益的综合考虑。第一条反对秘密条约，是为了增加透明度，把问题摆到桌面上，有利于公开公平公正。中国和日本之前为了两国关系和政治利益，秘密订立条约，已经引起国际社会注意，在 1919 年，特别是巴黎和会上揭露出来。第二条“航海自由”，意在反对海上霸权。意图自然是好的，但实力强大的国家最终获得优势，得到海上霸权，而美国正在拥有这样的实力。第十四条提出的国际联盟计划，就是后来联合国的初步设想。

中国各界给予威尔逊的设想以崇高的敬意和热烈的颂赞。但到 1919 年的巴黎和会上，帝国主义国家强强相卫，视中国的核心利益为儿戏，实际结果令中国民众失望。“一战”胜利后的利益分配不均，埋下了祸根。将近二十年后，第二次世界大战爆发，再次暴露了妄图主宰世界者的贪婪和自私。而威尔逊总统的理想目标，到将近三十年后的第二次世界大战结束后才得以实现。

中国在两次世界大战中都站在正义的一方，秉持国际主义精神，而这种精神基于天下大同理想，深深植根于中国伦理传统。或许有人会嘲笑中国人的仁爱和大同理想是迂阔的，正如也有人会嘲笑威尔逊的理想主义。但这符合人类进步的大方向。

1945 年，在“二战”中打得精疲力竭的各国，终于坐下来商量成立联合国。一位戏剧家出身的中国外交官张彭春（1892—1957）参与了这个国际组织的构建。他曾经担任联合国人权理事会副主席，主持《世界人权宣言》的起草。他尝试将儒家思想引入《世界人权宣言》。宣言第一款是：“人人生而自由，在尊严和权利上一律平等。他们富有理性和良心，并应以兄弟关系的精神相对待。”最初几个版本的《世界人权宣言》只提到“理性”，而没有“良心”一词。理事会是接受了张彭春的建议增加这个关键词的。

因此，国际组织的和平理念和道德追求，包含了中国传统思想。国家之间无论有多少和多大的争端，人类的良心总是可以相通的。

第二章

五四

巴黎和会

巴黎和会于 1919 年 1 月 18 日正式开幕，因最高会议会场设在位于巴黎的法国外交部，故得此名。参会的有美国、英国、法国、意大利、日本、中国等 20 多个国家的 1000 多名代表。

巴黎和会名义上是世界大会，实际上主要是 4 个国家代表的“四人会议”，即美国总统伍德罗·威尔逊、英国首相劳合·乔治、法国总理乔治·克莱孟梭和意大利首相奥兰多。意大利在大战中作用不大，国力薄弱，被英法冷落一边，后来又因本国要求未能在和会上实现而中途退出会议，因此，美英法三巨头成了会议的主宰。此外，日本作为强国，享有与四国相当的话语权。

和会长达 180 天，全体代表团只举行了 8 次会谈，因利益分配不均，争吵不断。美英法三方各怀心思：英国希望得到海上霸权和殖民霸权，以及欧洲大陆各国实力均等，达成大陆均势；法国希望得到欧陆霸权；美国则希望主宰世界。

英国首相劳合·乔治和法国总理克莱孟梭为得到更多战败国赔款争吵起来：“你们法国拿 50%，我们英国得 30%，怎么样？”“不行，绝对不行！这次大战，法国损失最大，我们应该得 58%。”美国总统威尔逊则在英法之间斡旋：“我们美国一分钱都不要。你们两国都牺牲些，让别的国家也得点好处，法国得 56%，英国得 28%，这样可以吗？”最后三方谈定的分配比例是：英国得到了国际联盟所规定的委任统治制度下拥有 1000 万人口的领土；法国得到 750 万人口的领土，包括阿尔萨斯、洛林、萨尔（但法国只能占有萨尔 15 年，之后仍要归还德国）；日本得到德国在太平洋上的属地，而美国的“门户开放”原则获得认可，美国的商品与资本可以进入上述所有地区。

4 月 30 日，以英、美、法三国为主的协约国决定，战胜国将对战败国

巴黎和会“四巨头”

签订《凡尔赛和约》。该和约有关中国的内容包括：德国自《辛丑条约》后取得的在华各项特权取消，德国在华公产也同时取消，但德国在山东所有权利须暂时让与日本（即所谓的山东条款）。

当时的中国代表对是否签订巴黎和会拟定的协议犹疑不决。如果签订和约，德国在山东的权利就要让与日本；但如果拒签，此权利虽免于落入日本手中，但德国在华特权仍在，且还可能得罪列强，使中国不能参加国联，中国参加协约国对德宣战的目的如停付对德庚子赔款等，也就难以实现。鉴于此，中华民国政府于6月17日电令在巴黎的代表，按照各巨头意旨在和约上签字，24日通电各省，申述签字接受合约的理由：“如保留实难办到，只能签字。当经征询两院议长及前段总理，意见亦属相同。因时期促迫，已于昨日电复陆专使照行。”“熟权利害，再四思维，如竟不签字，则嗣后挽救惟难。”

和会会场

但是，从 5 月 4 日学生运动开始到 6 月下旬，中国国内民怨沸腾，要求政府拒绝签字。经过反复斗争，中国代表没有签署和约，而与德国另订条约。

1919 年 6 月 28 日，经过近 6 个月谈判，在巴黎凡尔赛宫签署了以惩罚和削弱德国为主要目的《凡尔赛和约》(全称《协约国和参战各国对德和约》)。条约得到国际联盟的承认，于 1920 年 1 月 10 日正式生效。

美国因国会表决多数反对，也未签署《凡尔赛和约》。

中国代表团

中国北方政府经与南方军政府协商，派出一个 63 人的代表团出席巴黎和会，由 5 位专使率领，他们是外交总长陆征祥、驻美公使顾维钧、驻英公使施肇基、驻比利时公使魏宸祖（后来改由伍廷芳之子、南方军政府代表伍朝枢接替）和南方军政府代表王正廷。

首席全权代表陆征祥 1918 年 12 月 1 日自北京启程，乘京奉火车经东北至朝鲜釜山，5 日上午乘船至日本马关，6 日晚抵达横滨。8 日晚，在刘崇杰、严鹤龄的陪同下，陆征祥乘日本外务省的汽车自横滨前往东京，下榻日本内务省官舍；9 日上午十点，陆征祥与日本外相内田康哉晤谈 20 分钟，请内田向天皇转交徐世昌总统的信件和签名照，后赴皇宫签名致礼，再回公使馆午餐；下午两点，在驻日公使章宗祥的陪同下，拜访即将赴巴黎和会的日本全权代表牧野，会晤片刻，返内务省官舍小憩；四点，内田回访；傍晚，乘外务省汽车返横滨；10 日午后三点，由横滨登日本邮轮赴美。12 月 30 日到纽约，31 日乘美轮赴法，1 月 11 日抵达巴黎。

陆征祥原计划在东京停留更长时间，但他到朝鲜后以患骨痛病为由，电示章宗祥取消原定的拜谒明治陵、拜见天皇、接受勋章及参加朝野宴请等活动。此决定让已与日方商定行程的章宗祥陷于被动。在章的一再要求下，陆征祥勉力到东京做短暂访问。

日本如此款待陆征祥，个中原委是此时美、日两国均欲拉拢中国向自己靠近。此前的 11 月 22 日，中国驻美公使顾维钧电告北京：美意欲援华但对中国持“亲日怀疑”。中国政府几经斟酌，决定由“联美亲日并重”转为“联美疏日”，并电令外交总长陆征祥过日时不与日方密切接触。

针对陆总长取消在日活动安排，日本媒体也推测出中国外交方略的变化。

中华民国外交总长陆征祥（前排中）偕随员刘崇杰（前排右）、严鹤龄，与章宗祥（前排左）、江庸及驻日公使馆职员合影。1918 年 12 月摄于东京麹町区永田町中华民国驻日公使馆

此后，陆征祥抵美并与美方磋商，决定在巴黎和会上提出山东问题以及废除“二十一条”。此举引起日方不满。日方认为，陆总长过日时已口头承诺日本，中日两国在巴黎和会上应步调一致，但陆征祥、刘崇杰和严鹤龄均对所谓“中日接洽、提携”等承诺严词否认。

中国代表团住在巴黎的鲁特西亚酒店。到巴黎不久，陆征祥因身体不适，于 2 月 10 日提出辞呈，未获批准，后又称病于 3 月间赴瑞士疗养，直到 4 月 5 日才返回巴黎。这样，实际上参加和会有关中国的大会的代表是顾维钧和王正廷。

中国必须收回德国在山东的租借地，是代表团坚持的原则。中国代表团在出发之前召开了记者招待会，声明要求解决中国与列强的关系。具体设想关系七个方面：

> 一是废除势力范围，二是撤退外国军队、巡警，三是撤退外国邮局及有线无线电报机关，四是撤销领事裁判权，五是归还租借地，六是归还租界，七是关税自由权。

在法中国留学生对和会表现出极大的关注。他们派代表要求中国外交官必须向和会提出废除“二十一条”。但在1月27日的“五强会议”（美、英、法、意、日）上，日本代表牧野宣布了1917年2月英、法、意与日本签订的秘密协定，称战争结束后“支持日本有关德国在山东权利的处理的主张”。中国代表一时十分狼狈，美国代表也大为吃惊，因为美国一向反对日本扩大或独占中国利益。威尔逊总统当即表示愿意帮助中国，当天中午休息的时候，顾维钧找到了美国国务卿罗伯特·兰辛，寻求美国的支持，希望中国代表有申述的机会。因为山东问题在1月的会议上没有解决，只有到4月对德和约最终条款确定之后才见分晓，中国代表团遂决定公开中日间的秘密协定，得到了克莱孟梭等巨头们的支持。这令日本代表畏惧。于是日本政府开始对中国政府施压。2月2日，日本驻中国公使小幡到中国外交部，要求中国政府不准在日本不同意的情况下公开任何文件。小幡又警告中国政府外交次长陈箓：山东问题须由中日两国直接交涉，中国政府应立即训令中国代表团，非经日本同意，一切问题不得在巴黎和会提出。他还恫吓说：“日本陆军有精兵百万，而海军也有五十万吨，现在无地用武。中日近在毗邻，正可发挥威力。”

2月4日，北京《益世报》发出号外披露上述消息，北大学生立即翻印散发传单，并于5日晚在法科召开全体学生大会，讨论救国办法。2月9日，陈独秀在《每周评论》上立即发声：“北京学生联合会筹议抵抗，五日晚间，北京大学学生在法科开全体大会，到会者二千多人，举出干事十几人，分头进行，并联合各学校的学生，电致巴黎五专使，请他们坚持前议，不要让步。”

日本在意大利宣布退出和会之后，也以退出和会作为威慑，英、法、美看到他们谋划的世界新秩序方案面临破产，既得利益将无法分配，不得已对日本做出了让步。

在 4 月 16 日和 17 日讨论山东问题的会议上，中国代表竟然被禁止参加。美国先后提出山东问题由“和会暂收”和“五国共管”的两个建议，都遭到日本的反对。

4 月 22 日的大会上，列强做出完全抛弃中国的决定。4 月 30 日，英美法“三巨头”会议决定，把德国在山东的所有利益转让给日本，未提及日本 1914 年提出的“交还给中国”的承诺。这项决定后来被写进《凡尔赛和约》的第 8 号第 156 条、第 157 条和第 158 条中。

5 月 1 日，陆征祥致电北京政府，承认“此次和会条件办法，实为历史所罕见”。中国代表也向美国方面表示，本来中国指望十四条原则能用新方式公正公平地处理国际关系，但结果让人非常痛心失望。[1]

[1] 王芸生辑：《六十年来中国与日本》卷七，上海书店 1934 年版，第 321 页。

青岛

青岛依山傍海，碧海、蓝天、绿树、红瓦交相辉映，气候宜人。

青岛地势重要，久为列强觊觎。1897年11月14日，德国借口山东教案（两名德国籍教士在巨野被杀），派军舰占领了胶州湾。1898年3月，德国在沙俄的帮助下，强迫清政府订立了中德《胶澳租界条约》，规定："胶澳之口，南北两面，租与德国，先以九十九年为限"；"租期未完，中国不得治理，均归德国管辖"；以及德国拥有在山东境内修筑胶济铁路[1]和在铁路沿线三十里内采矿的权利，中国对"德国商人及工程人"须"一律优待"。

今天，在青岛，人们仍然能看到大量德式建筑，例如，中国海洋大学校园（原山东大学旧址）是当年的"俾斯麦兵营"；啤酒博物馆里还有德国的机器设备。

1914年夏，欧战爆发。8月1日，德国对俄国宣战。3日，德国对法国宣战。同日，德军侵入比利时。4日，英国对德宣战，越来越多的国家卷入战争。一方是德国、奥匈、保加利亚和土耳其，称为同盟国；另一方是英国、法国、俄国以及塞尔维亚、比利时，称为协约国。此后陆续参战的还有日本、意大利、美国和中国等，总计33个国家，参战人数达7400万人。

中国政府在战争一开始宣布中立，声明"各交战国在中国领土、领海不得有占据及交战行为"，"各交战国之军队军械及辎重品，均不得由中国领土领海经过"。日本将"一战"视为侵占中国的大好时机，在中国政府宣告中立的第3天（8月8日），派军舰驶入青岛海面。8月15日，日本对德国发出最后通牒，要求将远东海上之德国军舰一律撤回，并要求将胶州湾德国租

[1] 胶济铁路于1904年由青岛修至济南。

五四运动期间制作的标语

借地无条件地交与日本。8 月 23 日，日本对德宣战，旋即派兵 2 万多人在龙口登岸。

9 月 26 日，日军 400 余人进占潍县车站。中国政府向日本表达了苦衷：日本此种举动将使中国政府“失信于军民”。但日方置之不理，以胶济路“纯系德政府之产”为借口，继续派军西进，并要求中国立即将胶济路上的军队撤走，声称“若有冲突，日本将认为助德敌日之举”。

在中国政府屈从退让下，日本军队于 10 月 6 日进占济南车站。日本政府公开宣称：“本国政府对于山东胶济铁路有管理之必要，因而实行占领。”

11 月 7 日，日军攻占青岛，在青岛的德国人向日军投降。至此，在中

青岛五四广场雕塑，于1997年10月22日落成。主题雕塑“五月的风”，主体色调为鲜红色，象征五四运动如飓风般席卷全国，又如火炬，暗喻“五四”的火种生生不息

国境内的对德作战已告结束。日军本应撤退，并将青岛等地交还中国，但日军借口欧战尚未结束，拒不撤走。12月间，驻胶济铁路及新设电线沿线和龙口、青岛等地的日军，仍达1.6万人左右。日军既不撤走，中国政府也不敢正式提出要求。12月14日，驻日公使陆宗舆致电外交部次长曹汝霖说：“正式要求撤兵，必须稍待，恐速反不达。”日本得寸进尺，不担拒绝从山东撤兵，并且在1915年向中国政府提出了贪欲更多的“二十一条”。

“一战”结束后，由于日本的强占，青岛成为中国外交的焦点，引发一系列争端。

学生运动

梁启超本是康有为的学生，但他的名声一度超过了老师。胡适评价说："梁先生的文章，明白晓畅之中，带着浓挚的热情，使读的人不能不跟着他走，不能不跟着他想。……他引起了我们的好奇心，指着一个未知的世界叫我们自己去探寻，我们更得感谢他。""梁任公为吾国革命第一大功臣，其功在革新吾国之思想界。十五年来，吾国人士所以稍知民族思想主义及世界大势者，皆梁氏之赐，此百喙所不能诬也。"

虽然五四期间梁启超不在北京，但北京的学生运动与他关系甚大。

1918 年 12 月 28 日，梁启超自上海启程，"以私人资格赴欧观察一切"。梁启超认为，国民可以对政府承担监督和批评的责任，所以他此行不与官方联系，坚持民间立场。国民是国家的主人，当然可以也必须参与外交事务。1919 年 2 月 16 日，由蔡元培、王宠惠和林长民等人发起的国民外交协会在熊希龄住宅成立，最初会员只有几十人，后发展到百余人，其中有不少大学生，还有来自湖南、贵州等省代表。成立会上推举熊希龄、汪大燮、梁启超、林长民、范源濂、蔡元培、王宠惠、严修、张謇、庄蕴宽十人为理事，另推举干事六人：总务陈介、外交叶景莘、文牍寿洙邻、法律王文豹、交际魏斯炅、庶务郑舜钦。

4 月底，中国代表团在交涉中失败。梁启超闻讯，立即致电外交协会的汪大燮、林长民，通报情况。汪、林二人接电后，马上联合张謇、熊希龄、王宠惠、庄蕴宽等国民外交协会成员，致电梁启超，委托他作为协会代表，向巴黎和会请愿，力争山东主权。但此时，和会已决定将原德国在山东之特权全部让与日本，而中国政府代表已考虑签字。

梁启超又来电说：

1919年，中国欧洲考察团在巴黎的合影，左二为蒋百里，左三为梁启超，左四为张君劢

对德国事，闻将以青岛间接交还，因日使力争，结果英法为所动，吾若认此，不啻结绳自缚，请警告政府及国民严责各全权，万勿署名，以示众心。

林长民接电后，在《晨报》上发表《外交警报敬告国民》一文，大声疾呼："山东亡矣，国将不国矣，愿合四万万众誓死图之！"外交委员会秘书长叶景莘建议去找外交委员会理事蔡元培商量，发动学生劝阻政府在合约上签字。

1919年5月3日晚，北京大学校长蔡元培在北京大学法学礼堂召集北大和北京13所学校的代表，通报了外交失败、政府准备签约的消息。学生们群情激愤，意欲有所行动。蔡元培和段锡朋、罗家伦、傅斯年、康白情等代表当即定下次日的游行计划：一、联合各界一致力争；二、通电巴黎专使，坚持不签字；三、通电各省，于五月七日国耻纪念日举行游街示威运动；四、

林长民

定于星期日（五月四日）齐集天安门，举行学界之大示威。

据说，会后，蔡元培又召集学生代表谈话，继续给予鼓励和指导，还批条子让总务科给学生许德珩纸张，以便印刷他起草的宣言。据许德珩回忆：

当晚，西斋的同学一夜没睡，用竹竿做旗子，长的做上大旗子，短的做上小旗。我于宣言写好后把自己的白布床单撕成条幅，书写标语，一直搞到天亮。有的同学咬破手指，血书标语。那时还没有“打倒帝国主义”的口号，集会的主要目的在收回山东主权，收回青岛，反抗日本，反对列强以及惩办卖国贼和军阀官僚，所有标语大都是写着“收回山东权利”、“惩办卖国贼”、“拒绝在巴黎和会上签字”、“内除国贼，外抗强权”、“中国是中国人的中国”、“废除二十一条”、“抵制日货”等等句子，各校写法大同小异。[1]

1919年5月4日，北京学生运动爆发，引发全国范围的学生罢课、商人罢市、工人罢工，曹汝霖、章宗祥、陆宗舆遭撤职，钱能训内阁辞职，后果远远超乎梁启超、林觉民和汪大燮等的预料。

1919年5月11日，由《新青年》同人陈独秀、李大钊、高一涵等人负责编辑的《每周评论》上，刊登一篇署名“亿万”的《一周中北京的公民大活动》，较为翔实地记录了五四运动的前因后果。关于五四运动的酝酿，“亿万”谈道，最近一个星期，由于得到巴黎和会上外交失败的消息，国民的愤怒达到极点，不仅各地纷纷行动起来，而且还相互串联，“山东人到北京来，北京的公民到山东上海去”。在5月3日这一天，包括“政界、商人、学生，还有少数军人”在内的“北京市民”集了许多会，“其中最重要的，一个是国民外交会，一个是学界大会”。所谓“国民外交会”，就是由“国民外交协会”负责召集的民间集会。“国民外交会”形成决议，于5月7日的国耻纪念日在中央公园召开国民大会。当天晚上，在北大法科大礼堂召开的“学界大会”又做出更加积极的决议：“于次日（4日）专门以上各学校全体学生游街示威。”

1920年，为纪念五四运动一周年，梁启超撰写了《“五四纪念日”感言》一文，说：“吾以为今后若愿保持增长‘五四’之价值，宜以文化运动为主而以政治运动为辅。”他提醒政府和民众注重办学讲学，著书立说，出版刊物，传播思想，提高国民觉悟。这场运动使梁启超认识到，中国最需要的不是革命，而是建设——包括经济的建设和文化的建设。他旅欧归国后，放弃了政治活动，组织“新学会”，出版《解放与改造》及共学社丛书，并在南北各大学讲学。他为文化团体共学社拟定宗旨时，明确提出了“培养新人才，宣

---

[1] 许德珩：《五四运动六十周年》，载《五四运动回忆录》续，中国社会科学出版社1979年版，第52页。

传新文化，开拓新政治”的主张。

“新民”的思想贯穿了梁启超一生。他说：“从前的立宪党，是立他自己的宪，干国民什么事？革命党也是革他自己的命，又干国民什么事？……这是和民主主义运动的原则根本背驰，二十年来种种失败，都是为此。今日若是大家承认这个错处，便着实忏悔一番，甲派抛弃那利用军人、利用官僚的卑劣手段，乙派也抛弃那运动军人、运动土匪的卑劣手段，各人拿自己所信，设法注射在多数市民脑子里头，才是一条荡荡平平的大路，质而言之，从国民全体上下工夫，不从一部分可以供我利用的下工夫，才是真爱国，才是爱国的不二法门。”他认为，“五四运动”由“局部的政治运动”扩展为“文化运动”，才是其真正的价值所在。因为“为国家之保存及发展起见，一时的政治事业与永久的文化事业相较，其轻重本已悬绝”；而“非从文化方面树一健全基础，社会不能洗心革面，则无根蒂的政治运动，决然无效”。他断言：“吾以为今后若愿保持增长‘五四’之价值，宜以文化运动为主而以政治运动为辅。”[1]

[1] 梁启超：《“五四”纪念日感言》，载《晨报》，1920 年 5 月 4 日。

北大红楼

北京大学红楼位于紫禁城东北，整座建筑通体用红砖砌筑，红瓦铺顶，俗称“红楼”。

红楼于1918年建成，1919年启用，曾作为北京大学校部第一院、图书馆，还曾做过学生宿舍。

北京大学是全国最高学府。一开始，它被称为“大学堂”，专享大学一词的本义，后来因为各地创办更多大学，每每冠以地名或者人名。大学堂也只好冠上地名，叫做“北京大学”了。

现在红楼一层正中间面对大门，矗立着一座蔡元培的雕像，寓意“永远的校长”。蔡元培改革北京大学是中国近代教育史上的一件大事，他曾说：“教育之目的，在于为国家培养文化之士气，鄙人耻于党争而敬于学术，同道而行者，皆应有此向上之决心，奋发图强。”他抱定思想自由的宗旨，采取“兼容并包”的办学方针：

> 我素信学术上的派别是相对的，不是绝对的；所以每一种学科的教员，即使主张不同，若都是“言之成理、持之有故”的，就让他们并存，令学生有自由选择的余地。最明白的是胡适之君与钱玄同君等绝对的提倡白话文学，而刘申叔、黄季刚诸君仍极端维护文言的文学；那时候就让他们并存。我信为应用起见，白话文必要盛行，我也常常作白话文，也替白话文鼓吹；然而我也声明：作美术文，用白话也好，用文言也好。例如我们写字，为应用起见，自然要写行楷，若如江艮庭君的用篆隶写药方，当然不可；若是为人写斗方或屏联，作装饰品，即写篆隶章草，

北京大学红楼外景

红楼东侧北河沿大街街心公园雕塑

有何不可？[1]

北京大学是新文化的大本营，红楼和它北面的操场是五四学生运动的策源地，因此红楼成为一个文化象征体。今天，红楼南侧的大街被称为五四大街，东侧，北河沿大街的街心中有一个五四和新文化运动主题公园。

红楼高大严正，色调温暖。从这里出来的人，会有什么样的情怀和气度？只消看看这里面走出来的师生，就能有所体会。

陈独秀、李大钊、鲁迅、胡适等曾先后在此任教任职。一楼东南隅两间房是李大钊的办公室，他在担任北京大学图书馆主任期间，正赶上五四运动。他在红楼组织了“马克思主义研究会”，是北方第一个共产主义小组。

时任教育部社会教育司第一科科长的周树人（鲁迅）自 1920 年起应聘到北京大学任兼职讲师。他在红楼没有办公室，有时会到二楼扶梯对面的国文系教员休息室与同事见面。

楼内还集中了新潮社、国民杂志社、新文学研究会、哲学研究会、世界语研究会等许多社团，《新潮》、《国民》、《每周评论》等刊物就是在设在地下室的红楼印刷厂印制的。

时人如此评价北京大学：“北京大学为全国最高学府，年来内部活动之力极大，其势力似已弥布于域内，可称居全国思想之中心。盖自蔡氏接任校长后，对于文理两部极谋改进，所有教员颇多富于进化思想之人，内部酝酿已非一日。迨欧战既停，全球人心一变，而该校师徒之思想，亦如春笋惊雷脱地而起，未几遂有五四之役，举国学界联成一大团体，以解放思想、改良社会为目的，专从事于文化运动。观于近来出版物之多，已可想见。北京学校除北大外，若高师、法专、农专、工专、清华等校，以感受思潮之故，青年学子态度迥异于前，中等学校大率亦复类是。”北京学界组织的文化运动，进一步强化了北京大学作为新文化中心的形象。《申报》评论说：“自

[1] 蔡元培：《我在北京大学的经历》，载《蔡元培自述》，中国言实出版社 2015 年版，第 106—107 页。

‘五四’‘六三’以后，全国学界几以北京学界为中心，而北京学界则又以北京大学为重镇，因其学程既高，人数亦众。年来一切文化运动，无论有形无形，莫不以东中西三院为其策源地。”北京大学在学生运动中发挥的重要作用，从反面看也是了了分明。教育部一个主事在给其上司的“条陈”中这样说：“……北京大学发行杂志多种，专以提倡过激派伪说。平时教授学生亦本此旨。此次罢学风潮，近因虽由政治问题发生，而其远因，未始不由此种学说有以致之。”又说，“……审察学生举动，几类俄国过激派之所为。”

1920 年 5 月 4 日，北京各校学生于北京大学第三院大礼堂举行“五四周年纪念会”，五四运动学生领袖之一段锡朋在会上回顾运动过程，对同学们提出四条希望，特别强调文化运动和学术研究：（一）做事须有目的；（二）文化运动须到底不懈；（三）宜有组织；（四）宜研究学问以发展运动之能力。

罗家伦

“五四运动”一词是罗家伦最早提出来的。他在1919年5月26日《每周评论》第23期上用“毅”的笔名发表了《五四运动的精神》一文，指出，五四运动的精神是“学生牺牲的精神”、“社会制裁的精神”和“民众自决的精神”。

罗家伦（1897—1969），字志希，浙江绍兴人，1919年在北京大学外文系学习，当年作为北京学生界代表，到上海参加了全国学联成立大会。5月4日，罗家伦起草了《北京全体学界通告》，印成传单散发。下午，游行学生队伍行至东交民巷使馆区，被外国警察拦阻，不得进入。学生们推举罗家伦等四名代表入内，向各国使馆递送声明书。5月5日下午三点，北京全体学生大会在北大法科大礼堂举行，各校代表三千多人参加。会议通过了上书大总统和教育部并通电罢课的决议。当时罗家伦在北大学联负责总务和文书，他在会上介绍了被捕学生情况，并强调学生运动已经成功地争取到了商界和新闻界的支持。

五四运动结束后，罗家伦亲赴杭州迎接学生运动中辞职的北大校长蔡元培回京，并接任《新潮》主编。

1920年5月4日，为纪念五四运动一周年，罗家伦主编了《晨报》的《五四运动专号》。同年，他在《新潮》第二卷第四号上发表《一年来我们学生运动的成功失败和将来应采取的方针》，检讨了运动的得失，肯定了五四运动的成功：“总之五四以前的中国是气息奄奄的静的中国；五四以后的中国是天机活泼的动的中国。五四运动的功劳就在使中国‘动’！”

罗家伦虽然在五四运动中起了很大的作用，但他后来对运动的态度一直很矛盾。运动结束以后，罗家伦渐渐接受了胡适的影响，认为学生谋求救国应以学术研究为途径，而不能沉溺于“运动”。他指出五四运动期间学生存

罗家伦（左二）在游行队伍中

在的问题，认为学生们采用的“罢课”、“三番五次的请愿”、“一回两回的游街”，是“无聊的举动”，是在“毁坏学者”，“学生的优点固然是一律表现出来，但是弱点也一律暴露出来了”。他列举了运动的三个弊端：（一）学生万能的观点，（二）学术的停顿，（三）落于形式的窠臼。[1]

1920 年秋，罗家伦赴美国普林斯顿大学、哥伦比亚大学留学，后又去英国伦敦大学、德国柏林大学、法国巴黎大学学习。

[1] 罗家伦：《一年来我们学生运动底成功失败和将来应取的方针》，载《新潮》第 2 卷第 4 期。

通告和宣言

1919年5月4日上午十点，罗家伦刚从城外北京高等师范学校回到北京大学新潮社，准备和大家一道去天安门游行，同学狄福鼎推门进来说："今天的运动不能没有宣言，北京八校同学推我们北大起稿，你来执笔罢！"

于是，罗家伦站在一张长桌旁，起草了《北京全体学界通告》。他后来回忆，那一刻"像面临紧急事件，心情万分紧张，但注意力非常集中，虽然社里人来人往，很是嘈杂，我却好像完全没有留意。写成后也没修改过。"[1]宣言成稿后，立即被送到北大教员李辛白办的老百姓印刷所印刷，原计划印5万份，结果到下午一点，只印出2万份，立即被拿到街头散发。宣言写道：

> 现在日本在万国和会上要求并吞青岛，管理山东一切权利，就要成功了！他们的外交大胜利了！我们的外交大失败了！山东大势一去，就是破坏中国的领土！中国的领土破坏，中国就亡了！所以我们学界今天排队游行，到各公使馆去，要求各国出来维持公理。务望全国工商各界，一律起来，设法开国民大会，外争主权，内除国贼，中国存亡，就在此举了！今与全国同胞立两条信条道：
>
> 中国的土地可以征服不可以断送！
>
> 中国的人民可以杀戮不可以低头！
>
> 国亡了，同胞起来呀！

这份白话文的宣言，虽在愤激和匆忙中写成，用词却谨慎克制，没有出

[1] 罗家伦：《黑云暴雨到明霞》，商务印书馆1943年版。

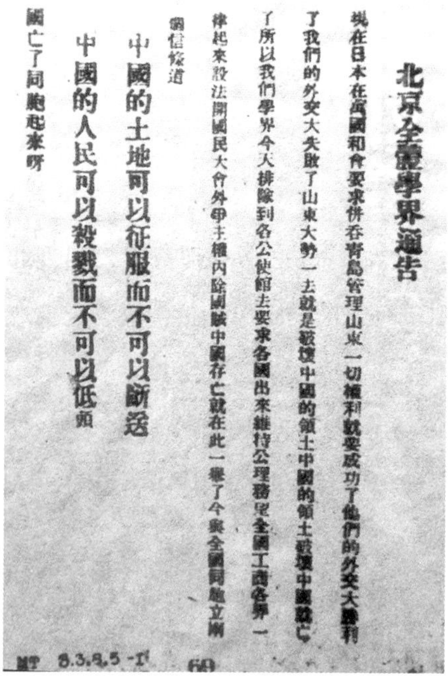

北京全體學界通告

現在日本在萬國和會要求併吞青島管理山東一切權利就要成功了他們的外交大勝利了我們的外交大失敗了山東大勢一去就是破壞中國的領土中國的領土破壞中國就亡了所以我們學界今天排隊到各公使館去要求各國出來維持公理務望全國工商各界一律起來設法開國民大會外爭主權內除國賊中國存亡就在此一舉了今與全國同胞立兩個信條道

中國的土地可以征服而不可以斷送

中國的人民可以殺戮而不可以低頭

國亡了同胞起來呀

罗家伦起草的《北京全体学界通告》

现打杀一类字眼，反而强调秩序，顾及法律，例如“今天排队游行”、“设法开国民大会”等措辞，寄希望以平和方式解决问题。尽管北大学生因与前来劝说的教育部代表辩论，耽误了不少时间，到达天安门时间较晚，但作为胡适高足的罗家伦，用白话文草拟传单，更适合于群众传播，也为北京大学在运动中赢得赞誉。《晨报》记者全文引录宣言，并评论说，这份沿途散发的传单“最简单明白”，相比较其他学校的传单，流传也最为广泛。

另一份宣言是许德珩（1890—1990）受北京学生联合会委托起草的《北京学生界宣言》，用文言写成：

鸣呼国民！我最亲最爱最敬佩最有血性之同胞！我等含冤受辱，忍痛被垢于日本人之密约危条，以及朝夕企祷之山东问题。青岛归还问题，

罗家伦

今日已由五国共管，降而为中日直接交涉之提议矣。噩耗传来，天黯无色。夫和议正开，我等之所希冀所庆祝者，岂不曰世界中有正义、有人道、有公理。归还青岛，取消中日密约、军事协定以及其他不平等之条约，公理也，即正义也。背公理而逞强权，将我之土地由五国共管，侪我于战败国如德奥之列，非公理，非正义也，今又显然背弃山东问题，由我与日本直接交涉。夫日本，虎狼也，既能以一纸空文，窃掠我二十一条之美利，则我与之交涉，简言之，是断送耳，是亡青岛耳，是亡山东耳。夫山东北扼燕晋，南拱鄂宁，当京汉、津浦两路之冲，实南北之咽喉关键。山东亡，是中国亡矣！我国同胞处其大地，有此山河，岂能目睹此强暴之欺凌我，压迫我，奴隶我，牛马我，而不作万死一生之呼救乎？法之于亚鲁撤、劳连两州也曰："不得之，毋宁死。"意之于亚得利亚海峡之小地也，曰："不得之，毋宁死。"朝鲜之谋独立也，曰："不得之，

> 毋宁死。”夫至于国家存亡土地割裂、问题吃紧之时，而其民犹不能下一大决心，作最后之愤救者，则是二十世纪之贱种，无可语于人类者矣。我同胞有不忍于奴隶牛马之痛苦，极欲奔救之者乎？则开国民大会，露天演说，通电坚持，为今日之要着。至有甘心卖国，肆意通奸者，则最后之对付，手枪炸弹是赖矣。危机一发，幸共图之！[1]

宣言的结尾处出现“手枪炸弹”，显然有暴力倾向，游行示威运动中发生的打砸纵火事件无论是出于一时激愤，还是早有预谋，与该倡议中的“幸共图之”合拍同调。

两份宣言，一白话一文言，一新一旧，显示出历史过渡时期的中国文化风貌。

此外，学生们还草拟了英文备忘录，准备交给各国使馆，争取国际社会的同情。

当年新潮社社址在红楼一层西侧，如今作为新文化运动纪念馆的一个展厅，布置成游行出发前的场景，白色横幅写着标语口号，或绑在竹竿上，或在地上堆放，或靠墙摆放，桌子上放着笔墨纸砚。

[1] 宣言收入龚振黄编著的《青岛潮》，1919 年 8 月出版。

北大、清华及其他

人要比高低，国要分强弱，大学要排名次。

1919年，北京的大学数量尚少，排名倾向还不很严重。

现今中国两所顶尖高校——北京大学和清华大学——那时都已经存在而且知名。两校的竞争在所难免。如今两校互相褒贬，避免直呼其名时，总以“隔壁”代指对方。但一百年前，他们的地理距离并不近：北京大学在紫禁城东北，清华大学在西郊。

五四运动当日，北京大学作为游行示威的发起者之一，却较晚到达天安门。据张国焘回忆：

> 五月四日上午十一时左右，当北大同学在马神庙第一院集合，准备向天安门出发时，蔡元培校长出来劝止。他沉痛地向我们说，示威游行并不能扭转时局。北大因提倡学术自由，颇为守旧人物和政府所厌恶，被视为鼓吹异端邪说的洪水猛兽。现在同学们再出校游行，如果闹出事来，予人以口实，这个惨淡经营，植根未固的北大，将要首先受到摧残了。那位文诌诌的易克嶷同学当场向蔡校长痛陈学生们内心积愤，已是忍无可忍，恳求校长不要阻止。其他多数同学则颇感不耐，发出“嘘！”“轰！”吵嚷和怒骂的声音。看看时间已到正午，我即挤向前去，高声向校长说：“示威游行势在必行，校长事先本不知道，现在不必再管，请校长回办公室去罢。”我和其他几位同学连请带推的将蔡校长拥走，游行队伍在一片欢呼声中，蜂踊地向天安门出发了。[1]

[1] 张国焘：《我的回忆》，东方出版社1991年版，第50—51页。

学生游行队伍

张国焘的记忆可能有误。曾阻止过 1918 年 5 月学生游行请愿的校长蔡元培自己的回忆是："五月四日，学生又有不签字于巴黎和约与罢免亲日派曹、陆、章的主张，仍以结队游行为表示，我也就不去阻止他们了。"[1] 学生们 5 月 3 日晚做出改变集会游行日期的决定，校方早有预料。而且在学生集会前，蔡元培就曾召集教授会议，讨论学生活动问题。鉴于政府对北大的敌视态度，以及不少教员不满政府在中日问题上的软弱立场，校方决定不阻止学生的行动。蔡元培本人还曾召见了学生领导人之一的狄福鼎，表达了自己对学生们的同情。因此，当蔡元培接到教育总长傅增湘的电话，要他负责召回学生时，他回答说，"学生爱国运动，我不忍制止"，并拒绝去教育部商量善后办法。

学生虽然没有受到校方阻拦，但"队伍遭北京政府教育部的代表（次长）

[1] 蔡元培：《我在北京大学的经历》，载《蔡元培选集》，中华书局 1959 年版，第 292 页。

和几个警察阻拦了，不准他们去参加游行。学生代表邓中夏、黄日葵等和教育部的代表展开了辩论，终于突破阻拦，队伍才急速向天安门进发”，因此导致北大学生迟到。

有报纸描绘了运动现场的高校学生：

> 记者到时，学生不过六七百人。少顷，各大队学生手持白旗，纷纷由东西南各方云集而来。……（法政专门学校代表称）等大家到齐，我们便要游街示众，叫我们国民也都知道有这种事体。游街后再到东交民巷英、美、法、意各国使馆提出说帖，表示我们的意思。完后还要转到这里，开会商议善后办法。[1]

尽管清华大学错过了 5 月 4 日的活动，但很快就成为运动中的一支重要力量。1919 年 5 月 17 日，闻一多在写给父母的信中说：“此次北京二十七校中，大学虽为首领，而一切进行之完密敏捷，终推清华。”他的自夸自赞，得到北大教授胡适的印证。6 月 4 日上午，胡适持盖有京师警察厅总监印章的“执照”，到北京大学法科看望被拘捕的学生，发现“内中有清华的学生，穿着黄色操衣，精神最好”。

的确，在五四运动期间，清华学生常常充当组织和服务的角色。当各校学生约千人因上街演讲抵制日货而被拘留在北大理、法两科校舍时，都由清华同学维持秩序。

清华学生的这种素养，得益于平时的几项训练。其一，注重爱国思想。清华大学自 1913 年开始设立伦理演讲，每周邀请中外名人或本校教员演讲社会道德，以培养学生的爱国思想和服务社会的意识。其二，注重社团活动。五四前，清华学生组建的各种社团已有四五十个。自 1915 年开始就创设童子军，每周操练两次。其三，注重民主素养。“中等科四年级英文作文班教

[1] 《山东问题中之学术界行动》，载《晨报》，1919 年 5 月 5 日。

员同时教授议会法（即民主初步），而日常作实际练习，因此清华学生对于普通集会组织程序等多能了解熟练。”

民主训练，须抓早抓小。

电报和快邮

1919 年，日常主要的通信方式是书信和电报，而以电报为最快捷。巴黎和会上中国外交将要失败的消息便是由梁启超电报传回中国的，罗家伦在学生运动中摆脱警察盯梢后给上海学生组织发电报,才带动学生运动的扩大。但因为电报费用高昂，各组织对外联络时，要准备好这笔费用。

1919 年 4 月，日本要求中国撤换两个巴黎和会专使的消息传到北京，北大学生开会决议打电报给巴黎和会支援中国代表，当时募捐了几百元作为费用。因为此次只打出两个电报，费用节余 300 多元，堪称“巨款”，存入了学生银行。

5 月 3 日，闻知巴黎和会外交失败，北大学生在北河沿法科第三院召集临时会议，决定游行。他们把存在学生银行的这笔钱拿出来买了竹布，做了 3000 多面旗子，请北大书法研究会和画法研究会的同学书写，让参加游行的北大学生个个手中有旗子，多余的送给别的学校。所以，北大临时有这么多旗子，实在得益于有这么一大笔电报费预存。

1919 年巴黎和会开始不久，各地各行业发出的电文充斥报章。

1919 年 2 月 8 日上海《申报》上有留日学生救国团致电顾维钧、王正廷两代表称：“中日问题，存亡所系……，望益坚持，以维国命。”2 月 9 日，北京各大专学校学生 1.15 万人致巴黎和会的中国代表电文内容中有“请保持国权”，“对于中日争执坚持到底”，“誓为诸公后盾”。各校学生通电国内各报馆、各省教育会、商会、学校、团体的电文内容是：“我国平和会委员提议取消中日密约，属正当要求。闻某国已向我政府请撤顾、王二使，称其不足代表我国政府与民意，同人不胜愤激。除电达委员诸公坚持，特飞电公等速集同志，表布国民公意，以作委员后盾。”

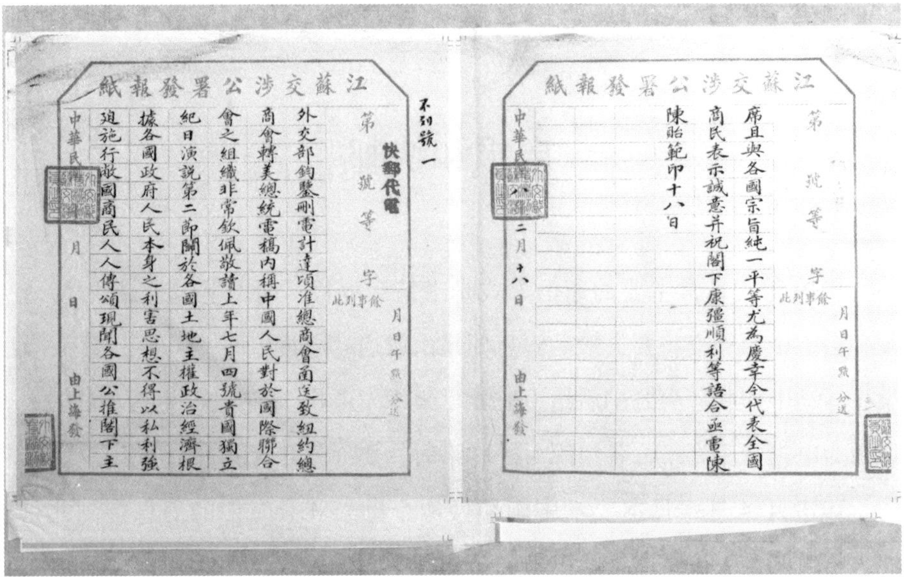

江蘇交涉公署發報紙

不列號一

快郵代電

第 號 等 字

外交部鈞鑒刪電計達頃准總商會函送致紐約總商會轉美總統電稿內稱中國人民對於國際聯合會之組織非常欽佩敬讀上年七月四號貴國獨立紀日演說第二節關於各國土地主權政治經濟根據各國政府人民本身之利害思想不得以私利強迫施行敝國商民人人傳頌現聞各國公推閣下主

中華民 月 日 由上海發

江蘇交涉公署發報紙

第 號 等 字

席且與各國宗旨純一平等尤為慶幸今代表全國商民表示誠意并祝閣下康彊順利等語合亟電陳

陳貽範卯十八日

中華民 二月 十八日 由上海發

外交部特派江苏交涉快邮代电

虽然电报满天飞，但政府操控发报机关，有权扣压电文发送。也就是说，电报内容需经主管机关审查。上面那封大专学生发往巴黎的电报就被政府强行扣留。因为政府希望有条不紊掌握外交事件进程，不愿舆论引发激切的评论，因此指责一些电文言论是“谣诼繁兴”、“妄为揣测”。

政府当然有使用这种通信方式的优先权。1919 年 2 月 10 日，政府迫于舆情，决定不撤换顾、王二使，并电巴黎和会中国代表，许有随时宣布中日各项密约之全权。同日，授权外交部发表正式声明，表示“各国代表在巴黎会议席上，顾本国之利益，为正确之主张，为今日国家独立自存应有之义，他国绝无干涉之理”。像这样的紧急事件处理，电报起到至关重要的作用。

此外，各地的宣言书一般也由电报发送。例如，武汉中等以上全体学生 5174 人致电徐世昌及北京国务院，要求政府电令专使力争青岛勿懈，并望尊重民意。

巴黎和会期间，海外华人华侨时刻地关注会议进展，组织团体声援和支持中国代表团，互相策应，协调行动。南洋华侨学生在给上海华侨学生会的电文中说:“誓杀曹章及其余国贼,取消密约,提倡国货,万众一心,坚持到底。”从2月7日到4月10日，巴黎的中国代表团收到来自国内和世界其他地方如纽约、波士顿、洛杉矶、伯克利、檀香山、伦敦等地发来的电报多达86封，此外还有北京中华总工会、檀香山中华商会、山东工商协会、广州华侨工会等32个工商组织和工会的电报抗议书，以及美国、菲律宾、古巴、墨西哥、马来西亚等海外华侨组织的电报。

五四运动期间，国内发往巴黎的电报达5000多通。电报可以表示决心，鼓舞士气，造成声势，但即便铺天盖地，电报毕竟只是一种形式，一些文字而已。

辜鸿铭在英文报纸《密勒氏评论报》上这样调侃国民发往巴黎的电报：

> 不妨假设一下，如果四亿人中百分之九十的人都变得识字了，如果在北京这里，苦力、马夫、车夫、剃头匠、店小二、叫卖贩、算命先生、二流子和流浪汉，诸色人等（ethoc genus omme），都能认识字，都想像大学学生那样参加政治活动，其结果将会何等热闹。据说最近有五千封电报发给出席山东问题的巴黎和会的中国代表。让我们来计算一下，如果中国四亿人口中有百分之九十都识字，都想像我们的回国留学生那样爱国，那将会发出多少电报，将要浪费多少钱财！[1]

[1] 辜鸿铭：《反对中国文学革命》，载《密勒氏评论报》，1919年8月12日。

天安门与东交民巷

中国各地民众到北京旅游，必去景点之一是天安门广场。

1919 年，北京 3000 多名学生在天安门集会、游行，发动了五四运动。1949 年，北京 30 多万民众齐聚于天安门广场，聆听毛泽东主席宣告中华人民共和国中央人民政府成立。

天安门原名承天门，始建于明永乐十五年（1417），是皇城的正门。清顺治八年（1651）重建，并改用现名。此后 300 多年，城楼的基本格局没有大的改变。从天安门到与之相对的中华门（即原大明门、大清门）之间为御道（中华门后被拆除，现为"毛主席纪念堂"所在地）。天安门及西侧的中央公园，明清两代均为禁地，是中央政府机关。民国建立，天安门逐步成为重要的公共活动空间。从皇帝举行颁诏仪式的神圣禁地，到青年学生表达民意的公共场所，天安门及南侧的广场的地位发生了改变，但其作为政治符号的功能没有改变。但凡集会、演讲、示威于此，必能产生巨大的社会影响。

不过，1919 年，天安门附近驻扎着外国兵营。在广场东南角，有一条宽敞的巷子，叫东交民巷（后来曾名反帝路），排列着各式各样的外国房屋：英式、美式、法式、德式、日式、俄式等，堪称一个小型世界建筑博览会。这就是当年的外国使馆区。虽然使馆区允许有外国武官驻守，但溯其来历，观其规制，这里却有一种不平等的安排。

东交民巷原名东江米巷。第二次鸦片战争后，各国派驻北京的使节相继在此地设立公使馆。1900 年义和团运动失败后，清政府与列强签订的《辛丑条约》规定："各国应分自主，当驻兵队护卫使馆，并各将使馆所在境界自行防守，中国人民概不准在界内居住。" 1901 年 5 月 30 日，又补充了一个"北京各国使馆界址四至专章"，划定使馆区的范围：

天安门城楼

一、东界至崇文门十丈为止，其城门旁西首登城马道不在界内。

二、西界至兵部街为止，街西宗人府、吏部、户部、礼部四衙门均还中国，并可在衙门后建筑墙垣，不宜过高。衙门旁民房，本多毁坏，其现在尚存者，一律拆为空地。无论中国人、外国人，不得建造房屋。各使馆服役之中国人原有房屋，在界内者，另行拨给地段，令其盖房居住。

三、南界至大城根为止，其靠使馆界之城上，许各使馆派人巡查，但不得建造房屋。

四、北界至东长安街北八十丈为止，使馆界墙在东长安街南约十五丈，自界墙外至东长安街北界线以内之房屋，均拆为空地，惟皇城不得拆动。其空地内，以后彼此均不得造屋，东长安街一带仍听车马任便行走，作为公共道路，由中国设立查街巡捕，建造巡捕房作为该巡捕等办公之地。

中华门

“使馆界”四周筑起高墙，墙上布满炮位、枪眼，墙内设有美、法、德、英、意、日、俄等七国兵营；墙外留有空地，作为操场，竖立“保卫界内，禁止穿行”牌子。“使馆界”内自设警察和管理人员，不仅中国人不能居住，就是中国的军警也不能穿行。

5 月 4 日，学生们来这里递交文书，因为是星期天，公使不在馆内。根据规定，军警不让学生通过该区域。

1919 年 7 月出版的《五四》一书，记录了学生们受阻于东交民巷的情景：

学生欲通过（东）交民巷往东而行，该处警察竟然不许通行。学生颇受激刺，不得已折而往北，出王府井大街，经东单牌楼，向赵堂子胡同，入赵家楼曹汝霖之住宅。[1]

虽然受了“激刺”，但学生们并不妨碍“治安”，而以文明尊严的举止得到东交民巷的“西人”的称赞：

最先至者为高师、汇文两校，北大因整队出发时受到教育部代表及军警长官劝阻，理论多时，故到天安门最迟。凡先到者辄欢迎后来者以掌声，而后来者则应和之以摇旗，步法整齐，仪容严肃，西人见者，莫不啧啧称赞。[2]

的确，学生们的组织工作是严密有序的，北大学生罗章龙回忆说：

到了5月1日和2日，最先是北京大学内部从下而上地进行了动员，学生组织主要掌握在中年级学生手里。我们就从班到系，从系到院一层层地推上去。决定在天安门召开大会，联络八校共同行动。行动小组在大会举行前一天安排了几个工作：第一，控制主席台，掌握大会方向，派一个组员去掌握喇叭筒。第二，控制几个大学前排带队掌旗的，我们派人到队列的前排打旗（过去游行是由校警掌旗的，这次由我们自行掌旗）。第三，组织交通队和口号队，口号队分为国语和英语的，标语、传单也分中西两种文字，目的是让外国人也懂得大会的意义。第四，预防可能发生冲突时的救护准备。[3]

由罗家伦等四位学生作为代表前往美国使馆交涉，因公使不在，只留下

---

[1] 《山东问题中之学生界行动》，载《晨报》，1919年5月5日。

[2] 蔡晓舟、杨景工编：《五四》，载《五四爱国运动》上册，中国社会科学出版社1979年版，第453—454页。

[3] 罗章龙：《五四运动和马克思学说研究会》，见中国人民政治协商会议全国委员会文史资料委员会编《五四运动亲历记》，中国文史出版社1999年版，第47页。

事先准备好的言辞恳切的“说帖”。其时国人对于美利坚合众国及其总统威尔逊大有好感，故“直率陈词”，“请求贵公使转达此意于本国政府，于和平会议予吾中国以同情之援助”。另有学生代表前往英、法、意诸国使馆交涉，使馆方都只答应代为转呈说帖。学生申请穿越使馆区未得到允许。东交民巷这种“国中之国”，本是中国主权丧失的耻辱；学生恳求列强“维护公理”说帖遭到冷遇，又目睹使馆区巡捕的骄横，更是义愤填膺。三千热血沸腾的青年学生，被堵在狭隘的东交民巷西口，更容易引发不满情绪，“学生已觉刺激不浅，以为国犹未亡，自家土地已不许我通行，果至亡后，屈辱痛苦，又将何如？”[1]

原北洋政府陆军部驻署京师宪兵排长白岐昌的现场报告说：

> 该学生团于午后二时三十分整队出天安门，折东进东交民巷西口，至美国使馆门首，遂被阻止。该代表等从事交涉，仍未允通行。后即转北往富贵街，东行过御河桥，经东长安街南行，经米市大街进石大人胡同，往南小街进大羊宜宾胡同，出东口北行，向东至赵家楼曹宅门首。[2]

匡互生回忆，学生们长时间受阻于东交民巷，当有人提议直扑曹汝霖私宅时，“负总指挥责任的傅斯年，虽恐发生意外，极力劝阻勿去，却亦毫无效力了”。[3]

[1] 《五四》，载《近代史资料》，1955 年第 2 期，第 50 页。

[2] 《五四运动文辑》，湖北人民出版社 1957 年版，第 173 页。

[3] 匡互生：《五四运动纪实》，载《近代史资料》，1957 年第 2 期。

赵家楼

赵家楼位于北京长安街东端之北，原为明代隆庆朝文渊阁大学士赵贞吉的宅邸，因住宅后花园假山上有亭似楼，故名赵家楼。民国时期成为曹汝霖的住宅。从地图上看，赵家楼地形呈曲折U字形，总长不超过400米的街道一分为二：前赵家楼胡同和后赵家楼胡同。如今，旧宅已全部拆除，在原址建起了新楼房，曾作为招待所，现改名为赵家楼饭店。赵家楼胡同1号的东院墙上镶嵌了一块“五四运动火烧赵家楼遗址”铭牌。

赵家楼成为曹汝霖的住宅时，有房屋50多间，分为东西两个部分。西面是中式楼房，曹汝霖自住；东面是加盖的西式平房，系曹汝霖的父亲曹成达所居。京师警察厅在曹宅被火烧后,派人绘制了赵家楼草图。从草图上看，赵家楼共有四个门，前赵家楼有一个敞门和街门，后赵家楼有一个后门，东边还有一个敞门——曹宅东邻城隍庙街。

5月4日下午，游行队伍来到赵家楼胡同，曹宅的大门紧闭，匡互生等四五个学生从窗户进入院内。学生入宅前，听说曹、章、陆正在这里开会，但进院后，并没有找到曹汝霖。于是匡互生取出预先携带的火柴，将屋内易燃的帐子、挂画、信件集中起来点燃，大火迅速蔓延起来。同时，其他同学痛打了章宗祥。曹宅大火很快被军警扑灭。经勘查，共烧毁房屋11间。军警逮捕了32名来不及散去的学生。

徐世昌总统把曹汝霖一家暂时安置在北海的团城居住。

曹汝霖在第二天呈送总统的辞呈中，叙述了他的住宅被捣毁和章宗祥被殴打的经过：

呈为信望未孚，责难交集，恳请罢斥以谢天下事：窃汝霖本月四日

火烧赵家楼遗址

> 上午，奉派入府公宴。午后二时半回抵东城赵家楼私宅。适与驻日公使章宗祥晤谈，忽闻喊声甚厉，由远而近，势如潮涌，渐逼巷口，巡警相顾束手。约十余分钟，突见学生千余人，破门逾墙而进，蜂拥入内，遇物即毁，逢人肆殴。汝霖生父就养京寓，半身不遂，亦被殴击。旋即纵火焚屋，东院房屋，至汝霖起居所在，立成灰烬，其余亦系遭毁损。章公使当火发之际，仓促走避邻舍，为群众见执，摔地狂殴，木石交加，头部受伤九处，伤及脑骨，流血不止，立即晕倒，不省人事。幸警察总监吴炳湘及步军统领李长泰，闻信先后到场，强迫解散凶徒，饬警护送章公使入院调治，据之脑筋震动，遍体鳞伤，性命尚无把握。而汝霖宅内暴徒，闻军警捕拿，纷纷窜散。此汝霖因公被祸，家室焚毁，及章公使同时殴辱，重伤濒危之实在情形也……[1]

曹汝霖后来在回忆录中说："仲和（章宗祥）在锅炉房，听到上面放火，即跑出来，向后门奔走，被学生包围攒打。他们见仲和穿了晨礼服，认为是

[1] 北洋政府公报，1919 年 5 月 11 日，第 1173 号。

学生游行队伍

我，西装撕破。有一学生，将铁杆向他后脑打了一下，仲和即倒地……适日友中江丑吉闻讯赶到，见仲和倒在地上，他亦认识，即推开学生，将仲和连抱带拖，出了后门，藏在对面油盐店，把门而立，说日本腔的中国话，这是我的朋友，你们要打即打我，我不怕！他虽知自卫之法，亦已受铁杆打伤多处，臂背红肿，经月余才愈。”[1]

有回忆表明，学生对暴力行动似乎早有准备：

> 经小组研究，确定天放、雨溟等人去探查卖国贼的住宅，查明行动的门路、进出的路线。赓甫、澄宇等人则想办法认识曹汝霖、陆宗舆、章宗祥等人的面貌。为了认识曹、陆、章等人，大家想了一个办法。北京有个廊房头条胡同，是几家照相馆的集中地，当时政府的一些官员为了显耀自己，将各人的照片都陈列出来，我们就到照相馆去对认。这些准备工作都是事先完成的。[2]

[1] 曹汝霖：《曹汝霖一生之回忆》，中国大百科全书出版社 2009 年版，第 154 页。

[2] 罗章龙：《五四运动和马克思学说研究会》，见中国人民政治协商会议全国委员会文史资料委员会编《五四运动亲历记》，中国文史出版社 1999 年版，第 47 页。

纵火者

曾为北京学联代表的高师学生熊梦飞，1930年代初撰文纪念匡互生，提及在天安门前集会时，学生间有往总统府，往外交部，还是往英美使馆的方向之争，“互生是时，意固别有所在，集其死党为前驱”。到东交民巷游行受阻时，“前驱者大呼‘直奔曹宅’！群情愤慨，和之，声震屋瓦”[1]。这份回忆表明，匡互生和他的同伴奔向赵家楼系有预谋。

另一位高师同学俞劲，在《对火烧赵家楼的一点回忆》中，也提到游行队伍本该向总统府请愿，“但走在队伍前面的人（有些是参加五四前夕秘密会议的），却有目的地引导队伍浩浩荡荡向赵家楼曹汝霖公馆走去”[2]。

其时与匡互生同行的同学张石樵，也认为直奔曹家有理，“也正合我们早就商量好的”惩罚卖国贼的计划[3]。匡互生本人的回忆则是：“这时候群众的各个分子都没有个性的存在，只是大家同样唱着，同样走着。”“这时候，无论怎样怯懦的人也都变成一些有勇气的人了！”[4]

下午四点半左右，游行队伍来到离外交部不远的赵家楼2号曹汝霖的住宅。抗议游行活动达到高潮，发生了破窗入宅和放火烧房事件。有报道说：

> 时正下午四钟，且见火焰腾腾，从曹宅屋顶而出。起火原因如何，

---

[1] 熊梦飞：《悼亡友匡互生》，载中国人民政治协商会议邵阳市委员会学习文史委员会编《匡互生先生诞辰一百一十周年纪念集》2001年版，第74页。

[2] 中国社会科学院近代史研究所编：《五四运动回忆录》（续），中国社会科学出版社1979年版，第91页。

[3] 张石樵：《怀念五四壮士匡互生》，载北京师范大学校史资料室编《五四运动与北京高师》，北京师范大学出版社1984年版。

[4] 《五四运动纪实》，中国社会科学院近代史研究所编：《五四运动回忆录》（上），中国社会科学出版社1979年版，第307页。

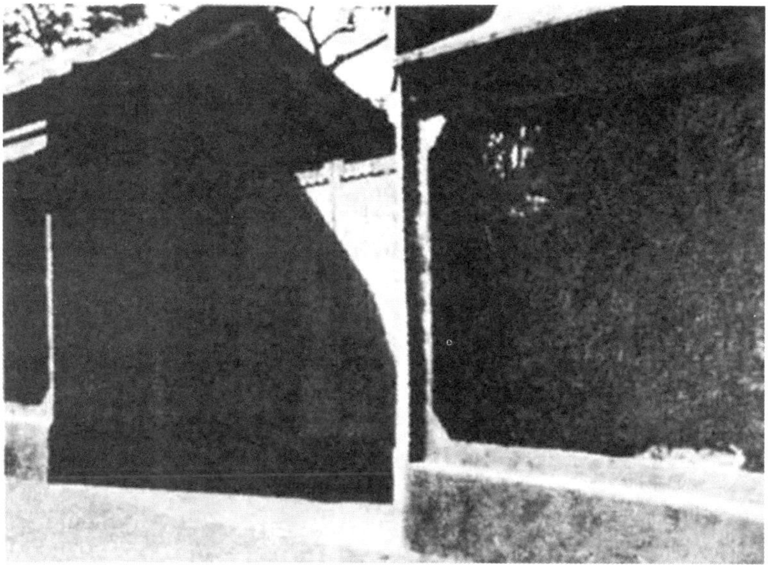

被烧毁的赵家楼大门

言人人殊，尚难确悉。……至六时许，火光始息，学生仍将整列散归，而警察乃下手拿人。学生被执者，闻有数十人之多。[1]

究竟谁是放火者，百年来迄无定论。当年警察厅关于曹宅起火原因的调查，并无一定结论。英文《字林西报周刊》（1919 年 5 月 10 日）报道：“当时与警察争执之际，竟将电灯打碎，电线走火，遂肇焚如。”该报还称，教育部为了息事宁人，也“答应以曹家着火乃因电线走火的说法以争取释放被捕学生”。[2]1919 年七、八月间出版的《五四》和《青岛潮》，也都否认学生放火。

[1] 《山东问题中之学生界行动》，载《晨报》，1919 年 5 月 5 日。

[2] 参见 1919 年 7 月出版的《上海罢市救亡史》及周策纵《五四运动：现代中国的思想革命》第五章。

当时就读于北京工业专门学校的学生尹明德说，火确实是学生放的，但那时不能公开承认，因为“在黑暗专制反动时期，学生不敢承认放火，恐贻反动派以口实，伪称系曹宅自行放火，借此驱散群众。军警机关既未在学生身上搜出火柴，也不敢贸然加以学生放火之罪。”[1]

北大中国文学门学生萧劳撰文称，纵火者是北京高师学生：

我行至曹家门外，看见穿着长衫的两个学生，在身边取出一只洋铁偏壶，内装煤油，低声说“放火”。然后进入四合院内北房，将地毯揭起，折叠在方桌上面，泼上煤油，便用火柴燃着，霎时浓烟冒起。我跟在他们后面，亲眼看见。大家认得他俩是北京高等师范的学生。[2]

高师学生张石樵回忆说：“亲眼看到北京高师一同学用煤油把房子点着了，我还添了一把火，赵家楼顿时火起。……至今仍有不少人误把匡互生说成是烧国贼的放火者，这应该加以更正，真正放火者为俞劲（又名慎初）。我们不能为此而改写历史。”[3] 俞劲本人在 1970 年代末撰写的《对火烧赵家楼的一点回忆》，却将此行动归诸匡互生。匡互生 1925 年所写《五四运动纪实》只提学生放火是“以泄一时的忿怒”，却没说是谁放的火。1957 年，匡互生的文章在《近代史资料》重刊时，他的老同学周为群提供了补充材料，确认匡互生是点火者：

学生群众走进曹宅，先要找卖国贼论理，遍找不到，匡互生遂取出预先携带的火柴，决定放火。事为段锡朋所发现，阻止匡互生说：“我负不了责任！”匡互生毅然回答：“谁要你负责任！你也确实负不了责

[1] 尹明德：《北京五四运动回忆》，载《五四运动回忆录》（续），中国社会科学出版社 1979 年版，第 76 页。

[2] 萧劳：《火烧赵家楼的片断回忆》，《文史资料选编》第 3 辑，北京出版社 1979 年版，第 58 页。

[3] 张石樵：《怀念五四壮士匡互生》，载北京师范大学校史资料室编《五四运动与北京高师》，北京师范大学出版社 1984 年版。

任。”结果仍旧放了火。

军警赶到时，大批学生已经散去，没有来得及离开的 32 人被逮捕（见表 2.1）。

表 2.1 1919 年 5 月 4 日被捕学生名单

学校名称	被捕学生姓名	被捕学生人数	备注
北京大学	易克嶷、许德珩、江绍源、李良骏、曹永、杨振声、熊天祉、梁彬文、胡振飞、梁颖文、陈树声、郝祖宁、萧济时、邱彬、孙德中、何作霖、鲁其昌、潘淑、林君损、易敬泉	20	李良骏，又名李良骥；潘淑，又名潘叔
北京高师	向大光、陈宏勋、薛荣周、赵允刚、杨荃峻、唐英国、王德润、初铭音	8	陈宏勋，又名陈荩民；杨荃峻，又名杨明轩；初铭音，后改名初大告
工业专门学校	李更新、董绍舒	2	
中国大学	刘国干	1	
汇文大学	张德	1	

理性的声音

陆军部驻署京师宪兵排长白歧昌在 5 月 4 日的工作报告中说："至四时三十分忽见该宅火起，驻日公使章宗祥偕同日本人中江丑吉，在曹宅门前被学生殴打，负伤，由宪兵及警察极力保护，未致生有他虞。"

中江丑吉是日本学者中江兆民的儿子，东京大学法科毕业，1915 年底来华，1941 年底因病归国，在北京居住了 28 年。他运用西方思想理论及研究方法研究中国古代思想，特别是政治思想，其《尚书概论》、《中国古代政治思想史》《尚书廿九篇之我见》等论著表现出独特的视角和卓越的见识。《关于中国的封建制》与《公羊传与公羊学》两文尤有见地，前者分析中国封建制度与欧美、日本的根本区别，澄清了东西方对中国封建制度的模糊认识；后者则概括了两汉公羊学思想发展的特点。

章宗祥留学日本时，经政治家头山满、女教育家下田歌子介绍，在中江家租赁了两间房子，与曹汝霖共同居住。章、曹两人和中江丑吉一直保持着友好的关系。

1919 年 5 月 4 日，章宗祥在赵家楼曹宅内被学生殴打时，中江为了保护朋友，劝说学生，也遭到殴打。

1920 年初，受曹汝霖之邀，中江搬进东观音胡同曹家居住。此后 20 年，他一直免费居住于此。

中江丑吉虽是冈村宁次的朋友，但对日本侵华战争持坚决反对的态度，因此被日本宪兵队视为"粘在北京城墙上对圣战翻白眼的老顽固"。他反对建立满洲国，指出日本所谓的"大东亚共荣圈"是对亚洲的侵略，并劝曹汝霖不要参加日本在华北设立的傀儡政权。

中江把主要精力用在对中国社会历史的研究上。他认为，中国的"亚细

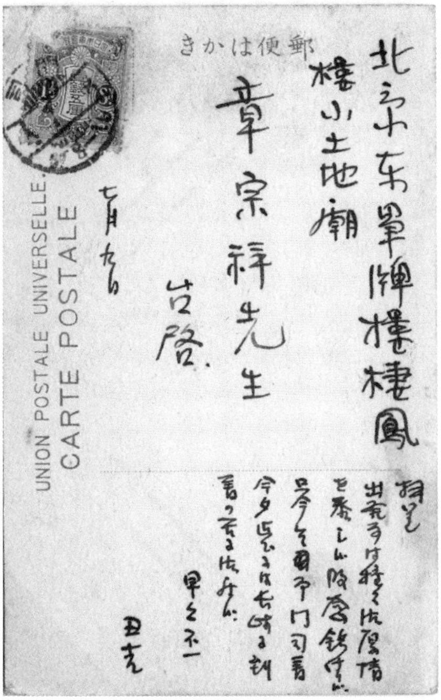

中江丑吉致章宗祥明信片

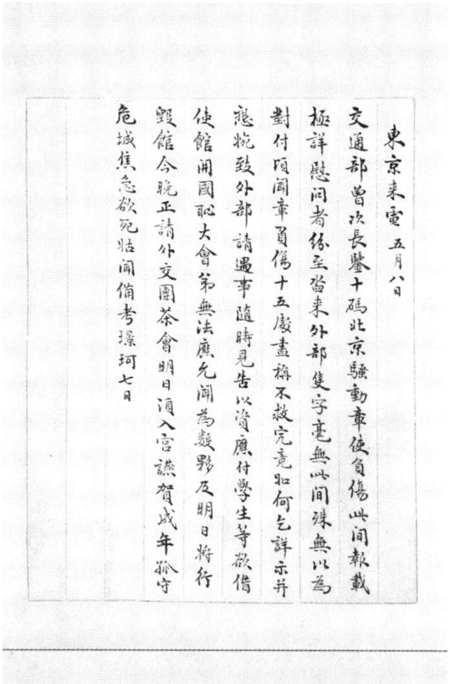

東京來電 五月八日

交通部曹次長鑒十碼北京騷動章使負傷此間報載極詳慰問者絡至尚未外部隻字毫無此間殊無以為對付頃聞章負傷十五處盡稱不救究竟如何乞詳示并懇恍致外部請遇事隨時見告以資應付學生等欲借使館開國恥大會弟無法應允聞為數夥及明日將行毀館今晚正請外交團茶會明日須入宮讌賀成年孫守危城焦急欲死祜聞備考璟珂七日

驻日使馆就章宗祥受伤来电询问

亚式”社会具有四个特征 :（一）公共土木事业只是中央政府的事，地方上对于这一方面的行动，都必须通过中央 ;（二）除了少数的大城市以外，中国分成完全独立的成千上万的“村落团体”，它们自成一个个的独立的社会;（三）作为农业最基础的必要条件，是对于灌溉的重视，从“村落团体”到中央政府都分别担当责任 ;（四）国家是土地的唯一所有者。

中江在其论著中强调中国人民过去所受的艰辛和缺乏自由，揭示此乃中国历代极权统治对人的压制和束缚造成的恶果。他对当时世界形势的看法也是如此 : 尽管有些国家挂了种种好看的招牌，但“专心奴隶化者（指专制主义的纳粹德国、军国主义的日本和墨索里尼的意大利）必败”。他断言第二次世界大战的胜利“一定属于民主国家”。

日本人中自然有亲华人士，他们不希望中日交战，中江就是其中之一。

五四期间散发的小册子《卖国贼之一章宗祥》

但是，日本既然订立了国家发展战略，以对外扩张和殖民为要务，这些反战声音就只能越来越弱。

理智的声音总是微弱的，激烈情绪则往往占主导。在中国五四运动的一片声援学生声浪中，只有少数人对学生的暴力行动予以反思和谴责。梁漱溟在 1919 年 5 月 18 日的《每周评论》第 22 期上发表文章《论学生事件》说：

> 我的意思很平常，我愿意学生事件付法庭办理，愿意检厅去提起公诉，检厅去审理判罪，学生去遵判服罪。检厅如果因人多检察的不清楚，不好办理，我们尽可一一自首，就是情愿牺牲。因为如不如此，我们所

失的更大。在道理上讲，打伤人是现行犯，是无可讳的。纵然曹章罪大恶极，在罪名未成立时，他仍有他的自由。我们纵然是忧国急公的行为，也不能侵犯他，加暴行于他。纵然是国民公众的举动，也不能横行，不管不顾。绝不能说我们所做的都对，就犯法也可以使得，我们民众的举动，就犯法也可以使得。在事实上讲，试问这几年来哪一件不是借着国民意思四个大字不受法律的制裁才闹到今天这个地步？我们既然恨司法官总不去检举公安会，我们就应当恭领官衙对于我们的犯罪的检举审判。

这番话值得“国民”们反思。至于梁漱溟由此事件追溯中国社会问题的根源，更让人栗栗畏惧：“就是专顾自己不管别人，这是几千年的专制（处处都是专制，不但政治一事）养成的。除了仰脸的横行，与低头的顺受横行，再不会事事持自己的意思，而又顾及别人的意思。”

可惜，他的这些言论不会引起多少人注意，即便有注意的，也多表示反感，甚至给予冷嘲热讽。

曹汝霖和梅思平

曹汝霖曾留学日本，清末任外交次长，主要负责对日关系。中华民国成立后担任外交总长，奉命与日本谈判。

曹汝霖在五四运动中被视为几大卖国贼之首，主要因为他在任交通总长兼财政总长时，签订了以国有资产作抵押的数笔“西原借款”合同。

西原龟三在自传《梦的七十余年》中称：“（1918 年）2 月 26 日，突接驻日章公使来电约见，晤面后章传言，曹、陆邀我赴华一游。”3 月 18 日，西原到达北京，第二天访问陆宗舆和曹汝霖，20 日下午到府学胡同拜访段祺瑞。随后，他多次与曹汝霖商谈。西原借款合同就是在曹汝霖的住宅签订的，由陆宗舆代表中华汇业银行与中国政府签字，然后转由日本三家银行供款。以吉黑两省金矿、森林作为借款抵押的合同将要签订的消息一出，舆论一片哗然。曹汝霖赵家楼及东单观音寺两处宅邸周围，数日满布军警。1918 年 7 月 19 日《申报》刊文《曹陆住宅大戒严》称：“曹氏自 15 日晚回赵家楼本寓后，即称病不出，16 日上午召开的国务会议讨论重要财政议案，他却屡催不至，在家也不接待宾客。”曹汝霖自己也预料到签约后果严重。

曹汝霖在《民初外交回忆录》中明确讲道：“余向合肥（总理段祺瑞）请辞财长职，他再三挽留，不得已又向日本商借贷款。”徐世昌担任总统后，向日本借款更多：“东海（徐世昌）需款更巨（指 1918 年 10 月徐任总统，而段卸任总理之后），乃与日本续借两千万日元。日要求以德国已丧失之高（密）徐（州）、顺（邢台）济（南）铁路作抵押，东海急于用款，命余速办。”

1919 年 5 月 4 日的学生游行队伍中，高等师范学校学生高举一幅这样的挽联，出自高师学生张润芝之手：

章宗祥、陆宗舆

卖国贼曹汝霖、陆宗舆、章宗祥遗臭千古

卖国求荣，早知曹瞒遗种碑无字

倾心媚外，不期章惇余孽死有头

北京学界同挽[1]

政府本想保护曹汝霖，但迫于学生和各界的压力，最终同意曹汝霖辞职。形式上是辞职，实际是免职，更坐实了曹汝霖的“汉奸”罪名。

五四运动后，曹汝霖退出政界，经营银行，有时利用银行赢余做一些慈

[1] 北京师范大学校史资料室编：《五四运动与北京高师》，北京师范大学出版社1984年版，第64页。

五四期间散发的小册子《卖国贼之二曹汝霖》

善事业。例如,每年冬天,曹家都向黄包车车夫施舍100套棉衣。施舍的方式,是由家中差役抱着几套棉衣出门,看见街上有衣不蔽体的车夫,就雇他的车,拉到僻静的小胡同,让车停下来,送给车夫一套。这一方面避免棉衣被人冒领,另一方面也可以让车夫有尊严地接受施舍。20世纪20年代末,曹汝霖与人合资创办福民医院。穷人就医,费用优惠甚至完全免费。医院入不敷出,每年都需曹家经营的银行补贴。这种状况持续了十多年。日军占领华北后,曾想强占这家医院。曹汝霖出面交涉,得以保全。日本侵略进入中国后,为推行以华治华的方针,笼络名人政客,扶持傀儡政府。汪精卫、王揖唐等纷纷投靠,但曹汝霖始终不加入日本人操纵的组织。

而当日参与打砸和火烧赵家楼的梅思平一举成名,成为爱国青年的代表。他后来在大学谋到教职。抗日战争期间，他投靠日本人，一路高升，坐到汪伪政权中央组织部长的高位。昔日的爱国英雄，竟成了叛国者。梅思平堕落成叛国者，为国法所不容。

当日放火者在点燃煤油等物时,才知道房子里并没有他们要找的那个“卖国贼”，但曹汝霖的小妾和幼子却还在房间里。大火烧起，妇人小儿从浓烟里仓皇奔跑出来。义愤填膺的学生哪里还有人道主义概念。游行活动的组织者制止未果，只能愤然离开。但直到晚年梅思平在狱中写作回忆录时，仍对自己当时的暴力行为引以为荣。

曹汝霖晚年回忆火烧赵家楼一幕时，则对学生们的过激行动表示理解：“此事距今四十余年，回想起来，于己于人，亦有好处。虽然于不明不白之中，牺牲了我们三人，却唤起了多数人的爱国心，总算得到代价。”

1946 年 9 月 14 日，梅思平以叛国罪被国民政府首都高等法院判处死刑。1966 年 8 月 4 日，曹汝霖逝世于美国底特律，享年 89 岁。

卖国贼碑

三个办理外交的官员，在这场运动中成为焦点，或者说是“替罪羊”和“罪人”。章宗祥挨打，曹汝霖宅邸被烧毁，陆宗舆则实实在在得了一个“卖国贼”的碑文。

陆宗舆（1876—1941），浙江海宁盐官人。1915 年 6 月 8 日，他和章宗祥、曹汝霖奉中国政府之命，在东京与日方换文签订“二十一条”。

陆宗舆早年留学日本早稻田大学。回国后历任东三省盐运使、交通银行总顾问兼副总裁、财政部参事等职。1912 年中华民国成立，任政府印铸局局长、财政部次长、大总统府财政顾问等职。1913 年任驻日全权公使。1917 年任由日本资本操纵的中华汇业银行总理，以 5000 万日元把中国有线电报财产的收益和吉林、黑龙江两省的金矿、森林资源抵押给了日本，激起舆论谴责。

陆宗舆成为“卖国贼”的前因，是他 1918 年 8 月 2 日以中华汇业银行总裁身份，与北京政府签署了中方以吉黑两省的金矿和森林以及有线电信作抵押的 3000 万元转贷合同。正如他在《五十自述记》中说：“所谓卖国头衔，实坏于吉黑之林矿借款。”西原龟三在《梦的七十余年》中也谈到当时情景说：“陆害怕被视为卖国贼，战战兢兢地签了名。”协议即将签订的消息一经漏泄，立刻引起轩然大波。《申报》刊出邵飘萍的报道《曹陆向日人送礼》，副标题即“中日合资银行之黑幕”。吉林省反对借款之风潮，声势最为浩大。7 月 19 日《申报》新闻《曹陆住宅之大戒严》报道：“陆宗舆东单小土地庙宅邸，军警多名，戒备森严。”

陈独秀发表《陆宗舆到底是哪国人》予以抨击：

卖国贼碑复制件

卖国贼碑原件

有人说中华汇业银行是中日合办的，有人说完全是日本的银行，我们实在弄不清楚。为了吉黑两省金矿森林借款的事，那中华汇业银行总理陆宗舆，给中华民国农商总长、财政总长的信，满纸贵国、贵政府。这中华汇业银行到底是哪国的银行，陆宗舆到底是哪国的人，我们实在弄不清楚！[1]

五四运动爆发后，民众提出“外争国权，内惩国贼”，要求政府惩办曹汝霖、陆宗舆、章宗祥。1919 年 5 月 13 日，浙江海宁硖石镇召开万人大会，公决“以后不认陆宗舆为海宁人，以为卖国者戒”，次日通电全国。6 月 11 日，

[1] 载《每周评论》，1919 年 4 月 27 日。

陆宗舆

三人免职令发表第二天，海宁县数百人在城隍庙召开大会，痛斥陆宗舆是民族败类，给海宁父老乡亲丢丑，决议开除陆宗舆的“县籍”。大会还决定仿杭州岳飞坟前的秦桧像，为陆宗舆树碑，以警戒后人。据 1919 年 7 月 23 日《内务部查办浙江海宁县人民整立“卖国贼陆宗舆”石碑咨文》记述：“当场由众踊跃输金，饬匠赶办，已于前日制就，竖立邑庙前及北门外海塘镇、海塔下等三处。碑约五尺余长，真书卖国贼陆宗舆六大字，左右两边并刊‘民国八年六月海宁公民团立’，一时观者人山人海，途为之塞云。”

陆宗舆得知此事后，密请海宁县知事销毁此碑。1919 年 9 月，内务部咨署浙江督军卢永祥，称此碑“既妨国体，又伤乡谊，请转令海宁知事设法销毁”。海宁民众奋起护碑，并电斥内务部“竟甘为卖国贼作辩护”。1919 年 10 月，徐世昌再就此事致电卢永祥，称“该公民等擅自私立石碑，殊与国家体制有碍。……显系有意诬蔑，应速销毁并惩办首倡”。10 月下旬，三块石碑被毁。但 11 月，民众再次立碑。

陆宗舆被五四运动轰下台后，留任中华汇业银行总理。1925 年段祺瑞再次上台临时执政后，陆宗舆一度出任临时参政院参政。此后他担任龙烟煤矿和铁矿公司督办，长期住在天津日租界。抗战时华北沦陷后，陆宗舆移居北平。1940 年 3 月，日本侵略者所扶植的南北傀儡政权合流，在南京成立以汪精卫为首的伪政府。陆宗舆被聘为行政院顾问。

1941 年 6 月 1 日，陆宗舆病逝于北平。

卖国贼碑残存件现藏海宁市博物馆，“陆宗舆”三字中的“舆”字残损。如今，海宁盐官观潮景区风情街一笑茶楼边竖立着此碑的复制件。

学生联合会

政府逮捕学生，激起更大规模的抗议活动。在斗争中，学生渐渐扩大组织，形成更大的力量。

五四运动以前，学生组织尚处于自发阶段。当时就读北大预科二年级的罗章龙回忆说：

> 五四运动的大学生中心力量不在高年级，他们是应届毕业生，多忙于论文考试和就业问题。所以学生会中坚力量都在一二年级。五四运动以前，北京大学还没有正式的全校学生会，但各班、各系、各院都有学生会组织存在，班有班会，系有系学生会，院有院学生会。这些组织虽然不十分严密，但其中文学院、理学院的组织情况比较整齐、坚强一些。除此之外，国立八校如高师、工专、医专、法政、俄文专修科、法文专修科、农科等都有一系列的学生组织。有的带有浓厚的政治性，例如当时的工读互助团、曦园，还有同乡会、辅社等。有些同乡会在政治活动中是很有力量的。这些组织以北大为中心，在议论当时的一些重大政治问题和各种活动中，渐渐形成了一个核心。[1]

1919 年 5 月 5 日，北河沿北大法科（后来的北大三院）大礼堂召开全体学生大会，并约请北京 13 个中等以上学校学生代表参加，除了北京大学全体学生之外，还有清华、高等师范、中国大学、朝阳法学院、工业专门学校、农业专门学校、法政专门学校、医药专门学校、商业专门学校、汇文学校（燕

[1] 罗章龙：《五四运动和马克思学说研究会》，载中国人民政治协商会议全国委员会文史资料委员会编《五四运动亲历记》，中国文史出版社 1999 年版，第 46 页。

街头演讲的北大学生

大前身）、高师附中、铁路管理学校等校学生代表。

在这次联合会议上，许多学生发表了激昂慷慨的演说，倡导踊跃捐献，北大法科学生谢绍敏甚至还咬破手指撕下衣襟血书“杀卖国贼”几个大字悬挂在会场上。北京十几个学校的校长也出席了这次学生会，并且组成了以蔡元培为首的校长团，准备随时营救被捕学生。

会上，北大和高师的代表共同起草了北京中等以上学校学生联合会的组织章程，“本会以尽学生天职谋国家之福利为宗旨”，主要行动纲领为：对外坚持要求归还山东，掀起一场抵制日货运动；对内，严惩卖国贼（曹、陆、章），打倒军阀势力。

联合会由两部分组成，一是评议部，一是干事部。评议部负责议决事项，

1919 年 5 月 4 日，参加街头演讲的北京财政商业学校学生

干事部负责执行议案。评议部的评议员，由每校出二人担任；干事部则委托北大学生干事会代理。联合会的会址设在马神庙北大的理科校舍。张国焘回忆说：

> 当天下午又在北大举行各校学生第一次代表会议，约有二十个学校的代表参加，通过决议：成立北京中等以上学校学生联合会（简称北京学生联合会）。后来清华学校和其他教会学校以及女高师等女子学校也纷纷组织学生会，并先后加入学生联合会。这样，这个共通组织就名副其实地包括了北京全部中等以上学校的学生会。
>
> 这次会议还决定：学生联合会以“内除国贼，外争国权”为主旨，提出“收回青岛”、“惩办卖国贼”等具体要求；并发表宣言，号召全国

各界一致响应。这个代表会议后来根据学生联合会章程改名为评议会，负责决定政策方针。评议会由每校推派两位代表组成，其议事程序的符合民主旨趣，以及处事的敏捷果断，确表现出它是指导爱国运动的重心；所以当时舆论誉之为中国历史上空前最优良的“雏型国会”。[1]

就是在这次会议上，中国历史上第一个全市范围内的中等以上学校的永久性学生组织“北京中等以上学校学生联合会”（简称“北京学联”）宣告成立，后来扩大为全国性组织“中华民国学生联合会”。更具有历史性意义的是，北京学联的成立还开创了中国男女学生第一次共同参加一个组织，一起行动，因此，学联的成立直接推动了中国男女合校和妇女解放运动的发展。

北京学生运动影响波及全国，天津、上海、南京、武汉等各大城市的学生运动也日益高涨，他们纷纷仿效北京学生运动的模式，成立学生自治组织，组织示威游行，抗议外交亲日卖国政策、巴黎和会有关山东问题的决议及对学生的逮捕。在全国，学生运动活跃的还有江苏的苏州、无锡、常州、镇江、扬州、南通，浙江的杭州、嘉兴、湖州，安徽的安庆，湖南的长沙，山西的太原，广东的广州等。

蔡元培日后回忆说：

我对于学生运动，素有一种成见，以为学生在学校里面，应以求学为最大目的，不应有何等政治组织。其有年在二十岁以上，对于政治有特殊兴趣者，可以个人资格参加政治团体，不必牵涉学校。……他们因愤激的缘故，遂有焚曹汝霖住宅及攒殴章宗祥的事，学生被警厅逮捕者数十人，各校皆有，而北大学生居多数；我与各专门学校的校长向警厅力保，始释放。但被拘的虽已保释，而学生尚抱再接再厉的决心，政府

---

[1] 张国焘：《我的回忆》（上），东方出版社 2004 年版，第 45 页。

亦且持不做不休的态度。都中喧传政府将明令免我职而以马其昶君任北大校长，我恐若因此增加学生对于政府的纠纷，我个人且将有运动学生保持地位的嫌疑，不可以不速去。乃一面呈政府，引咎辞职，一面秘密出京……[1]

学生运动越广泛和激烈，师长们心情也就越矛盾。

[1] 蔡元培：《我在北京大学的经历》，载《蔡元培自述》，中国言实出版社 2015 年版。

抵制日货

尽管中国生产的国货质量不差，但毕竟手工制作难以抗衡工业化国家的批量生产。凭借价格和生产的优势，日本产品很快占领了当时中国的市场。

一个国家的产品是其工业规模、工匠技艺、审美能力等的综合体现。

中国人对待外国产品的心情是矛盾的：一方面，外国产品质量高，用起来方便，看起来美观；另一方面，外来商品不仅侵略和伤害中国的利益，而且从消费心理层面来说，使用外国产品就是惠顾外国，造成中国消费者的心理不安。因此，民间抵制洋货，在中国已经有很长一段历史。1919 年民众对日本的痛恨达至极点，抵制日货行动格外猛烈，《国民》杂志的四项办刊宗旨，前三项显得宏阔，第四项却落得很实：提倡国货，隐含的意思就是"抵制日货"。

1919 年，学生们对日货从抵制上升到销毁。5 月 14 日，北京大学学生倡议于该校文科大操场焚毁个人所拥有之日货。清华大学、工业专门学校、农业专门学校、法政专门学校、医药专门学校、中国大学等校学生闻讯表示赞同，与北京大学采取一致行动。18 日，北京大学、汇文学校、第四中学和工业专门学校等校学生在先农坛集中焚毁日货，其他学校因下雨则分别就地进行。

全国各地纷纷开展抵制日货行动，一直持续到年底。1919 年 12 月 24 日，旅美旧金山华商邝忠译在当地焚毁价值数千元之日本丝织品及其他物品。

日货的经销者则在爱国和利益之间备受煎熬。他们明白，即便当时焚烧了现有的日货，运动过后，仍然要进口经销，因为有些商品很难找到替代货源，即便能找到，也须求诸欧美国家——即同样是洋货，而且更洋。国家被动和落后的原因是多方面的，而且冰冻三尺非一日之寒，焚烧外国货物只能一时解气，不能从根本上解决问题。

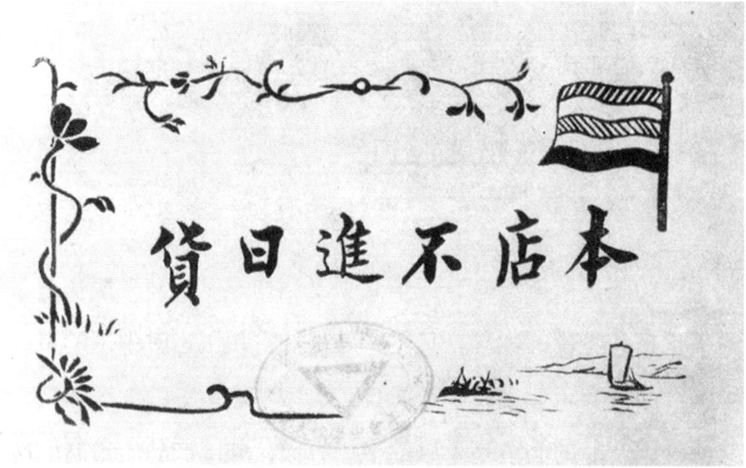

五四运动中散发的传单“本店不进日货”

“抵制日货”传单

1919年5月9日清华大学学生焚烧日货

不买外国产品，是最为彻底的经济“脱钩”或“绝交”办法，不但实际上做不到，而且代价很大。经济绝交后，国货制造者连学习机会也没有了，缺少交流，创新更难。当时中国产品的制造能力低下，是不言自明的，否则也不会有那么多进口商品，特别是物美价廉的日货。举例来说，那个时候，连“万年糊”(胶水)也不会做。鲁迅见证过多次抵制洋货运动，还参加过“国货”的“万年糊”的制造。1919年6月28日，他的日记中有这样的记载:“上午出国货制造所资本见泉十。”他后来在给友人的信中说明这次的投资活动以失败告终：

排货事起，有三四个学生组织了一个小团体来制造，我还是小股东，但是每瓶卖八枚铜子的糊，成本要十枚，而且货色总敌不过日本品。后来，折本，闹架，关门。

因此，鲁迅对青年人的告诫是 :“要缓而韧，不要急而猛。中国青年中，有些很有太‘急’的毛病……”但群众运动往往是“急而猛”,而不是“缓而韧”。

就商品种类来说，当时的国货极为有限，多是技术含量较低如牙粉、香皂之类的日常用品，人们在市场遇到爱国人士劝买，拘于“爱国”大义，碍于情面，也许会掏钱购买，但买回去是不是真用，用起来效果如何，就难说了。

抵制日货的组织很多，但制造国货却需要时间。1919 年 5 月 7 日，学生们发起成立的全国各界抵制日货委员会动员中学生制作日常用品，如手巾、儿童衣帽等代替日货，送往商店销售。[1] 这办法虽然获得各界支持，一时轰轰烈烈，但收效甚慢。

有报道说，学生在公园、市场里推销肥皂、毛巾等国货时，同时销售《国民》杂志。[2] 其实，就连“国民”两个字，也是从日语引入的——虽然杂志是中国大学生办的，里面也有提倡国货的内容。甚至抵制日货的宣言书中使用的一些词汇，竟然也是源于日语的“日货”，如科学、干部、指导、社会主义、反对、阶级、公开、希望、法律、活动、命令、失踪、投资、抗议、警察、图书馆等，乃至“宣言”二字本身。

当时，日货（洋货）是先进生产力和进步技艺的产物，是抵制不了也不能抵制的。

当然，有的学生想得长远。1919 年 5 月 22 日《清华周刊》第 171 期刊登了清华学生代表团日货调查股的《日货调查一览》，内中列出药品类日货 179 种。学生们已经意识到，抵制日货是消极的行为，积极的做法是提倡和发展国货。因此，清华学生成立救国实业筹备处，筹集资金为将来开设工厂扩充国货做准备。他们在倡议中指出，如果全国各界能一律仿行，“则数千万之款，不难立集。三五年后，中国工厂林立，则国货充斥。即不抵制日货，日货亦无隙可入矣”。

和平时候爱屋及乌，危机时候迁怒于物，虽是人之常情，但百年以来，在中国，相同的事反复发生，至今依然，却不能不令人叹息而且深思。

---

[1] 陈荩民：《忆我在五四运动的战斗行列里》，见北京师范大学校史编写组编《人民教师的摇篮——北京师范大学》，1980 年版。

[2] 《每周评论》1919 年 6 月 8 日报道。

罢课与复课

1919 年 5 月 4 日晚，钱能训总理于其私宅召集内阁紧急会议，商议应对学生运动办法。与会者群责教育总长傅增湘“不应不干涉北京大学之新潮，不应不撤换蔡元培，以致酿成此祸”。京畿警备总司令段芝贵、步军统领李长泰、京师警察厅总监吴炳湘等人均主张解散北京大学。傅增湘极力反对，称“古今中外无此办法”，并以辞职力争。5 日上午，傅增湘向徐世昌提出辞呈。

5 月 5 日上午 9 时，北京中等以上各校学生代表集会，决定请各校校长往见徐世昌，要求政府释放被捕同学；各校联合致函徐世昌，要求惩办曹汝霖、章宗祥、陆宗舆；各校还决定自当天起一律罢课，直至被捕同学释还为止。此外，还另推举代表往见傅增湘，申述游行罢课理由，以及通电内外，说明救国主旨；通电全国教育会、商会，请一致行动；致电上海议和会议，请主持公道；致电巴黎和会中国代表，请对青岛问题死力抗争，万勿签字。

晚上 8 时，各校学生于北京大学法科大礼堂开会，到会 3000 余人，全体通过上述各项决议。会间几位代表分别报告与各方联系、交涉情况。随后，发表北京学生致各省各界文，陈述五四爱国游行主旨及决定罢课原因；申明有关救国各项主张及具体措施；呼吁全国各界“一致联合，外争国权，内除国贼”。另致函徐世昌，要求惩办曹、章、陆，释放被捕学生。午后 2 时，北京专门以上十四校校长于北京大学集议。

学生中有这样的言论：“我们国民因为外交问题，天天说与政府抵抗，究竟抵抗是什么样呢？讲演吗？罢课吗？罢工吗？罢市吗？这样消极的抵抗，慢慢的冀政府的觉悟，他的功效迟了，万一政府不觉悟的时候，反说是妄谈政治，妨害公安，派出如狼似虎的军警，把我们国民殴打的殴打，拘留的拘留，枪毙的枪毙，这不是于国无裨，于身有损吗？经了这一次的失败以

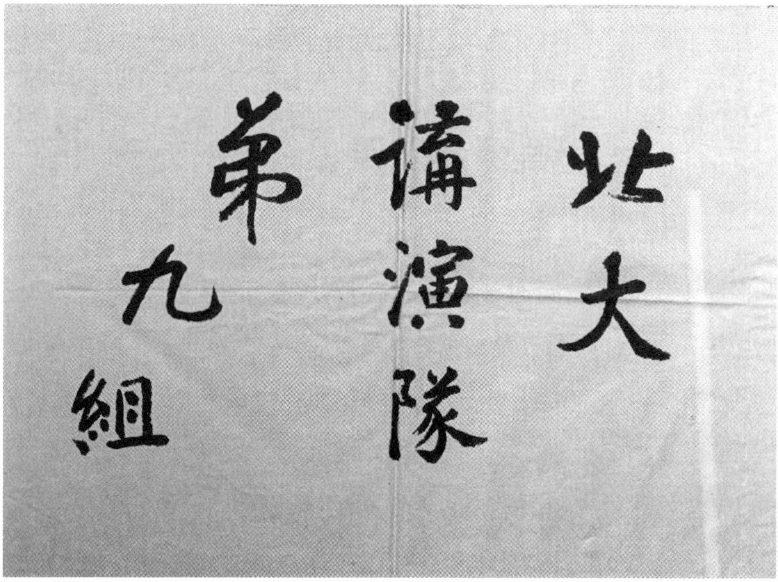

北京大学学生在街头讲演时用的布旗

后，我们与政府抵抗，不要消极的态度，要取积极的态度了。……若果真是政府不依我们时，就可以把他推倒，再建过一个真正民主的政府了。”

还有些社团提出了推翻军阀、官僚政府的主张。

5 月 25 日，教育部下令各校校长会同教职员于 3 日内“督率”学生一律上课。民国政府以大总统名义向全国下令严厉镇压爱国运动：一是用武力干涉学校的行政管理；二是解散学生组织；三是派遣警察到学校向个别学生施加压力，让他们签署复课的保证，拒绝签署者立即开除。北京学校的教职员立即向政府提出抗议说，如果政府采取强硬手段，他们将集体辞职。学生对复课命令不予理睬，在 5 月 28 日，即三日期满时，学生们在高师召集临时代表会，一致决议：凡罢课各校同学自 29 日起，各将行李书籍等物收束齐整，专俟政府下解散令，即行全体出校，另谋救国。在这种空前团结的强烈抗议之下，政府暂时答应放弃武力干预，采取了稍为和缓的手段，一是提前放假，二是举办文官高等考试及外交司法官员考试，

被拘捕的国立北京法政大学学生

企图以功名利禄分化和瓦解学生运动。据当时报载：

> 各校暗潮又起，数日以来，争持颇烈。北京农业、法政等校，本年暑假皆有一二班卒业，失业人数约占各校三分之一，此中分子以切身利害关系，益以父兄师友之相诏，曾极端希望如期卒业，现在罢课风潮稳定，遂向各校长积极怂恿举行考试，于是遂与多数主张罢课者渐渐分携。

事实上，政府试图曲线寻求与学生妥协的努力确实取得了一定的成效，一部分学生因自身利益退出了运动。

罢课不是长久之法。所以到了一定时候，学界决定结束。1919 年 7 月 22 日，全国学生联合会发表《终止罢课宣言》，内称："吾等此举本属为国，而为国要图尤在力学。为国勿废力学，力学勿忘为国，二者相成，斯为上算。若竟逐末忘本，学彝久荒，国风凌替，自误误国，又何取焉？今国民之期望弥殷，宿耆之责难备至，长此因仍，何以自解？特敬谨宣言，自今终止罢课。”

1920 年 5 月 4 日，胡适与蒋梦麟联名发表《我们对于学生的希望》，申述了对学生罢课的意见："罢课于敌人无损，于自己却有大损失"，"用罢课作武器，还有精神上的很大的损失：（一）养成倚赖群众的恶习惯；（二）养成逃学的恶习惯；（三）养成无意识的行为的恶习惯。" [1]

也是在五四运动一周年纪念日这一天，鲁迅写信给一位青年朋友说："仆以为一无根柢学问，爱国之类，俱是空谈：现在要图，实只在熬苦求学，惜此又非今之学者所乐闻也。" [2]

[1] 《新教育》第 2 卷第 5 期，1920 年 5 月。

[2] 鲁迅致宋崇义信，1920 年 5 月 4 日。

被捕和释放

北京学联的成功组织和明确章程，得到了新旧阵营的大多数知识分子领导者（特别是学校的教师和新文化运动的领导人）和全国大多数社会、政治和经济团体的支持，他们纷纷电请释放被捕学生。就在学生们紧张集会的同时，5 月 5 日下午，14 所中等学校校长在北大召开校长会议，讨论当日上午教育部向各校校长下达的将为首“闹事”的学生一律开除的命令。会议意见高度一致，即反对政府主张，认为应释放被捕学生，如果政府不接纳此意见，全教职员即一律罢职也在所不惜。

有报道说，警察总监吴炳湘曾面告徐世昌，要求“必须将学生释放。若是总统定不放，北京的秩序如果紊乱，我可不负责任，并且我即刻辞职，请总统再另简贤能。随着又把学生如何筹划，商界如何愤激，公民如何激烈，在野诸政客如何不平，一样一样的说个不了。老徐一听知道要真下命令（即送法庭惩办学生），恐怕闯出别项乱子来，所以不顾曹、章的面子，当时也就答应吴氏的建议了”。[1]

与此同时，抗议电报如雪花般飞向北京政府和巴黎和会中国代表团，在内外压力之下，北京政府放弃了以法律严惩学生的计划。6 日晚，吴炳湘向蔡元培等提出释放被捕学生的两个条件：一是明日（7 日）不许学生参加群众大会；二是各校在明日一律复课。蔡元培等人答应了这两个条件。7 日上午，学生复课。同日上午，各校遭逮捕的学生获保释返校。但当人们去迎接的时候，被捕学生却坚决表态：“我学生多拘一天，则国民多一次刺激，甚至我三十二人被杀，其刺激甚大，坚不肯出。”后来，“经同学再三劝

[1] 《释放学生之经过》，上海《民国日报》，1919 年 5 月 10 日。

北京高师学生返校时，被当作英雄高高举起

慰，始各返校”。

蔡元培和北京大学的全体学生，在汉花园文科新校舍（即红楼）前迎接北大被捕学生。

孙伏园目击了当时情景，他回忆说：

汉花园红楼北面的广场里放了五张方桌，北京大学全体学生都在广场上等候着被捕同学的归来。不知道从什么地方借来了三辆小汽车，每辆都装满了人，我在红楼门外远远望见三辆小汽车出沙滩来了，即刻回到广场上的同学队伍中，三辆车里面的被捕同学大约十二人至十四人，全体站立桌上和同学见面。情绪紧张万分。因为太紧张了，被捕同学没有一人说话，在校同学也没有一人说话。当时大家只是热泪交流。[1]

当时遭拘捕的陈荩民回忆北京高师同学回校的情景：

我们北京高师被捕的学生共有八人，五月七日由警察厅派两辆车子送我们回校。刚到校口，就被欢迎的同学和邻近的居民围住。我们一下车，就给戴上大红花，把我们一个个抬起来，高高举起，并为我们拍摄了两张照片（这两张照片，我一直珍藏到现在）。群众的爱国热情倾注在我们被捕获释者的身上。我们能获释返校，这是群众的力量，这是全国人民的胜利，使我受到深刻的教育，有的往国民外交四公，没有什么结果。国民大会虽然没有开成，但人们的爱国热情却一点没有冷却。[2]

公众对学生运动的支持也为政党利用作为斗争工具。当时在上海的孙中山当即对学生运动表示支持，并与其他6位广州军政府总裁致电北京政府，“以此防民，民不畏死也”，“宜为平情处置，庶服天下之人心”。北洋军阀吴佩孚、湖南督军张敬尧、江西督军陈光远等也要求北京政府解除曹、陆、章的职务，并坚持要日本归还青岛。

[1] 孙伏园：《忆五四当年》，载《人民文学》1954年5月号第55期。

[2] 陈荩民：《忆我在五四运动的战斗行列里》，见北京师范大学校史编写组编《人民教师的摇篮——北京师范大学》，1980年版。

《上海罢市实录》

《上海罢市实录》由海上闲人编纂，1919 年上海公义社出版，记录了五四运动期间上海市民为声援北京学生运动而开展的罢市活动。

该书收录曹汝霖、章宗祥、陆宗舆三人照片，群众集会游行及商店罢市时街景照片及漫画。文字分上、下卷与附录，上卷为“罢市之舆论”，收国内外的评论；下卷为“罢市之实状”，收罢市日记以及罢市时官方的表态、学生和社会团体行为；附录为罢市时的逸闻趣事。封面上交通图书馆打出的广告是“自觉自悟，良心救国”。

这可能是最早反映五四运动的专书。

当 6 月 3 日和 4 日北京学生被大批逮捕、运动有夭折危险的时候，上海的“三罢”斗争以浩大的声势爆发，运动的主力军由学生变为工人。而且，上海“三罢”很快影响到全国，北京、天津等地的劳动者也加入到斗争中。

现代社会的发展标志之一是城市的兴起，城市的基础是工商业。有了城市，就有了市民，有了市民，才能培养出宪法意义上的“公民”。

从 1840 年至 1894 年的 50 多年间，中国产业工人的数目约 10 万人；从 1895 年至 1913 年的近 20 年间，中国工人数目有了较大增加，工矿企业的工人已达 60 万人，加上海员、铁路等工人，总数已有 100 多万人。而在 1914 年至 1919 年的 5 年间，人数增速加快。至 1919 年，中国产业工人已达 200 万人左右。

工人罢工，五四运动前已有很多次。1915 年，上海搬运工人和在日企业中的华工，为反对“二十一条”举行罢工；1916 年天津工人反对法帝国主义侵占老西开的斗争，也影响到社会各个阶层。像天津这样的大城市，离开了劳动者服务，根本无法运转。法界电灯公司工人罢工，使租界电灯熄灭，

《上海罢市实录》

顿成黑暗世界，“灿烂繁荣之法国租界，几化鬼市荒墟”。

中国工人的觉悟和斗争，使他们成为一股不可忽视的力量。一位美国记者在《出卖的上海滩》一书中，叙述到“六三”运动时说：“在战争结束后来到上海的新时代中，苦力起而为这个新时代的最重要特征”，“上海的新兴无产阶级转入行动，急进和爱国的学生找了最有力的同盟者。”

学生运动之初，上海商界出于营业利润的考虑，没有立即同意罢市。6月3日，上海学联代表和北京学生代表一起到商会动员罢市，无果而返。同日，学联代表和京、津、杭等地代表赴总商会接洽，所得到的答复也是不同意罢市。政府逮捕学生后，上海学联发出呼吁电文：“政府摧残士气，惨无人道，一至于此！同属国民，宁忍坐视？务乞主持公理，速起援救，性命呼吸，刻不容缓。”4日下午，上海学生们纷纷出现在街头，手持传单，不顾军警的阻拦，

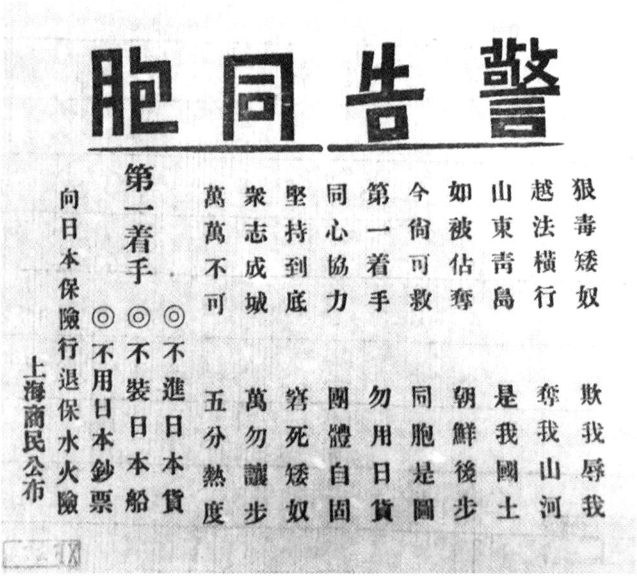

警告同胞

狠毒矮奴 欺我辱我
越法横行 奪我山河
山東青島 是我國土
如被佔奪 朝鮮後步
今尚可救 同胞是圖
第一着手 勿用日貨
同心協力 團體自固
堅持到底 寧死矮奴
衆志成城 萬勿讓步
萬萬不可 五分熱度

第一着手. ◎不進日本貨 ◎不裝日本船 ◎不用日本鈔票
向日本保險行退保水火險
上海商民公布

上海商界传单

到处宣传，并按户动员各商号自 5 日起一律罢市。在遭到店主的拒绝后，他们甚至以“沿街跪求”的办法哀告。随着形势的发展，商家渐渐对学生产生同情，爱国心战胜了利益心，开始了罢市。当然，他们也随时准备开市，因为旷日持久的停工，会对利润大有影响。

在“三罢”斗争中，上海工人最为英勇、坚决。当时，上海纺织、印刷、缫丝、织袜、香烟、眼镜、自来水、电器、兵工、造纸、火柴、机器、碾米、玻璃、糖果、自来火等行业的工人将近 20 万人，交通运输行业的工人 10 余万人（包括铁路、转运公司、电车、码头、邮政、人力车、马车、汽车等行业），手工业工人和店员约 20 万人（包括成衣、理发、榨油、制鞋、铁、木、漆、猪鬃、园艺、纽扣等行业），以上加起来约 50 万人，占上海全市人口近半。

5 月 5 日上午，日本内外棉第三、第四、第五纱厂的工人首先罢工；接着，日华纱厂、上海纱厂的工人宣布罢工。同一日，实行罢工的还有商务印书馆、中华书局的工人及码头工人，以及沪宁、杭甬两路部分工人。罢工的牵涉面很大，损失甚巨，资本家和业主在三罢斗争中既有积极的一面，也有消极的一面。

6月9日，政府及总商会“劝导”开市，“各银行、各钱庄经理，均已首肯”，一部分商店代表也主张“早日开市”。在曹、陆、章被罢免职务后的第二天，上海宣告开市。

罢市和罢工有力地支持了学生们的罢课。所以，胜利后，学生们打出“感谢工界”的条幅。上海学联在告同胞书中说：“学生罢课半月，政府不惟不理，且对待日益严厉。乃商界罢市不及一日，而北京被捕之学生释；工界罢工不及五日，而曹、章、陆去。”

《北京市民宣言》

北京前门外、珠市口西，有一条万明路。万明路和香厂路交接的转弯处，矗立着一座四层高、外形像轮船的建筑，这就是“北京新世界游艺场”。楼内设有剧场、电影院、书场、杂技场、小卖部等，还配备电梯。这座楼房因仿照上海大世界游艺场而建，北京人也将之称为“大世界”。“大世界”的投资人是曾在吴佩孚手下担任过江西督军的陈光远，他靠搜刮民脂民膏，中饱私囊而暴富。

1919 年 6 月 11 日晚，“大世界”内灯火辉煌，人们正在听书、看戏，进行各种娱乐活动。忽然，人群中出现了一些传单，传单上印着中英两种文字的《北京市民宣言》：

中国民族乃酷爱和平之民族。今虽备受内外不可忍受之压迫，仍本斯旨，对于政府提出最后最低之要求如左：

（1）对日外交，不抛弃山东省经济上之权利，并取消民国四年七年两次密约。

（2）免除徐树铮、曹汝霖、陆宗舆、章宗祥、段芝贵、王怀庆六人官职，并驱逐出京。

（3）取消步军统领及警备司令两机关。

（4）北京保安队改由市民组织。

（5）市民须有绝对集会言论自由权。

我市民仍希望和平方法达此目的。倘政府不愿和平，不完全听从市民之希望，我等学生、商人、劳工、军人等，惟有直接行动，以图根本之改造。特此宣言，敬求内外人士谅解斯旨。（各处接到此宣言，希即

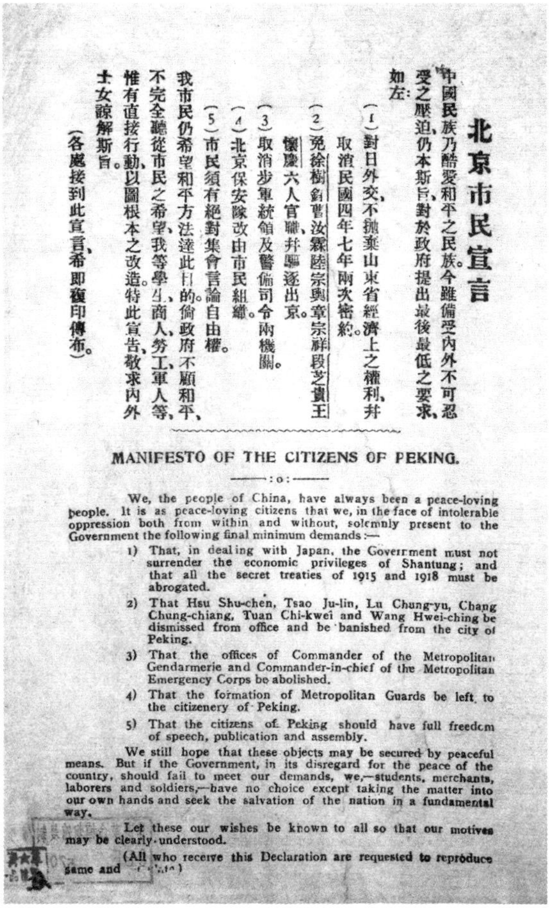

北京市民宣言

中國民族乃酷愛和平之民族。今雖備受內外不可忍受之壓迫、仍本斯旨、對於政府提出最後最低之要求、如左:

（1）對日外交、不拋棄山東省經濟上之權利、并取消民國四年七年兩次密約。

（2）免徐樹錚曹汝霖陸宗輿章宗祥段芝貴王懷慶六人官職、并驅逐出京。

（3）取消步軍統領及警備司令兩機關。

（4）北京保安隊改由市民組織。

（5）市民須有絕對集會言論自由權。

我市民仍希望和平方法達此目的。倘政府不顧和平、不完全聽從市民之希望、我等學生、商人、勞工、軍人等、惟有直接行動、以圖根本之改造。特此宣告、敬求內外士女諒解斯旨。

（各處接到此宣言、希即復印傳布。）

MANIFESTO OF THE CITIZENS OF PEKING.

:o:

We, the people of China, have always been a peace-loving people. It is as peace-loving citizens that we, in the face of intolerable oppression both from within and without, solemnly present to the Government the following final minimum demands:—

1) That, in dealing with Japan, the Government must not surrender the economic privileges of Shantung; and that all the secret treaties of 1915 and 1918 must be abrogated.

2) That Hsu Shu-chen, Tsao Ju-lin, Lu Chung-yu, Chang Chung-chiang, Tuan Chi-kwei and Wang Hwei-ching be dismissed from office and be banished from the city of Peking.

3) That the offices of Commander of the Metropolitan Gendarmerie and Commander-in-chief of the Metropolitan Emergency Corps be abolished.

4) That the formation of Metropolitan Guards be left to the citizenery of Peking.

5) That the citizens of Peking should have full freedom of speech, publication and assembly.

We still hope that these objects may be secured by peaceful means. But if the Government, in its disregard for the peace of the country, should fail to meet our demands, we,—students, merchants, laborers and soldiers,—have no choice except taking the matter into our own hands and seek the salvation of the nation in a fundamental way.

Let these our wishes be known to all so that our motives may be clearly understood.

(All who receive this Declaration are requested to reproduce same and [illegible])

中英文《北京市民宣言》传单

复印传布。)

该传单出自陈独秀之手，此前，陈独秀还请胡适把《北京市民宣言》译为英文，与中文对照印在传单上：

MANIFESTO OF THE CITIZENS OF PEKING

We, the people of China, have always been a peace-loving people. It is as peace-loving citizens that we, in the face of intolerable oppression both from within and without, solemnly present to the Government the following final minimum demands:

1) That, in dealing with Japan, the Government must not surrender the economic privileges of Shantung; and that all the secret treaties of 1915 and 1918 must be abrogated.

2) That Hsu Shu-chen, Tsao Ju-lin, Lu Chung-yu, Chang Chung-chiang, Tuan Chi-kwei and Wang Hwei-ching be dismissed from office and be banished from the city of Peking.

3) That the offices of Commander of the Metropolitan Gendarmerie and Commander-in-chief of the Metropolitan Emergency Corps be abolished.

4) That the formation of Metropolitan Guards be left to the citizenry of Peking.

5) That the citizens of Peking should have full freedom of speech, publication and assembly.

We still hope that these objects may be secured by peaceful means.But if the Government, in its disregard for the peace of the country, should fail to meet our demands, we, —students, merchants, laborers and soldiers, —have no choice except taking the matter into our own hands and seek the salvation of the nation in a fundamental way.

Let these our wishes be known to all so that our motives may be clearly understood.

(All who receive this Declaration are requested to reproduces same and)

宣言提出的几项要求，是五四运动的根本诉求。前两条在各地集会或通电中都已提出过，后三条关系治安，尤其是最后一条，虽然是宪法赋予的权利,但难以真正实行。宣言中有一段话竟以“直接行动”相威胁,或上街游行，或夺取政权，隐含着抗议暴动的威胁。但市民们手中不但没有枪杆子，连选票也不管用，对政治完全缺乏直接干预的手段和能力。

由此可以看出陈独秀的革命理念，已经从文学和思想革命进入实际行动阶段。

胡适佩服陈独秀的勇气。在陈独秀因散发传单而被捕的当夜，他写下一首抗议诗《威权》，说“奴隶们同心合力”，终于让“威权倒撞下来，活活地跌死！”这首诗刊登在1919年6月29日的《每周评论》第28号上。在同一期刊物上胡适还写了一组“随感录”，言辞激越。其中，《爱情与痛苦》表达了对陈独秀的敬意。“我们对他要说的话是：‘爱国爱公理的报酬是痛苦，爱国爱公理的条件是要忍受得住痛苦。’”

6月14日，北大庶务主任和周作人、王星拱两位教授代表北大教职员前往监狱探望。李辛白在《每周评论》第30号上发表了《怀陈独秀》一诗：“依他的主张，我们小百姓痛苦。依你的主张，他们痛苦。他们不愿意痛苦，所以你痛苦。你痛苦，是替我们痛苦。”

宣言的中文本用的是“市民”，英文则译为citizen（“国民”，今译“公民”），与《国民》杂志的英文名称一样。

中国城市人口少，从市民中培养公民需要相当长时间的实际锻炼。关于培养公民意识，胡适曾说：

> 要想公民道德的进步，要造成良好的公民，只有两条路：第一要给他一个实习做公民的机会，就是实行民治的制度；第二要减少他为恶的机会，使他不敢轻易犯法。[1]

[1] 胡适：《〈政治概论〉序》，载张慰慈著《政治概论》，商务印书馆1924年版。

监狱与研究室

据当时京师警察厅档案《外右五区警察署送案表》(法字第12号)记录：1919年6月11日晚，北京外右五区警察朱霞在街市上捡到一张传单，便会同其他几名警察到新世界商场侦察，“追至五层楼上，即见这陈独秀神色仓皇，形迹甚属可疑。当即会同本厅密探李文华等将该人扭获，当从该陈独秀身旁搜出传单一卷，信件一封，遂将人证一并带署提讯”。

胡适于1958年前后在美国哥伦比亚大学口述回忆：“陈氏是在发散他那自撰并出资自印的反政府传单之时被捕的。此事发生在北京城南一个叫作‘大世界’的娱乐场所。那时陈独秀、高一涵和我三位安徽同乡在该处吃茶聊天。陈氏从他的衣袋中取出一些传单来向其他桌子上发散。传单中向政府要求项目之一便是撤换卫戍北京并大举逮捕学生数百人，素有‘屠夫’之称的步兵统领王怀庆。王氏曾在六月初旬拘捕了在北京街头宣传反日和抵制日货的学生。我们三人原在一起吃茶，未几一涵和我便先回来了(那时高君和我住在一起)。独秀一人留下，他仍在继续散发他的传单。不久警察便来了，把独秀拘捕起来送入警察总署的监牢。我直到夜半才有人打电话告此事。”

1919年6月8日，陈独秀在《每周评论》上发表文章说：“世界文明发源地有二：一是科学研究室，一是监狱。我们青年要立志出了研究室就入监狱，出了监狱就入研究室，这才是人生最高尚优美的生活。”陈独秀认为监狱是文明发源地，文明的进步，一要依靠知识研究，知识进步；二要通过武力获取自由，自由进步。两相结合，共同促进。

陈独秀的被捕，在全国引起了极大的震动，各界立即掀起了规模巨大的营救运动。6月15日，北京中等以上学校学生联合会致函京师警察厅，要求保释陈独秀：“(一)陈先生夙负学界重望，其言论思想皆见称于国内外，

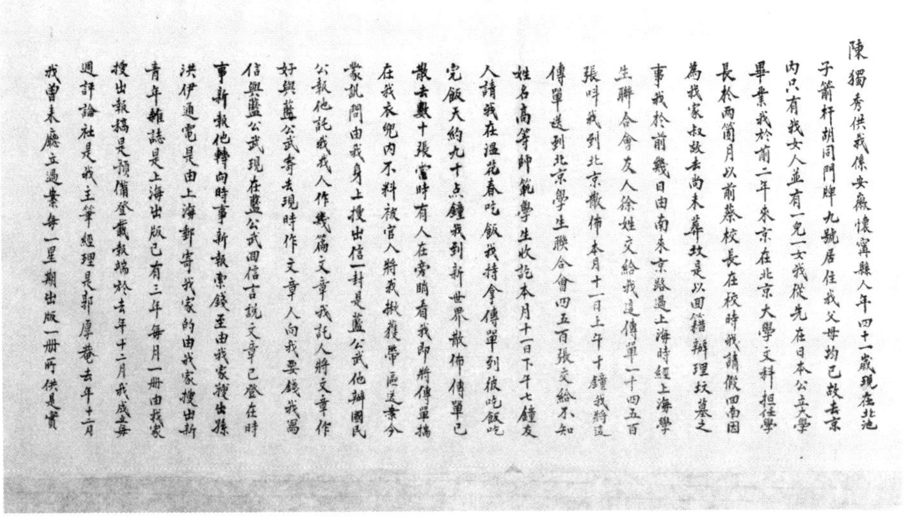
陳獨秀供我係安徽懷寧縣人年四十一歲現在北池
子箭杆胡同門牌九號居住我父母均已故去京
内只有我女人並有一兒一女我從先在日本公立大學
畢業我於前二年來京在北京大學文科担任學
長於兩個月以前蔡校長在校時我請假回南因
為我家叔故去尚未葬故是以回籍辦理坟墓之
事我於前幾日由南來京路過上海時經上海學
生聯合會友人徐姓交給我這傳單一千四五百
張時我到北京撒佈本月十一日上午十鐘我將這
傳單送到北京學生聯合會四五百張交給不知
姓名高等師範學生收訖本月十一日下午七鐘友
人請我在温花春吃飯我持拿傳單到彼吃飯吃
完飯天約九十点鐘我到新世界撒佈傳單已
散去數十張當時有人在旁瞧看我即將傳單攜
在我衣兜内不料被官人將我揪獲帶區送案今
蒙訊問由我身上搜出信一封是藍公武他辦國民
公報他託我代人作幾篇文章我託人將文章作
好與藍公武寄去現時作文章人向我要錢我寫
信與藍公武現在藍公武回信言說文章已登在時
事新報他轉向時事新報索錢至由我家搜出孫
洪伊通電是由上海郵寄我家的由我家搜出新
青年雜誌是上海出版已有三年每月一冊由我家
搜出報稿是預備登載報端於去年十二月我成立每
週評論社是我主筆經理是郭厚菴去年十二月
我曾來廳立過案每一星期出版一冊所供是實

陈独秀被捕后的供状

倘此次以嫌疑遂加之罪，恐激动全国学界再起波澜。当此学潮紧急之时，殊非息事宁人之计。（二）陈先生向以提倡新文学新思潮见忌于一般守旧学者，此次忽被逮捕，诚恐国内外人士疑军警当局有意罗织，以为摧残近代思潮之地步……基此种种，学生等特陈请贵厅将陈独秀早予保释。”6 月 16 日，北京大学教授刘师培等几十人联名致函警察总监，要求保释陈独秀。6 月 20 日，民国大学校长又联名几十人，要求保释：“陈独秀平日言论无论是否适当，然原其用意无非出于书生爱国之忧。……可否于陈独秀宽其既往，以示国家宽大之至意。”6 月 25 日，安徽同乡会致信警察总监：“……陈君本系书生，平时激于爱国之忱，所著言论或不无迂直之处。然其学问人品亦尚为士林所推许，历年办理教育，潜心著述，在学界似亦薄奏微劳。……恳请阁下曲赐矜惜，准予保释。”次日，安徽省长也致电京师警备司令部、警察总厅，请求释放陈独秀。

7 月 14 日，毛泽东在《湘江评论》创刊号上发表文章（署名泽东）说：

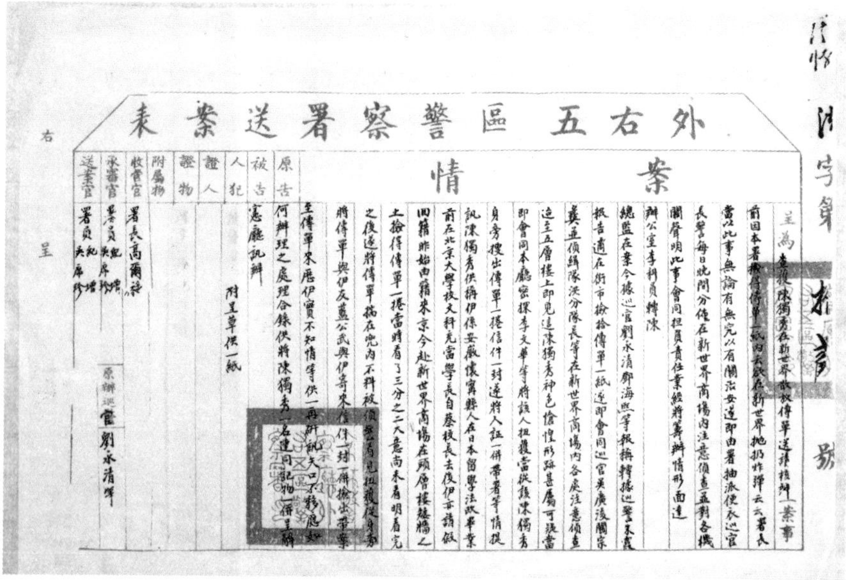
外右五區警察署送案表

案情

原告

被告

人犯

證人

證物

附屬物

收管官

承審官

送案官

《外右五区警察署送案表》

我们对于陈君，认他为思想界的明星。陈君所说的话，头脑稍为清楚的听得，莫不人人各如其意中所欲出。现在的中国，可谓危险极了。不是兵力不强财用不足的危险，也不是内乱相寻四分五裂的危险。危险在全国人民思想界空虚腐败到十二分。中国的四万万人，差不多有三万九千万是迷信家。迷信神鬼，迷信物象，迷信运命，迷信强权。全然不认有个人，不认有自己，不认有真理。这是科学思想不发达的结果。中国名为共和，实则专制，愈弄愈槽（糟），甲仆乙代，这是群众心里没有民主的影子，不晓得民主究竟是甚么的结果。陈君平日所标揭的，就是这两样。他曾说，我们所以得罪于社会，无非是为着“赛因斯”（科学）和“克莫克拉西”（民主）。陈君为这两件东西得罪了社会，社会居然就把逮捕和禁锢报给他。也可算是罪罚相敌了！凡思想是没有畛域的，去年十二月德国的广义派社会党首领鲁森堡被民主派政府杀了，上月中旬，德国仇敌的意大利一个都林地方的人民，举行了一个大示威以纪念

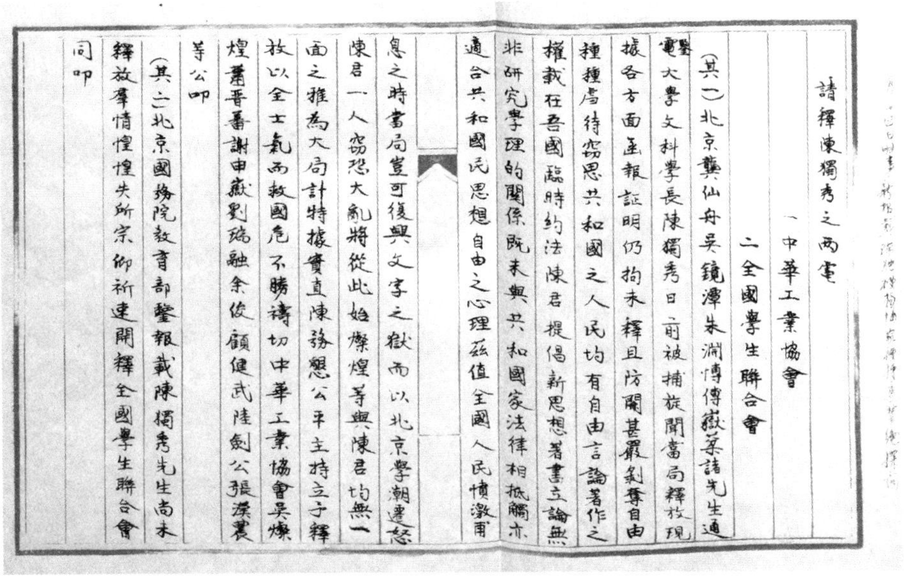

請釋陳獨秀之兩電
一中華工業協會
二全國學生聯合會
（其一）北京龔仙舟吳鏡潭朱淵博傅嶽棻諸先生通
電鑒大學文科學長陳獨秀日前被捕旋聞當局釋放現
據各方面函報証明仍拘未釋且防閑甚嚴剝奪自由
種種虐待竊思共和國之人民均有自由言論著作之
權載在吾國臨時約法陳君提倡新思想著書立論無
非研究學理的關係既未與共和國家法律相抵觸亦
適合共和國民思想自由之心理茲值全國人民憤激甫
息之時當局豈可復興文字之獄而以北京學潮遷怒
陳君一人竊恐大亂將從此始爍煌等與陳君均無一
面之雅為大局計特據實直陳務懇公平主持立予釋
放以全士氣而救國危不勝禱切中華工業協會吳爍
煌董晉蕃謝申藏劉瑞融余俊顧健武陸劍公張深震
等公叩
（其二）北京國務院教育部鑒報載陳獨秀先生尚未
釋放羣情惶惶失所宗仰祈速開釋全國學生聯合會
同叩

中华工业协会等要求释放陈独秀函抄件

他。瑞士的苏里克，也有个同样的示威给他做纪念。仇敌尚且如此，况在非仇敌。异国尚且如此，况在本国。陈君之被逮，决不能损及陈君的毫末，并且是留着大大的一个纪念于新思潮，使他越发光辉远大。政府决没有胆子将陈君处死。就是死了，也不能损及陈君至坚至高精神的毫末。……我祝陈君至坚至高的精神万岁！

9 月 16 日，陈独秀获得保释。京师警察厅司法处的文件上写道：“查陈独秀以传单煽人为乱，殊属违法，既据联名列保，称无别情，看押三月有余，查尚知悛悔，姑念系属学子，拟从宽准予保释。”陈独秀在具结状中表示：“前因为人散发传单，破坏社会道德，实属不知检束。自被查询，颇为觉悟，以后安心学问，并在北京就正当职业，以谋生计，不再作越出法律范围举动。”

11 月 1 日出版的《新青年》第六卷第六号特刊发表了刘半农、胡适、李大钊、沈尹默等为陈独秀出狱写的新诗。李大钊的《欢迎独秀出狱》写道：

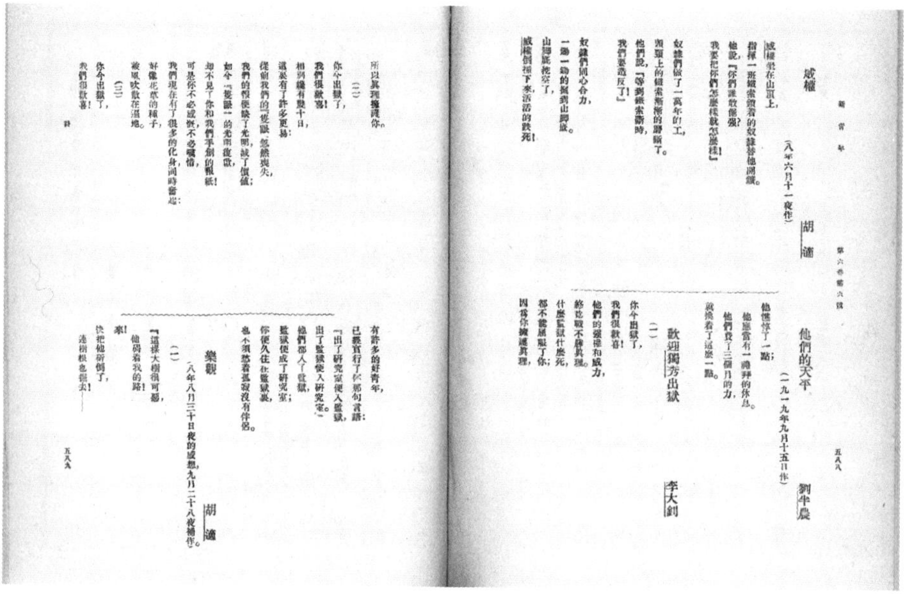
新青年　第六卷第六號　五八八

威權　胡適

（八年六月十一夜作）

威權坐在山頂上，
指揮一班鐵索鎖着的奴隸替他開礦。
他說，「你們誰敢倔強？
我要把你們怎麼樣就怎麼樣！」

奴隸們做了一萬年的工，
頸項上的鐵索漸漸的磨斷了。
他們說，「等到鐵索斷時，
我們要造反了！」

奴隸們同心合力，
一鋤一鋤的掘到山腳底。
山腳底挖空了，
威權倒撞下來，活活的跌死！

他們的天平　劉半農

（一九一九年九月十五日作）

他憔悴了一點；
他應當有一禮拜的休息。
他們費了三個月的力，
就換着了這麼一點。

歡迎獨秀出獄　李大釗

（一）

你今出獄了，
我們很歡喜！
他們的強權和威力，
終竟戰不勝真理。
什麼監獄什麼死，
都不能屈服了你；
因為你擁護真理，
所以真理擁護你。

（二）

你今出獄了，
我們很歡喜！
相別纔有幾十日，
這裏有了許多更易：
從前我們的「隻眼」忽然喪失，
我們的報便缺了光明，減了價值；
如今「隻眼」的光明復啟，
却不見了你和我們手創的報紙！
可是你不必感慨，不必嘆惜，
我們現在有了很多的化身，同時奮起：
好像花草的種子，
被風吹散在遍地。

（三）

你今出獄了，
我們很歡喜！
有許多的好青年，
已經實行了你那句言語：
「出了研究室便入監獄，
出了監獄便入研究室。」
他們都入了監獄，
監獄便成了研究室；
你便久住在監獄裏，
也不須愁着孤寂沒有伴侶。

樂觀　胡適

（八年八月三十日夜的感想，九月二十八夜補作。）

（一）

「這棵大樹很可惡，
他礙着我的路！
來！
快把他斫倒了，
連樹根也掘去！——

詩　五八九

《新青年》第六卷第六号刊登李大钊的《欢迎独秀出狱》

你今出狱了，我们很欢喜！他们的强权和威力，终竟战不胜真理。什么监狱什么死，都不能屈服了你；因为你拥护真理，所以真理拥护你。

你今出狱了，我们很欢喜！相别才有几十日，这里有了许多更易：从前我们的“只眼”忽然丧失，我们的报便缺了光明，减了价值；如今“只眼”的光明复启，却不见了你和我们手创的报纸！可是你不必感慨，不必叹惜，我们现在有了很多的化身，同时奋起：好像花草的种子，被风吹散在遍地。

你今出狱了，我们很欢喜！有许多的好青年，已经实行了你那句言语：“出了研究室便入监狱，出了监狱便入研究室。”他们都入了监狱，监狱便成了研究室；你便久住在监狱里，也不须愁着孤寂没有伴侣。

陈独秀出狱第二天，警察总监发出训令，命令陈独秀所居住的中一区警察署对陈独秀实行“豫戒”，即由该地巡官随时视察，按月呈报情况。也就是说，出狱后的陈独秀仍处于监视之下。

1920 年初，陈独秀受邀秘密前往武汉进行演讲，因发表宣传社会主义革命的演讲被湖北当局驱逐。得到消息的京师警察厅准备再次逮捕陈独秀。李大钊获知此消息后，为安全考虑，决定亲自护送陈独秀出京。时值北方收账时节，李大钊便雇了一辆骡车，装扮为收账先生，让陈独秀坐在车内。为了避免暴露陈独秀的南方口音，沿途住宿等一切交涉皆由李大钊出面办理。

就在这段路程上，陈独秀与李大钊“商讨了在中国建立共产党组织的问题”，即后来传为美谈的“南陈北李，相约建党”的情节。

1920 年 3 月 31 日，李大钊领导成立了北京大学马克思学说研究会。5 月，陈独秀领导成立了上海马克思主义研究会。8 月，上海建立了中国共产党早期组织。成立之前，关于党的名称问题，陈独秀征求李大钊的意见，李大钊主张定名为“共产党”，陈独秀表示同意。10 月，北京共产党组织在北京大学图书馆李大钊办公室成立，取名为“共产党小组”。

1921 年，中国共产党正式成立。

言论自由

言论自由在宪法上受到保护。光绪三十四年《宪法大纲》和宣统三年《十九信条》均载："臣民于法律范围以内，所有言论、著作、出版及集会、结社等事，均准其自由。"1913年《天坛宪草》如此表述："人民有书信秘密、言论、著作、刊行及集会、结社的自由，非依法律不受限制。"但实际上言论自由总是以这样那样的理由被限制。

李大钊在《宪法与思想自由》一文中批评《天坛宪草》："独于教授自由一项屏而不载"，且又附加"国民教育以孔子之道为修身大本"，则其本质"不啻将教授自由、言论自由、出版自由、信仰自由隐然为一部分之取消，是必有大奸慝怀挟专制之野心者，秘持其权衡"。

言论自由虽然载在约法中，但政府为稳定政权，总是千方百计防民之口，甚至不惜动用武力。1913年7月，内务部在警察厅设立特种机构，专事搜集和检查反对派报纸，作为政治迫害的口实，开创了报纸审查先例。1914年民国政府颁布的《出版法》规定：出版、发行前须"禀报该管警察官署"，又开中国现代图书审查制度之先河。

1919年4月9日，江苏省长齐耀琳电令各校严禁阅读有关新思潮的刊物。电文中说："风纪习惯，文字语言，国性所关，不容妄革。近阅坊间之出版物，间有主张破除旧有伦教，毁裂吾国固有文学，以期改造一新社会者。……若伦教文学，系一国根本问题，苟或废之，是谓无本。……青年学子，根植薄弱，骤睹新奇之说，易启淆惑之心，于操行学业前途极有关系。为特训令，……对于主张悖谬之出版物，严禁购阅，以黜邪说而端品学。"

1919年7月4日《民国日报》刊载旅沪广州国会议员李夔阳等的通告，内有"歼除卖国渠魁，改造新政府，将徐、段等所订一切卖国条约，非经合

中華民國八年五月十一日　（第一版）

每週評論

The Weekly Review

21

山東問題

《每周评论》的《山东问题》专刊

法国会同意者，悉行提出于国际同盟，以求世界之公判”；7 月 18 日该报又载旅粤浙江同乡会褚辅成等致浙江转沪学会各团体电，内有“蟊贼不去，生民何依”等语，被上海总巡捕房指为“煽动人心，扰乱治安”，向公廨起诉。26 日，公廨传讯该报主笔叶楚伧，判 27 日起停刊两日。

1919 年 8 月 30 日，《每周评论》出至第 37 号被政府封禁。

1919 年 10 月 25 日，徐世昌批准内务部所呈的《管理印刷营业规则》八条，以限制印刷、出版自由。

李大钊在《哪里还有自由》一文中对政府钳制言论给予严厉遣责：

约法上明明有出版自由，可是印刷局可以随便被干涉，背反约法的管理印刷法可以随便颁布；邮局收下的印刷物可以随便扣留。约法上明明有书信秘密的自由，可是邮电可以随时随意派人检查。[1]

1919年10月24日，京师警察厅奉北京政府内务部令，以北京《国民公报》"自本年七月以后所登载之评论等件，均有触犯刑律及出版规定之处"为由，将该报封禁，并传讯编辑孙几伊。12月，孙被判处一年零两个月的有期徒刑，成为轰动一时的"国民公报案"。

北京社会实进会出版物《新社会》的办刊宗旨为："考察旧社会的坏处，以和平的、实践的方法从事于家庭的运动，以期实现德莫克拉西的新社会。"1920年该刊出至第19期后被警厅封禁。天津女界爱国同志会与天津学生联合会合办小型通俗读物《平民》半月刊，旨在"说明平民和国家关系，介绍世界的平民思想，启发平民的知识，促进平民的幸福，改良平民的习惯"，只出两期，便因"妨害治安"罪被封禁。天津真学会出版物《新生命》半月刊以"除旧布新"为号召，分为两个方面："一、破坏的：批评一切不良的、旧的风俗、习惯、制度、礼节，以至人物、行为、言论；二、建设的：贡献一种新计划、新理论，求组成一个以自由、平等、博爱、互助为基础的新社会。"也只出两期即被封禁。

当舆论波及军队的时候，当局的钳制就更加严厉了。山东第五师士兵，得到外交失败的消息，多次开会，最终议决三条："（一）通告全国同胞，以表示军人等热忱；（二）将来国家对外，无论如何，均抱铁血为目的；（三）全师官兵誓不用日货，遇有购日货者，随时劝阻。"该师以一万零八十名士兵名义通电全国："窃自我国外交失败，举国愤恨。查失败之本源，皆由曹汝霖、章宗祥、陆宗舆、徐树铮等四国贼盗卖，妇孺咸知。国民皆欲得该卖国贼等，啖其肉而寝其皮。前次北京大学诸爱国学生等，击章贼之骨，焚曹贼之巢，军人等不胜欢跃钦佩。惜斯时未将该卖国贼等同时杀决，永清国祚，

[1] 李大钊：《那里还有自由》，《新生活》第13期，1919年11月16日。

以快天下。惟闻沪宁各界，首倡抵制日货，旋各省亦同对响应。足见我同胞心犹未死，国尚未亡。但我辈军人，以服从为天职，虽抱有爱国热忱，未敢越轨妄动。且才学疏浅，殊少良策。惟仰各界诸君速筹鸿谋，挽救危局，军人等惟以铁血为诸君后盾。”通电最初发表在 5 月 21 日上海《新闻报》，5 月 23 日北京《益世报》转载，引起当局恐慌。当日，该报即被禁止发行。次日，当局以“煽惑军队，鼓荡风潮”罪封闭报馆，逮捕主笔，后将其判刑一年，发行、印刷者被判拘禁两个月。

新闻报道

在 1919 年 6 月 8 日出版的《每周评论》第 15 号上陈独秀以《六月三日的北京》为题报道说："民国八年六月三日，就是端午节的后一日，学生的（五四）运动刚满一个月，政府里因为学生团又上街演说，下令派军警严拿多人。这时候陡打大雷、刮大风，黑云遮天，灰尘满目，对面不见人，是何等阴惨暗淡！"他还以笔名"只眼"在同期发表《军警压迫中的学生运动》，详细报道了 6 月 3 日和 4 日军警逮捕学生的情形。

6 月 3 日晚，170 多名学生被逮捕，其中北大学生占十之七八，另有清华学校、高等师范、汇文大学等校学生，均被监禁在北大法科的"讲堂之内"，"校内的差役，一跑干净，自早到晚，一百多人连一口凉水也没吃着。这天天气陡变，夜间越加寒冷，当时就有几个体弱的学生，忽得重病"。但学生们没有被武力所吓倒。6 月 4 日，街头讲演的学生人数增加一倍：

> 上午十点钟时候，各学生怀里藏着白旗，上写某校某队讲演团字样，或五六人或十几人不等，静悄悄地出去。走到行人多的地方，就从怀中摸出白旗子，大声疾呼地演说。这个时候街心的警察，比平常增加好几倍，又有穿灰衣的马队，背着枪，骑着马，四处乱跑。遇到有人讲演，不问他人多人少，放马过去，左冲右突，也不知道踏伤了几多人。把听的人冲散之后，便让游缉队保安队把演说的学生两人夹一人送到北河沿法科大学里边去监禁起来。[1]

[1] 《军警压迫中的学生运动》，载《每周评论》第 25 号，1919 年 6 月 8 日。

大多数新闻报道对学生持同情态度。民国名义上采取新闻自由制度，各派都可办报宣扬自己的观点。

新闻报道有现场感，有记者的目击，甚至有照片佐证，但并不一定完全真实，因为执笔者有选择的偏向。无论如何，这些新闻报道对后世人们了解事情的来龙去脉还是有帮助的。北京《晨报》、上海《申报》和《民国日报》、天津《大公报》和《益世报》，还有与日本关系密切的《顺天时报》等，在报道学生运动和国内外局势时，立场不同，观点歧异。

《晨报》生动地描述了五四当天学生游行过程，记者特地声明说："以上经过情形为记者所目击。"《晨报》有"研究系"的背景，与控制北京新政权的安福系不无矛盾，因而对学生多有辩护乃至偏袒之语，如说"当时学生言动确尚能严守范围"，"学生举动诚不免有过激之处，但此事动机，出于外交问题，与寻常骚扰不同。群众集合，往往有逸轨之事，此在东西各国数见不鲜。政府宜有特别眼光，为平情近理之处置，一面努力外交，巩固国权，谋根本上之解决，则原因既去，必不至再生问题矣"。

由中华革命党主办的上海《民国日报》则追踪报道"曹汝霖住宅焚毁"、"章宗祥殴伤甚重"、"学生被捕廿余人"、"各校全体停课"、"段祺瑞竟欲杀学生"、"钱阁欲解散北京大学"、"蔡校长辞职"等事件，言辞之间对政府多有不满。

《顺天时报》则对学生的爱国举动加以诋毁，如报道 5 月 4 日的学生游行，标题径直写成《北京学生大骚动》，渲染学生火烧赵家楼、殴打章宗祥等暴力场面。

西方媒体报道也很多。法文《画报》周刊 1919 年 10 月的一篇报道，叙述学生在赵家楼的行动后，重点介绍 6 月份大批学生被逮捕、千名学生被拘押在北大法科，由此引发上海的罢市和罢工的过程，特别提到上海的码头工人和电车公司职员。

该报道配有图片三幅。

上图是几个警察与鼓动民众抵制日货的大学生交涉。可以清晰地看出这是北京大学学生演讲团的同学。

LES ÉTUDIANTS CHINOIS CONTRE LE JAPON

On sait que la décision du Conseil suprême des Alliés, relative à la cession au Japon de tous les droits, titres et privilèges allemands sur le territoire de Kiao-Tchéou, a provoqué dans tous les milieux chinois un très vif mécontentement. Surexcitée par l'unanimité des journaux de toutes nuances, la jeunesse des écoles ne tarda pas à manifester un sentiment de haine intense à l'égard du Japon, et, d'un bout à l'autre de la Chine, une violente agitation antijaponaise s'ensuivit.

A Pékin, les étudiants mirent à sac la demeure de Tsao Jou Lin, membre du Cabinet notoirement acquis à la politique japonaise. Le ministre de Chine à Tokio, Tchang Tsong Siang, rentré depuis peu, et qui se trouvait en compagnie d'un Japonais, fut lynché et succomba dans la même journée.

Peu après ce tragique événement, qui entraina la démission de deux ministres, plus de 3.000 étudiants se répandirent dans la ville pour haranguer la foule et l'exhorter à boycotter les produits japonais. La répression de ces troubles, dirigée par le général Tsouan Tcha Koui, fut énergique: près de 400 étudiants, et quelques professeurs même, furent arrêtés et détenus à la Faculté de droit, transformée momentanément en prison.

Mais le mouvement populaire était déchaîné. Les marchands se joignirent aux étudiants pour organiser l'agitation antijaponaise. Des comités, rapidement créés, envoyèrent des conférenciers dans les districts et bourgades de la côte pour inciter au boycottage des marchandises japonaises. A Changhaï, les ouvriers des docks et les employés de la « Chinese Tramway Company » se mirent en grève réclamant la révocation des traîtres à la nation et la non-intervention gouvernementale dans le mouvement patriotique du peuple chinois.

La police de Pékin discute avec un groupe de conférenciers protestataires qui veulent exhorter la foule à boycotter les produits japonais.

Les manifestations antijaponaises de Pékin. — Etudiants, conduits par la troupe, à la Faculté de droit provisoirement transformée en prison
(On aperçoit, au milieu de la colonne, un jeune boy-scout.)

A la Faculté de droit de Pékin : présentation du laissez-passer à la garde particulière substituée par les étudiants à la troupe retirée par le gouvernement.

Des troubles plus ou moins sérieux, au cours desquels des Japonais furent malmenés et des boutiques japonaises pillées, eurent lieu en différents endroits, et particulièrement à Changhaï, à Nankin, à Canton, à Amoy et à Tchang-Téh.

Les Japonais laissèrent entendre alors que leur gouvernement allait se voir prié par les Alliés d'envoyer des troupes en Chine pour rétablir l'ordre. Ces bruits étaient inexacts, ce mouvement d'étudiants et de commerçants assistés de quelques politiciens n'étant en rien comparable au soulèvement des Boxers en 1900.

Cependant l'ordre avait été donné, après l'arrestation des étudiants, de les remettre en liberté, mais ils refusèrent de quitter la Faculté de droit, leur prison provisoire. Ils s'organisèrent en différents groupes, chacun ayant une tâche spéciale, et déclarèrent qu'ils se considéraient comme étant toujours aux arrêts tant que le gouvernement ne leur aurait pas accordé le droit de parole. Ils exigeaient, de plus, des excuses de la part des policiers et des gendarmes qui les avaient arrêtés.

Des négociations furent engagées et les étudiants ne tardèrent pas à se rendre compte que le mouvement qu'ils avaient déclenché menaçait d'aller à l'encontre du but qu'ils se proposaient et risquait même de créer des complications diplomatiques avec le Japon. Certains, alors, s'offrirent à coopérer avec les autorités au rétablissement de l'ordre.

Actuellement le ministre de l'Instruction publique, Yuan Shih Tao, a démissionné; l'agitation des étudiants semble calmée. Mais, sous ce calme apparent, ils attendent, impatients, et avec un sentiment national plus éveillé que jamais, la décision officielle du Japon relative au territoire de Kiao-Tchéou, que le Conseil des Quatre a cru devoir lui abandonner.

法文《画报》周刊报道《中国大学生反对日本》

中图是军警押解学生到法科临时拘押所途中所摄照片。图注说明队伍中有一个童子军，就是队伍中段被夹在中间的那个小孩。

下图的场景是法科大门口。学生替换了政府所派军警把守着大门，正在检查通行证。这是怎么回事呢？原来，政府已经下令释放学生，但学生因为没有达到目的，拒绝离开拘押所，并自行担负起维持秩序的职责。

这篇报道在述及日本人对运动的反应时，提到了义和团，并表明态度道：

> 日本人放话说，他们的政府已接到盟国请求，将派军队到中国维持秩序。此消息并不准确，由学生、商人和一些政客参与发起的这场运动与 1900 年的义和团运动没有可比性。

罢免与辞职

1918 年 10 月 10 日，徐世昌就任大总统当天，即任命他的门生——时任内务总长钱能训代理国务总理。12 月 20 日，钱能训被正式任命为总理。

钱能训甫一上任，即秉承徐世昌旨意，向广州军政府发出“和平通电”，期望早息内争，共同建国。

钱能训内阁推进和平进程，得到全国舆论的支持，原段祺瑞内阁的相关政策大都被推翻。南北议和南方总代表所提议和条件之一“非法的北京新国会（安福国会）须解散”，引起皖系不安，加之“钱内阁将解散新国会”的传言四起，安福系开始谋划倒阁。参战督办段祺瑞自恃拥有参战军及安福国会，未将文人出身的徐总统、钱总理放在眼里。

由于安福系对政府及南北和会代表不断施压，终使和谈破裂。1919 年 4 月 20 日钱能训向徐世昌提交辞呈，总统予以“慰留”。

据《曹汝霖一生之回忆》记载，1919 年 5 月 4 日，京师卫戍司令段芝贵声称将带兵弹压学生运动，钱总理则以“地方上的事，应由警察负责”为由，一再劝阻。但他最终顶不住段祺瑞施加的压力，下令禁止学生 5 月 7 日举行“国耻纪念日”集会，并声称，如违反禁令，将动用武力。如此一来，钱能训内阁两面不讨好：段祺瑞等斥责钱能训“纵容学生，制裁不力”，指责蔡元培“包庇学阀”；学生则骂他做了军阀的傀儡，袒护卖国总长。5 月 8 日，钱能训再次请辞，徐世昌仍予慰留。

对于三位政府要员章宗祥、曹汝霖、陆宗舆，政府则极力保护，不但不准陆宗舆的辞呈，甚至盛赞“曹汝霖体国公诚”，“陆宗舆有裨大局”，而把时局混乱的责任归咎于新文化运动的领导者和学生，并对作为学校直接领导的教育部加以训责。新文化运动中心的北京大学更是官方痛恨的对象。因

蔡元培

为北大文科学长陈独秀已经离任，蔡元培就成了众矢之的，“于是北京学生一万五千人所为之事，乃加罪于北大之一校，北大一校之罪加之于蔡校长之一身”。

5月4日晚，在内阁总理钱能训家召开的会议上，教育总长傅增湘为蔡元培辩解，立即遭到钱的责问：“汝谓蔡鹤卿校长地位不能动摇，假若蔡死则何如？”傅闻之甚为不满，于第二天便提出辞呈。这个消息被报纸纷纷登载。于是，有关曹汝霖、章宗祥行将报复之说四起，有的说他们“一方面以三百万金购人刺蔡，一方面派人焚北大校舍，杀北大学生”。有的人还说徐树铮已经调来军队，在景山上架起了大炮，准备轰击北京大学。这些传说，

（星期六） 中華民國八年五月十日 （第一版）

北京大學日刊

第三百七十四號

文理兩科教授會主任辦公時間表

北京大學出版部廣告

蔡元培啟事

我倦矣！殺君馬者道旁兒。民亦勞止，汔可小休。我欲小休矣！北京大學校長之職，已正式辭去；其他向有關係之各學校、各集會，自五月九日起，一切脫離關係。特此聲明，惟知我者諒之。

馬寅初啟事

本校布告

刊登蔡元培辞职启事的《北京大学日刊》

虽然不真实可信，但却符合人们对事件发展的推理，并非完全是空穴来风。有传言说“某派即提出马其昶为北京大学校长，已得当局同意”。

5 月 8 日晚十一点，蔡元培闻悉他将被解职的消息，第二天早晨五点半即秘密离京，前往天津，后经上海到达杭州。临行前，蔡元培留下两份辞呈，一份致总统，一份致教育总长。辞呈说：“元培滥膺校席以来，不称厥职，久图引退。此次大学校学生，因爱国之故，激而为骚扰之举动，元培实尸其咎。唯因当场学生被拘，不能归罪于少数，未即引替。目下学生业经保释，各校亦已一律上课，元培不敢尸位，谨请辞职以避贤路。”

1919年6月10日，迫于压力，国务总理钱能训副署了免去章宗祥、曹汝霖、陆宗舆三人官职的命令。13日，因南北议和破裂，加之在外交、财政，特别是学潮诸方面穷于应对，钱能训“引咎辞职”，徐世昌允准，并令财政总长龚心湛暂代。

因为皖系军阀的掣肘，徐世昌总统也在免去三位阁员后，于1919年6月11日（农历五月十四）向国会众、参两院提出辞呈。他在辞职咨文中就对德和约事做了说明：“原拟全约签字，惟提出关于胶澳各条声明保留，此项原属不得已之办法。但体察现情，保留一层，已难办到。……内审国情，外观大势。惟有重视英、美、法各国之意见，毅然全约签字，以维持我国际之地位。……惟是国内舆论，坚拒签字，……欲以民意为从违，而熟筹利害，又不忍坐视国步之颠蹶。”关于南北和会的失败，咨文中说：“乃沪议中辍，群情失望，在南方徒言接近，而未有完全解决之方；在中央欲进和平，而终乏积极进行之效。”

当日，两院议长王揖唐、李盛铎亲赴总统府，退还辞职咨文，并联名通电：“查现行约法，行政之组织，系责任内阁制，一切外交、内政，由国务院负其责任，大总统无引咎辞职之规定。且来文未经国务总理副署，在法律上不生效力。当由盛铎、揖唐即日躬赍缴还，吁请大总统照常任职。”

当天，徐世昌政府的幕后操纵者、皖系首领段祺瑞亲至徐宅劝其留任。各地督军也纷纷来电挽留。电报的内容，主要是表达对总统去留、对德和约签字及对再开南北和会的态度。支持对德和约签字的有安徽督军倪嗣冲、山东督军张树元、黑龙江督军鲍贵卿、福建督军李厚基、山西督军阎锡山、四川督军刘存厚、甘肃督军张广建、淞沪护军使卢永祥。一度反对签约的江西督军陈光远、察哈尔都统田中玉，此时转而支持签约。他们主张：“今保留一层既万难办到，则两害取轻，不得已签字，亦无不可。”奉系张作霖、河南督军赵倜、湖南督军张敬尧、浙江督军杨善德等的通电，除挽留徐世昌外，对后两项态度模糊。

徐世昌的辞职，不过是向实力派和一般国民诉诉苦、发发牢骚而已。

实际上，徐世昌对学生运动，与教育总长傅增湘等意见近似，希望采取怀柔、软化政策，对学生不予严厉惩处。据 1919 年 5 月 10 日的《字林西报》报道:5 月 4 日晚十时，“学生被劝说解散，教育部命各校校长严格控制学生，答应以曹家着火系电线走火的说法，争取释放被捕学生，曹本人也已得暗示，表示无意严惩捣乱分子，果真如此，则骚乱可渐渐平息”。这可能是徐世昌的安排。赵家楼被烧后，徐世昌把曹汝霖安顿在北海团城，把章宗祥安置在北海静心斋，并派人送曹、章各 5 万元，“一为盖房，一为养伤”，以表安抚。但段祺瑞掌控的安福系干将如徐树铮、段芝贵及曹汝霖、陆宗舆等人，主张严厉对待学生运动，并以此向总统和总理施压。段芝贵甚至声言：“宁可十年不要学校，不可一日容此学风。”

据《青岛潮》记载：

> “被捕学生，在徐总统意，尚无成见。而段祺瑞、徐树铮及曹陆诸人，从旁耸动，不曰党派阴谋，即曰过激举动，拟兴大狱，处以非刑。”曹汝霖等人完全听命于段祺瑞。段慰问曹说：“这次的事，他们本是对我，竟连累了你们，我很不安。”并说，“你们不必辞职，看东海（徐世昌）如何处置？曹本来是预备辞呈的，因段“嘱不必辞，只好暂搁”。徐世昌送来五万元安抚费，曹立即向段报告，但段回答“还了他，我们不是可以用金钱收买的”，曹遵命立即将款退回。

政府内部派系斗争，一定程度上有助于学生运动的开展。

“逼宫”

一方面是国会得不到民众信任，另一方面总统和总理大权在握，学生们遇到不可解的大事，往往直接向总统府提出诉求。

1918 年 5 月 21 日，北京大学、高等师范、工业、法政四校的学生，以及返回国内的留日学生，总计 4000 多人，赴新华门向代理大总统冯国璋请愿，要求政府废除中日两国的《防敌军事协定》。当时，北大校长蔡元培阻拦学生没有成功，随后发表辞职声明。学生请愿的目的并没有达到，埋下对政府不信任的种子。五四运动爆发后，学生游行、罢课、联合工人和商人罢市罢工，仍然不大奏效，只好祭出最后一招“逼宫”——向总统府请愿。

6 月 4 日和 6 月 5 日，军警逮捕了在街头讲演的学生 100 余人，想用高压的手段平息抗议运动，但这一举措如火上添油，让学生更为愤怒。北京各校代表在北京大学红楼开会，并邀请各省市已经到京的学生代表参加，决定到总统府请愿。

陕西代表屈武回忆说：

> 大概是在 6 月 5 日以后、10 日以前吧，确实的日期我已经记不大清楚了，时间大约在下午 3 点钟左右，北京各大学的学生和一部分中学生，集中到新华门前，人数有一两万之多，把西长安街围得水泄不通，要求当时北京政府总统徐世昌亲自出来接见学生。徐世昌避而不见。警察总监吴炳湘出来说：“总统不在，可以把请愿书留下；时间已经很晚，希望学生回校休息，政府自有答复。”但是，学生们不肯上当，坚决表示不见徐世昌，不得明确答复，誓死不回校。这样一直僵持到晚上 10 点多钟，人愈聚愈多，有些过往行人，也参加进请愿行列。特别是一些

洋车工人，把一天拉车得来的血汗钱，买了烧饼、茶水送给学生。这种真诚的支持，使学生们受到极大的感动。徐世昌看到不见学生不行，才派了他的两位秘书出来传话说：学生可以推派 10 个代表，到里面受接见。

我被推为 10 个学生代表之一，由北大学生代表领头，一道进了新华门，到中南海。徐世昌接见的地方，大约就是现在的勤政殿。当时警卫森严，如临大敌。首先讲话的是北大学生代表，他代表请愿群众要求：（一）政府下令参加巴黎和会的代表拒绝在和约上签字；（二）惩办卖国贼；（三）释放被捕学生。徐世昌对学生的这些正义的要求，采取敷衍的态度。他说话的大意是：你们年纪太轻，没有政治经验，容易受别人利用。我们国家多年积弱，不能操之过急。学生们爱国心切，陈述意见，情有可原，如果聚众滋事，那就不对了。希望你们安心读书，国家大事政府自有权衡云。代表们对徐世昌的答复一致不满，相继发言和他辩驳。我激于一时气愤，说："现在国家都快要亡了，今天丢青岛，明天丢山东，后天就可能丢整个华北，如果政府再不想办法，不答应学生们的要求，我们只好以死力争。"说罢就以头碰地，血流如注。但是徐世昌毫不动心，反而一扭身回里面去了。消息传到外面，激起请愿群众的更大愤怒，要冲进新华门和徐世昌当面讲理，并且和军警发生了冲突。

直到夜半一点钟，徐世昌又派了一位代表（据说是内务总长）匆匆出来，说刚才内阁阁员开了紧急会议，决定同意学生的要求，即日打电报给出席巴黎和会的我国代表，命其拒绝签字。我们还怕这是徐世昌的缓兵之计，所以又要他代表徐世昌一方，我们十个人代表请愿学生一方，立了一个协议书，正式签字画押，请愿队伍才解散回校。

这次"血溅总统府"引动视听，激发舆论，确实起到了一点作用，屈武也因此名声大振。

屈武原名屈儒，字经文。1898 年 7 月 16 日生，陕西省渭南县（今渭南市临渭区）人。1914 年，16 岁的屈武徒步 200 余里，步行至华山书院，跪

学生代表露宿新华门外

地相求，打动了学校负责人，进入该校，三年后毕业，考入西安成德中学。

1919 年，五四运动爆发，成德中学成立了西安的第一个学生会，屈武被推为会长。随后，他联络西安各学校，组成了陕西学生联合会并任会长。他组织学生进行爱国讲演、散发传单、张贴标语、焚烧日货，向省教育厅长郭希仁、省督军陈树藩请愿，抗议军阀政府卖国，要求罢免卖国贼。当年 10 月，屈武因领导西安的学生声援教员索薪斗争被政府逮捕，后经胡景翼等人营救解脱。

陕西名宿于右任写诗赞扬屈武是像古代屈原、申包胥一样的爱国者。1920 年春，屈武考入天津南开中学高中。其间，参与创办《贡献》杂志，宣传新文化和社会主义思想。1922 年 4 月，屈武同于右任的长女于芝秀结婚。1992 年 6 月 13 日，屈武病逝于北京，享年 94 岁。

这次请愿之后，效仿者不断，上演越来越多的逼宫剧——同时也折射出无奈：请愿，即便是到总统府请愿，也不能根本改变局面。

1919 年 9 月，因山东军政官员马良屠杀平民引发的抗议蔓延全国。10 月 1 日上午 8 时，各地的三十一位代表在中央公园集合后，向新华门总统府进发。这次请愿提出五项要求：（一）山东主权未恢复之前，不得补签德约及与日本直接交涉；（二）取消二十一条及军事协定高徐、顺济、满、蒙四路条约，胶济路换文与各种密约，以保主权；（三）要求外交公开，及言论、集会、出版之完全自由；（四）解散安福俱乐部，以清乱源；（五）惩办马良、张树元，并取消山东戒严令。

当时，新华门外有一道铁制的栅栏，里边更有全副武装的卫队防守。当代表们从东辕门进入铁栏后，东西辕门立即被关闭。从天津赶来的由周恩来率领的一队学生，也被阻在铁栏的外边。

请愿的代表在传达处一直等到下午三时，才有名为曾彝进的参议出来传话："大总统谕，政务殷繁，不暇接见，如有文书，尽可交收发呈递，劝令散归。"但学生代表不答应。如此往复多次，传令官都被学生一一顶回去了。僵持到最后，代表们失去耐心，准备冲进去时，总统府大门忽然关闭。天津代表郭隆真第一个站出来，立在新华门前东边的石狮子上喊道："徐世昌为什么不见我们？"于是，全体代表呐喊起来，铁栏外的观众报以热烈的掌声。晚上八点钟左右，周恩来率领天津学生给饥饿的代表们送来了面包点心。十点左右，警察们把代表们挤压到一个狭小的圈子里，几个警察架起一个代表，奔向警察厅、宪兵司令部、侦缉队等处。代表们沿途高呼："惩办马良！""反对日本强占山东！""拒绝直接交涉！"

此后，这样的学生请愿活动发生过多次，但是都未能再见上总统。可能是吸取了"血溅总统府"的教训吧，徐世昌不愿再面见学生代表了。

外交家

1919 年 1 月 27 日，出席巴黎和会的美、英、法、意、日代表举行五国会议，讨论处置德属殖民地问题。中国代表顾维钧、王正廷参加。会间日本代表牧野伸显提出德国在山东所占一切权利应无条件让与日本的无理要求。顾维钧当即声明：关于山东问题，“应由中国陈说理由后，再行讨论”。

次日继续开会，中日两国代表就山东问题展开激烈争论。顾维钧要求大会“尊重中国政治独立，领土完整”，将德国在山东所占一切权利直接交还中国，牧野则借口中日两国关于山东问题“已有成约”，坚决反对。顾维钧当即指出：日本代表所谓“成约”，“想系指一九一五年二十一款要求所发生之条约及换文而言，……此项条约换文，经日本送达最后通牒，中国始不得已而允之”，因此不能视为有效。美总统、法总理均要求中日双方公布有关山东问题各项“成约”。牧野答以“须待请训”，顾维钧则声明“中国政府极愿提出”。顾维钧把这些密约暴露于国际社会，让其他国家看到日本的贪婪本相，争取支持。

顾维钧在演讲中猛烈攻击日本，言辞犀利，不时引用国际法和拉丁语。他承认，1915 年和 1918 年中日签订了协议，允诺日本将得到德国在山东的权益，但中国是被迫的，因此协议不应该履行。无论如何，任何有关德国在中国的所有权的问题都必须由和会解决。他还说，“中国感激日本把青岛从德国统治下解放出来”，“虽然感激，但是中国代表认为，如果他们不对靠出卖国人的天赋之权来表示感谢这种方式加以反对，并因此埋下未来混乱不和的种子，他们就亵渎了对中国和世界的职责，而且也亵渎了威尔逊总统所倡导的‘十四条’的原则。”

顾维钧说，“山东是中华文明的摇篮，孔子和孟子的故乡，是中国的圣地”，

顾维钧在巴黎和会

而让山东落入外国统治就像“在中国的心脏插了一把尖刀”。他质问日本代表：“西方出了圣人，他叫耶稣，基督教相信耶稣被钉死在耶路撒冷，使耶路撒冷成为世界闻名的古城。而在东方也出了一个圣人，他叫孔子，连日本人也奉他为东方的圣人。牧野先生你说对吗？”牧野不得不承认：“是的。”顾维钧接着说：“既然牧野先生也承认孔子是东方的圣人，那么东方的孔子就如同西方的耶稣，孔子的出生地山东也就是东方的圣地。因此，中国不能失去山东，正如西方不能失去耶路撒冷（China can not miss Shandong as same as the west world can not miss Jerusalem）。”

美国总统威尔逊、英国首相劳合·乔治和法国总理克莱孟梭——巴黎和会的三巨头听完顾维钧这番话，纷纷走上前去，握住他的手，称他为中国的“青年外交家”。美国国务卿兰辛认为顾维钧“压倒了日本人”；加拿大的博登称“中国的发言非常有力”。很少表扬别人的法国总理克莱孟梭对顾维钧热情洋溢的表扬一夜之间就成了巴黎新闻，他称赞顾维钧是“一只年轻的中国猫，典型的巴黎式的言语和着装，神情专注地追逐、抓挠着即便是专属日本的耗子”。

形势本来对中国有利，然而，到了 4 月，陡生变故。因分赃不均，意大利退出了和会。日本乘机要挟：如果在山东问题上得不到满足，也将效仿意大利退出和会。为了自己的利益，几个大国最终决定牺牲中国的合法权益，向日本妥协，并强迫中国无条件接受。这也成为五四运动的导火索。

4 月 30 日，中国代表团得到详细的方案，其中一人绝望倒地。当晚，贝克（美国代表团成员）来到鲁特西亚酒店传达威尔逊总统的申辩和同情，他发现中国代表团非常沮丧，责怪威尔逊辜负了他们的期望。一些人想立刻离开巴黎，不愿在和约上签字。5 月 14 日，陆征祥密电北京政府外交部转呈徐世昌、钱能训请求指示："祥一九一五年签字在前，若再甘心签字，稍有肺肠，当不至此。……国人目前之清议可畏，将来之公论尤可畏。究竟应否签约，……时期日迫，关系至巨，……万祈迅即裁定，立速电示，俾有遵循。"

顾维钧后来对贝克说，只有接到政府的直接命令，他才会在和约上签字。"我希望他们不要让我签字，这对我来说无异于死刑。"[1]

1919 年 6 月 28 日，《对德合约》签约仪式在凡尔赛宫举行，为中国全权代表准备的两个座位空空如也。顾维钧在回忆录中说：

> 汽车缓缓行驶在黎明的晨曦中，我觉得一切都是那样黯淡——那天色，那树影，那沉寂的街道。我想，这一天必将被视为一个悲惨的日子，留存于中国历史上。同时，我暗自想象着和会闭幕典礼的盛况，想象着当出席和会的代表们看到为中国全权代表留着的两把座椅上一直空荡无人时，将会怎样地惊异、激动。这对我、对代表团全体、对中国都是一个难忘的日子。中国的缺席必将使和会，使法国外交界，甚至使整个世

[1] 马格丽特·麦克米兰：《大国的博弈》，荣慧等译，重庆出版社 2006 年版，第 233 页。

李鸿章在《辛丑条约》上的签名

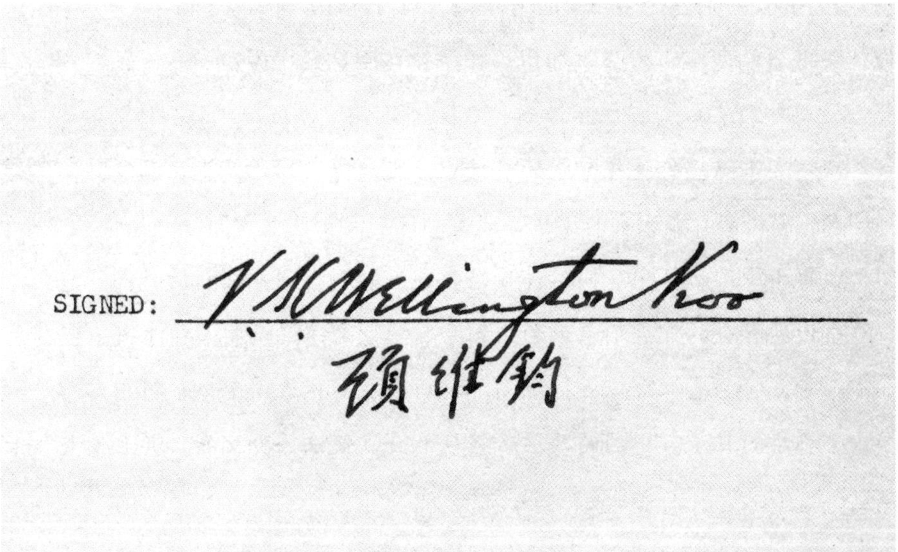

顾维钧中西文签名

界为之愕然，即使不是为之震动的话。[1]

中国代表拒绝签字，是中国近代外交的破天荒举动。

后来，经过几十次谈判，1922年2月4日，顾维钧代表中国与日本签订《解决山东问题悬案条约》及《附约》，其中规定：日军撤出山东省，胶州湾德国租借地和青岛海关的主权归还中国，胶济铁路由中国赎回。尽管这个条约尚有不足，但它仍然是近代中国在外交上取得的最好成绩。

梁启超在《李鸿章传》中为签订《辛丑条约》的李鸿章辩解说："若夫吾人积愤于国耻，痛恨于和议，而以怨毒集于李之一身，其事固非无因，然苟易地以思，当夫乙未二三月庚子八九月之交，使以论者处李鸿章之地位，则其所措置，果能有以优胜于李乎？"李鸿章是不是"汉奸"，或可议论，但他"老奸巨猾"，精通为官之道，在清朝末年的中国数一数二。他在签订条约时，将"李鸿章"三个字写成了一个"肃"字——他的爵号是"肃毅伯"。顾维钧没有在巴黎和会的《对德和约》上留下自己的中英文签名，而是以缺席的方式表示抗议。因此，国内的罢课罢工运动中，他的名字没有被打上叉子或加上"卖国贼"的封号。

顾维钧对这一年的中国国民运动、外交（特别是"人民外交"）做过这样的反思："在人民外交当中，由于离不开公众舆论和大众的支持，一个人很容易做一些讨好公众的事，而不总是光考虑民族利益。如果是民族利益，那就是永恒的，不因时间、舆论或党派而改变。因此当国内人们批评中国的外交家们没有政治头脑时，我接受了这种意见，因为如果一个外交家有了政治考虑，那他的外交就很危险了。……在中国，自从五四运动以来，'人民外交'的口号已经成为非常时髦的口号，群众组织起来大游行或组成代表团对中国的代表们施加压力，常常造成灾难性的后果。"[2]

[1] 《顾维钧回忆录缩编》上册，中华书局1997年版，第65页。

[2] 《顾维钧回忆录》第1卷，中华书局1983年版，第397页。

五月四日：一天与百年

中国有悠久的文化传统，有些千百年来约定俗成的风习，难于快速和根本改变。例如历法，1912 年民国成立伊始，政府决定采用公元纪年，甚至有废除农历的动议，但传统农业社会依赖二十四节气，农历仍然根深蒂固，正如鲁迅小说中所写的“旧历的年底毕竟最像年底”。因此，历法改革的结果是：新旧并用，正如废除中医的动议最终变成了“中西医结合”。

这里有两本台历，一本 1919 年的台历，内容简单，内文字迹已经暗淡。另一本是百年后 2019 年的日历,色泽鲜艳。翻至 5 月 4 日这一天,上半部分，男女青年高擎火炬，格外醒目；下半部分，中国传统文化信息琳琅满目。

2019 年的 5 月 4 日，北京，阳光明媚，鲜花盛开。

一百年前的 5 月 4 日，北京也是同样的天气。但中国地域广大，灾害多发。一百年前的中国，广大民众的生活是很艰难的。现在看到的历史资料,五四前后,中国局地气候颇多反常。3 月 28 日,《申报》报道:“前日本埠天时寒冷，寒暑表降至四十余度，下午五时忽雨冰雹，城西一带较大。继即起风，雷电交加，浦江往来船只之不及防避者，吹失货物甚多，惟尚无倾复。”5 月 3 日该报又载：上海于前晚夜半三时许，“忽起狂风，系从西北而来，直至昨日午后四时始见平息。当初起时，适值潮水涨平，浦江停泊各船除轮船不受影响外，各民船之断链走锚者不可胜数”。到了夏季，又遭淫雨大风，灾情较前更重。5 月底，镇江、扬州天气酷热，遭到狂风、大雨、冰雹的袭击。据该报报道，镇江“摇山撼岳，江中白浪滔天，江干各处所泊民船，断缆走锚，碰撞损坏者难以数计。……事后调查，损害计江口共翻货船四艘，航船二艘，损失颇巨，并淹毙二人”。

自然灾害导致人民流离失所，民众得不到温饱，在死亡线上挣扎。在天

1919年台历

2019年台历之5月4日

2019年5月4日，观众在北大红楼参观“五四现场”展览

北京天安门广场人民英雄纪念碑底座雕塑“五四运动”部分

灾人祸侵袭下,中国普通民众过着贫苦无告的生活。灾民,也是“国民”,是“公民”，是时代风云和社会灾难的承载主体。

1919 年 5 月 4 日，影响巨大深远。一百年来，人们一直在纪念和研究这一天。

一日影响百年。

国民党政府曾经想把青年节从 5 月 4 号改为 3 月 29 号黄花岗七十二烈士殉难日，没有成功。

1949 年，中华人民共和国政务院正式宣布 5 月 4 日为青年节。

第三章

觉悟

康有为《大同书》

因公车上书、维新变法而名扬天下的康有为，著有一部《大同书》，提出一套社会建设纲领，受到几代中国人的关注。

康有为早岁服膺儒家思想，后周游世界，更具备“天下”意识。《礼记·礼运》篇这样描述“大同”世界：“大道之行也，天下为公。选贤与能，讲信修睦，故人不独亲其亲，不独子其子，使老有所终，壮有所用，幼有所长，鳏寡孤独废疾者，皆有所养。男有分，女有归。货，恶其弃于地也，不必藏于己；力，恶其不出于身也，不必为己。是故，谋闭而不兴，盗窃乱贼而不作，故外户而不闭，是谓大同。”

这是一种美好理想。

康有为自称 1884 年即开始“演大同主义”，1885 年“手定大同之制，名曰《人类公理》”，1898 年秋在日本时，写成稿本 20 余篇，1902 年避居印度时完成全书。康有为对此书极为重视，轻易不将书稿示人，只与弟子或同道论及。1913 年，康有为才第一次把该书甲部和乙部发表在他主编的《不忍》杂志上。

1919 年，上海长兴书局将甲乙两部合刊单行，题名为《大同书》。

《大同书》全书共 30 卷，约 20 万字，分为 10 部，甲部《入世界观众苦》，乙部《去国界合大地》，丙部《去级界平民族》，丁部《去种界同人类》，戊部《去形界保独立》，己部《去家界为天民》，庚部《去产界公生业》，辛部《去乱界治太平》，壬部《去类界爱众生》，癸部《去苦界至极乐》。

康有为以民主主义的平等精神和社会主义理想，勾画出一幅人类未来社会的美景——大同世界。梁启超在《清代学术概论》中盛赞《大同书》的“理想与今世所谓世界主义、社会主义者多合符契，而陈义之高且过之。”

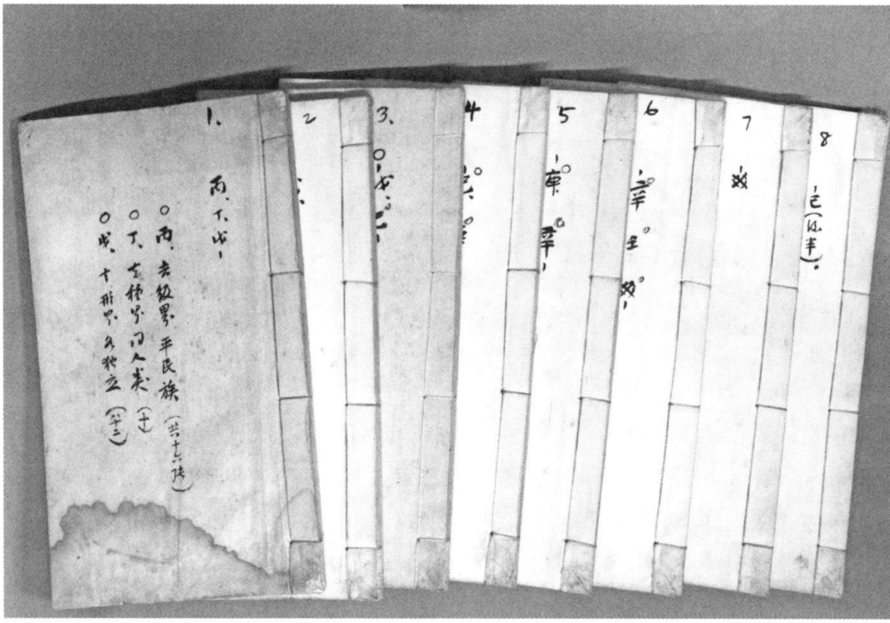

钱玄同手抄《大同书》稿本

《大同书》的基本思想是：

（一）反对“独尊”，诅咒专制皇帝为“民贼屠伯”。康有为指出，在太平之世，人人平等，没有什么臣妾奴隶，也没有什么君主统领，更没有什么教主教皇。全世界置一总政府，分若干区域，总政府及区政府皆由民选。废除国家，走向“去国界合大地”的盛世：“大同无邦国故无有军法之重律，无君主则无有犯上作乱之悖事，无夫妇则无有色欲之争，奸淫之防，……无宗亲兄弟则无有望养、责善、争分之狱，无爵位则无有恃威、怙力……佞谄之事，无私产则无有田宅、工商、产业之讼……”人人和睦相处，过着平等而富裕的美好生活，差别虽有，但并不悬殊。设公共宿舍、公共食堂，有等差，各以其劳作所入自由享用。学术上有新发明者及在胎教等五院有特别劳绩者，得殊奖。警惰为最严之刑罚。

（二）重视发展生产。大同世界是一个具有较高物质文明和精神文明的

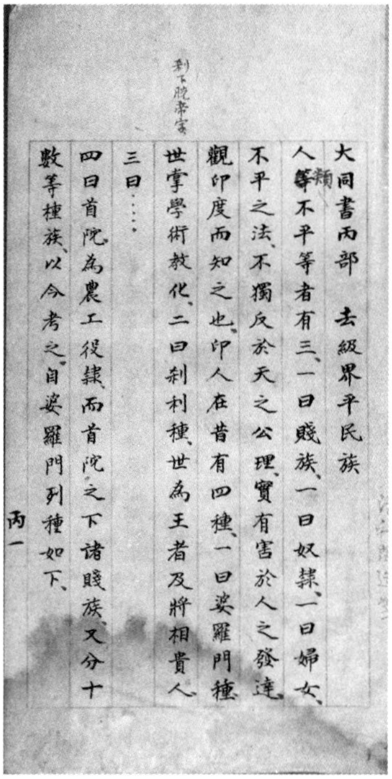
剎下脫帝字

大同書丙部　去級界平民族
人類不平等者有三、一曰賤族、一曰奴隸、一曰婦女、
不平之法、不獨反於天之公理、實有害於人之發達
觀印度而知之也、印人在昔有四種、一曰婆羅門種
世掌學術教化、二曰剎利種、世為王者及將相貴人
三曰……
四曰首陀、為農工役隸、而首陀之下諸賤族、又分十
數等種族、以今考之、自婆羅門列種如下、

丙一

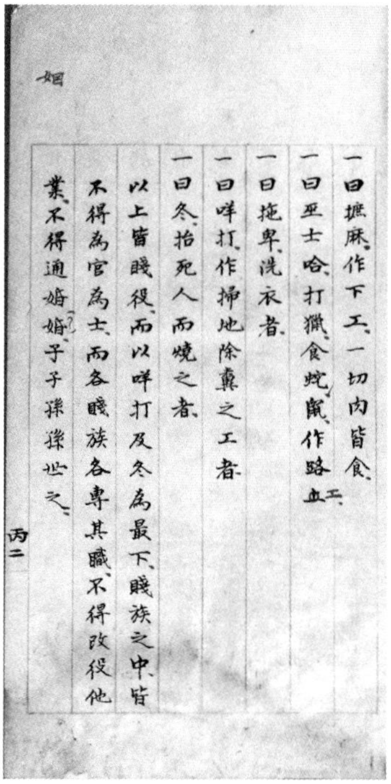
姻

一曰摭麻、作下工、一切肉皆食
一曰巫士哈、打獵、食蛇鼠、作路工
一曰掩卑、洗衣者、
一曰咩打、作掃地除糞之工者、
一曰冬拾、抬死人而燒之者、
以上皆賤役、而以咩打及冬為最下、賤族之中、皆
不得為官為士、而各賤族各專其職、不得改役他
業、不得通婚姻、子子孫孫世之、

丙二

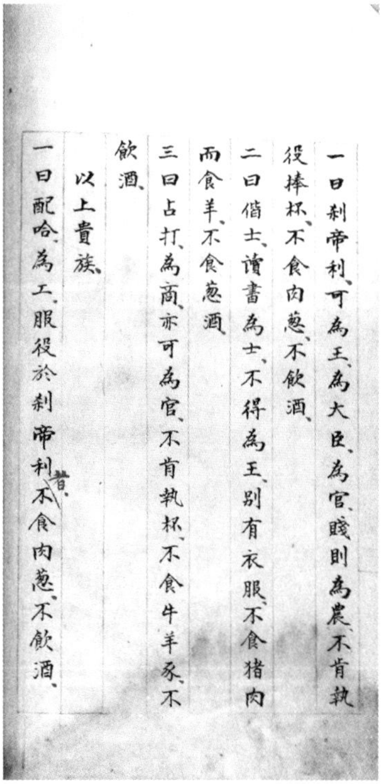
一曰剎帝利、可為王、為大臣、為官、賤則為農、不肯執
役捧杯、不食肉葱、不飲酒、
二曰偕士、讀書為士、不得為王、別有衣服、不食豬肉
而食羊、不食葱酒、
三曰占打、為商、亦可為官、不肯執杯、不食牛羊豕、不
飲酒、
以上貴族、
一曰配哈、為工、服役於剎帝利者、不食肉葱、不飲酒、

《大同书》丙部抄稿

社会。废除私有制，建立财产公有制，全部实行机械化、自动化和电气化，生产力高度发展。

（三）重视和发展教育。妇女有身者入胎教院，儿童出胎者入育婴院。儿童按年入蒙养院及各级学校，成年后由政府指派分任农工等生产事业。“太平世以开人智为主，最重学校。自慈幼院之教至小学、中学、大学，人人皆自幼而学，人人皆学至二十岁，人人皆无家累，人人皆无恶习，图书器物既备，语言文字同一，日力既省，养生又备，道德一而教化同，其学人之进化过今不止千万倍矣。”

（四）男女平等，婚姻自主。书中所谓“去家界”，就是实行男女平等、婚姻自主，打破封建家族宗法关系和纲常名教的束缚，尊重人权，实现自由、平等、独立和个性解放。

（五）反对禁欲主义，提倡人本主义。把“人”摆在“天理”之上，充分肯定人的价值。儒家“仁”的思想渗透全书：“人之所以为人者，仁也”、“舍仁不得为人。”

与《大同书》同时在中国社会传播的，还有从国外来的社会主义思想、新村运动等，都在青年中形成很大影响。《大同书》与外来学说的关系，有人认为或与马克思或贝拉米有关，因为《大同书》曾述及“共产”、“工党”的政见，也暗含《回头看纪略》中关于未来社会的流通和分配制度的想法。此外，从《大同书》中还可以看出，康有为可能研究过傅立叶的“法郎吉”即公社的设想和实践。

毛泽东在《湖南教育月刊》第一卷第二号（1919 年 12 月出版）上发表的《学生之工作》一文，反映了他 1919 年间的思想变化：“我数年来梦想新社会生活，而没有办法。1918 年春季，想邀数朋友，在省城对岸岳麓山设工读同志会，从事半工半读，因他们多不能久在湖南，我亦有北京之游，事无成议。今春回湘，再发生这种想象，乃有在岳麓山建设新村的计划，而先从办一实行社会说、本位教育说的学校入手。此新村以新家庭、新学校及旁的新社会连成一块为根本理想。”显然，毛泽东这样的思想和实践计划是受北京学界的启发，因为此前《新青年》杂志上刊登过周作人、武者小路实笃等谈日本新村以及李大钊、瞿秋白写的介绍一些美国人所办“公社”的文章。但是，毛泽东受康有为《大同书》的影响更大，因为他在《学生之工作》中设想的“新村”，很接近康有为的想法：“含若干之新家庭，即可创造一种新社会。新社会之种类不可尽举，举其著者：公共育儿院、公共蒙养院、公共学校、公共图书馆、公共银行、公共农场、公共工作厂、公共消费社、公共剧院、公共病院、公园、博物馆、自治会，合此等之新学校、新社会，而为一‘新村’，吾以为岳麓山一带，乃湘城附近最适宜建设新村之地也。”若干年后，在《论人民民主专政》一文中，毛泽东将康有为列入“在中国共产党出世以前向西方寻找真理的一派人物”，还说“康有为写了《大同书》，他没有也不可能找到一条到达大同的路”。他的意思是，康有为的想法原本不错，即便是他的失败也给后来人提供了启示。

康有为的《大同书》在中国近现代思想史上产生了深远影响。但他的大同理想主体还是传统的农业经济思维，20 世纪初的中国还缺乏支撑他的宏大构思的教育、科学和实业基础。

儿童公育

在康有为构想的大同社会里，有“公共育儿院”一项，虽然是基础性设施，其实是一大难点。

1919 年前后，中国一些思想激进的知识分子主张放弃“各亲其亲、各子其子”的传统社会观念，转而构建大同社会，其中一项内容是儿童出生之后，由公立机构抚养和教育，父母方只需生育，不承担其他责任。他们认为这样有助于实现教育平等和社会的根本改造，而且可以将妇女从育儿的繁重任务中解放出来。有人主张：“一个人生下一个孩子，不必管他是谁底（的）种子，反正是社会上一个‘人秧子’，就抱给公家去抚养。在公家方面，也不必问这孩子是谁生的，只认定是社会上一个人生的。”[1] 全社会的儿童享有同等的教育、医疗和衣食住行，政府为每个人的成长铺平道路，这样的设想在今天看来也是十分超前的。反对意见认为这样忽视了儿童自身的发展诉求，以及人类对亲情的基本需要——家庭教育和父母之爱是不可替代的。

1919 年 8 月 21 日，沈兼士就自己的一篇讨论儿童公育的文章致信钱玄同：

《儿童公育》一文，兄来信索阅，后即找人移写，无奈西山没有会写字的人，迟了许久才找到一个人给写了。写好后刘叔雅又拿去，阁了半个多月，方才寄上，未能应你的急需，歉！

句读事拜托你费心，此外如能指教，尤所懽迎。

---

[1] 陈顾远：《家族制度底批评》，见梅生编《中国妇女问题讨论集上》第 3 册，上海书店出版社 1932 年版，第 189 页。

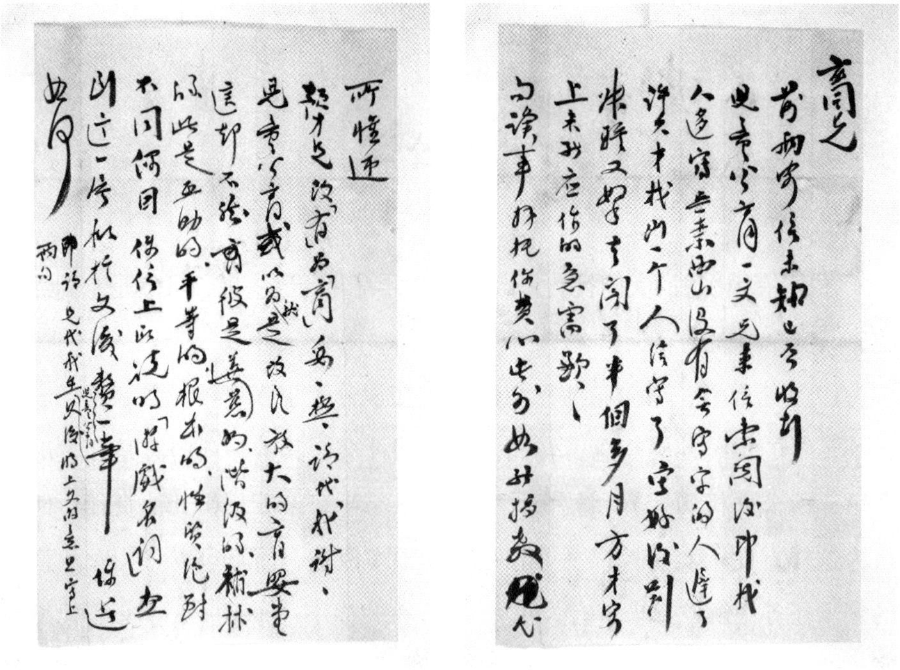

沈兼士就儿童公育问题致钱玄同信

预才兄改“有”为“育”，妥极，妥极。请代我谢谢。

儿童公育或以为就是改良放大的育婴堂，这却不然。彼是慈善的、阶级的、补救的；此是互助的、平等的、根本的。性质绝对不同。偶因你信上所说的“游戏名词”，想到这一片拟于文后赘一笔。你道如何？即颂。请兄代我在《儿童公育》文后将上文的意思写上两句。

前次关于模范文及学术文的分类，曾依科学方法分类发表一种意见，兄曾见及否？亦赞成否？

新修正预科评议中国文一部，弟对之（关于文字学及学术文）略有异议。俟以后再说。兄如有暇，来山一谈，如何？

《每周评论》弟处所有廿六号为止，以后诸号盼赐寄。

…………

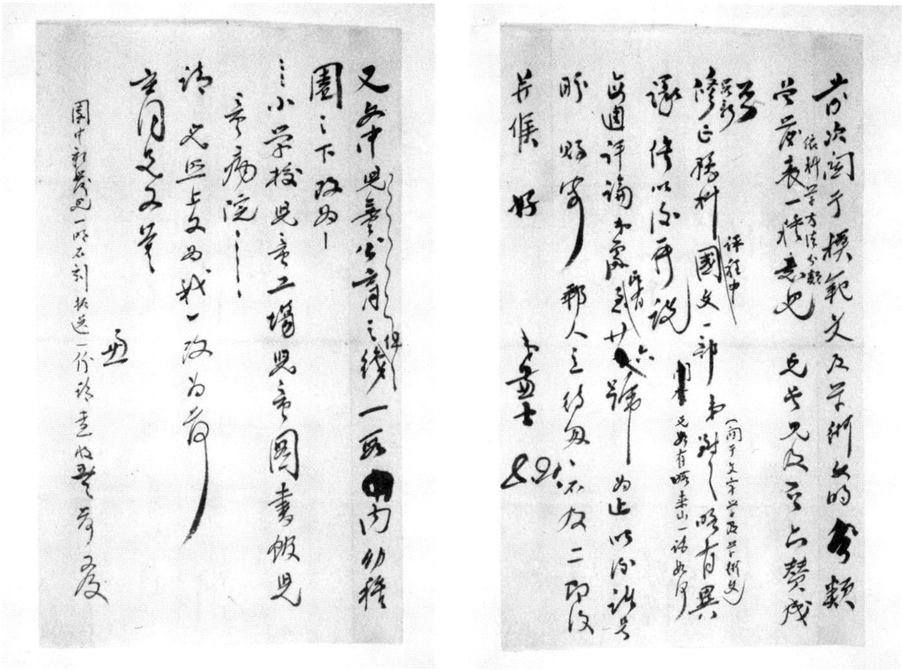

沈兼士就儿童公育问题致钱玄同信

> 又文中“儿童公育之组织”一段内“幼稚园”之下改为“……小学校儿童工场、儿童图书馆、儿童医院……”请兄照上文为我一改为荷。

这封信透露这样一些信息：(一)沈兼士提出的“儿童公育”可能是受康有为影响，更可能与当时流行的无政府主义思潮有关，这篇文章写好后被刘文典拿去阅读，刘文典是中国无政府主义学说的主要倡导者刘师培的弟子，虽然本人并不信奉无政府主义，但对这种思潮是比较熟悉的。(二)钱玄同很想看这篇文章，索要甚急，因为钱玄同也处于思想激进阶段，对康有为的学说也极感兴趣——手抄《大同书》，敬佩乃至崇拜，不言自明。(三)鲁迅读过这篇文章，提出意见，只改一字，用意立显：他不赞成改变儿童所有制，只愿意改变养育方式——虽然他自己并没有孩子。反过来说，沈兼士的原意

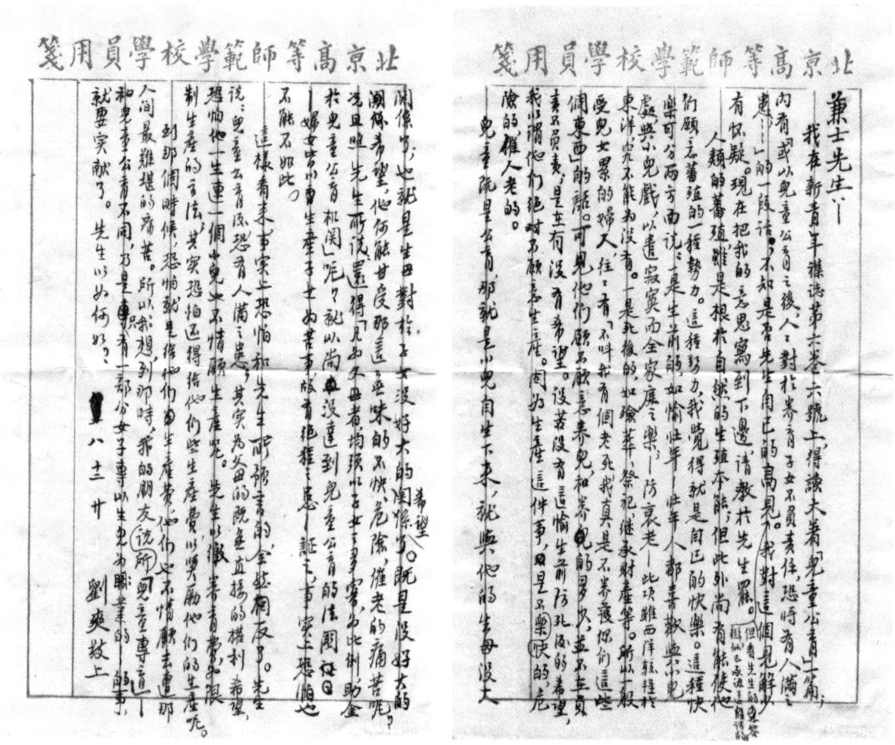

北京高等師範學校學員用箋

兼士先生：

我在新青年雜誌第六卷六號上，得讀大著「兒童公育」一篇，內有「或以兒童公育之後，人人對於養育子女不負責任，恐將有人滿之患……」的一段話。不知是否先生自己的高見？我對這個見解，有懷疑。現在把我的意思寫到下邊，請教於先生罷。

人類的蓄殖雖是根於自然的生殖本能，但此外尚有能使他們願意蓄殖的一種勢力。這種勢力，我覺得就是自己的快樂。這種快樂可分兩方面說：一是生前的，如愉壯年——壯年人都喜歡與小兒處，與小兒戲，以遣寂寞而全家庭之樂；一防衰老——此項雖西洋較輕於東洋，也不能為沒有。一是死後的，如祭祀、繼承財產等。所以一般受兒女累的婦人，往往有「不叫我有個老死，我真是不養護你們這些倒東西」的話。可見他們願不願意養兒和養兒的多少，並不在負責不負責，是在有沒有希望。設若沒有這愉生前防死後的希望，我以為他們絕對不願意生產。因為生產這件事，實是不快樂的，危險的，催人老的。

兒童既是公育，那就是小兒自生下來，就與他的生母沒大關係了，也就是生母對於子女沒好大的關係（希望）。既是沒好大的希望，他何能甘受那這種乏味的，不快的，危險的，催老的痛苦呢？況且照先生所說，還得「凡女子妊娠者均須以五年之費為比例助金於兒童公育機關」呢？就以尚未達到兒童公育的法國說，因婦女常以生產事業為畏事，故有拒絕生誕之事。實在恐怕也不能不如此。

這樣看來，事實上恐怕和先生所說的，全然相反了。先生說：「兒童公育後，恐有人滿之患」，其實為父母的既無直接的權利希望，恐怕他一生連一個小兒也不情願生產呢。先生所憂者，青年男女節制生產的方法，其實恐怕還得獎勵他們的生產呢。

到那個時候，恐怕就是強他們生產，他們也不情願去遭那人間最難堪的痛苦。所以我想，到那時，我的朋友說的「兒童專育」和兒童公育不同，乃是專設一部分女子專以生兒為職業的事，就要實獻了。先生以為何如？

劉爽 敬上

八 十二 廿

北京高等师范学校刘爽致函沈兼士，对《儿童公育》一文表达不同意见，并提出“儿童专育”的设想

更“乌托邦”，更不合情理。

理想很容易发展为幻想乃至狂想，在它的鼓动和诱惑下，像沈兼士这样理性的知识分子也很难把持了。

《非孝》事件

施存统（1898—1970），浙江金华人，1920年加入中国共产党早期组织，是中国共产党最早的党员之一。他参与了东京共产党组织的组建工作，担任过中国共产主义青年团领导人。著有《现代唯物论》《中国现代经济史》等，译有《资本制度浅说》、《社会进化论》等。

1917年，由大舅父资助，施存统进入杭州浙江第一师范学校。这个学校有个教员叫朱宗莱，虔信儒家学说，服膺宋明理学，他的几个弟子紧随其步伐，学得像模像样。

但施存统对“修齐治平”学说产生了怀疑。

1919年春，施存统的母亲因过度操劳又缺乏营养，导致双目失明，兼患其他疾病，但因家贫得不到医治，同时还饱受丈夫的打骂和虐待，过早地离开人世，年仅45岁。母亲的早逝对施存统刺激很大，促使他思考和质疑：中国历来主张“孝道”，“百善孝为先”，我爱母亲，可是父亲虐待母亲；我要对母亲尽孝，就要反对父亲；但对父亲同样要尽孝，我又不能反对他。就在这时，《浙江新潮》向他约稿，他就写了《非孝》一文，认为一味尽孝是不合理的，要以父母、子女间平等的爱代替不平等的“孝”。[1]

1919年底，受全国学生运动的影响，施存统在《浙江新潮》上发表《非孝》一文，指出，要求一个人一味尽孝是不合理的，应该倡导父母、子女间平等的爱，以代替不平等的“孝”。此文一出，舆论哗然，当局视其为洪水猛兽、孔教叛徒，并给刊物加上“主张家庭革命，以劳动为神圣，以忠孝为罪恶”、“非孝、废孔、公妻、共产”等罪名，严令查禁。一些头面人物要求浙江一师驱

[1] 施月明：《我的父亲施复亮》，载《光明日报》2000年1月10日。

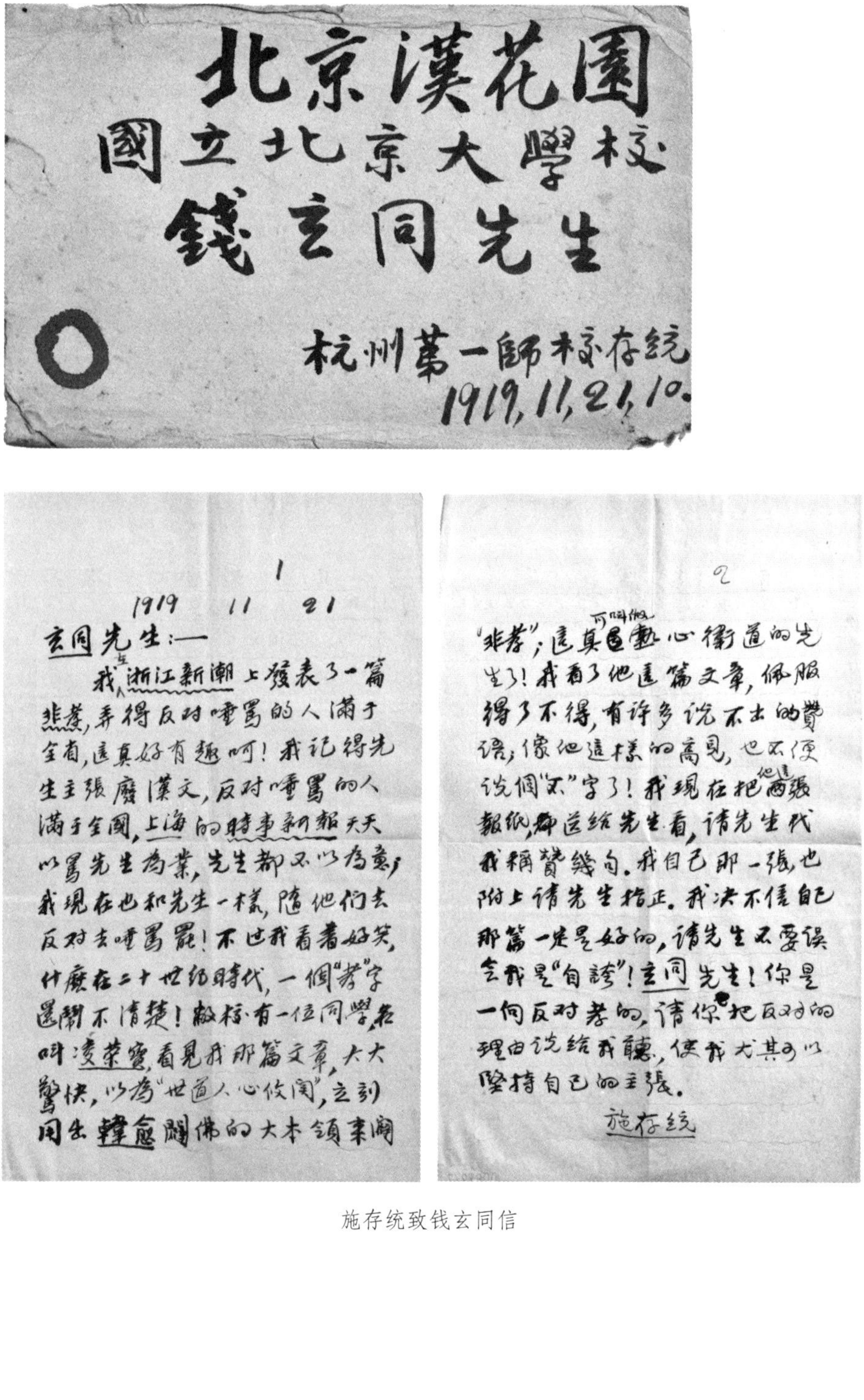
北京漢花園
國立北京大學校
錢玄同先生
杭州第一師校存統
1919,11,21,10.

1
1919 11 21
玄同先生：—
我在浙江新潮上發表了一篇非孝，弄得反对嘩罵的人满于全省，這真好有趣呵！我記得先生主張廢漢文，反对嘩罵的人满于全國，上海的時事新報天天以罵先生為業，先生都不以為意；我現在也和先生一樣，随他们去反对去嘩罵罷！不过我看着好笑，什麽在二十世纪時代，一個"孝"字還鬧不清楚！敝校有一位同學，名叫凌荣寳，看見我那篇文章，大大驚快，以為"世道人心攸关"，立刻用出韓愈闢佛的大本領來闢

2
"非孝"；這真是熱心衛道的先生了！我看了他這篇文章，佩服得了不得，有許多說不出的贊語；像他這樣的高見，也不便說個"不"字了！我現在把他這兩張報紙，都送给先生看，请先生代我稱贊幾句。我自己那一張也附上请先生指正。我决不信自己那篇一定是好的，请先生不要误会我是"自誇"！玄同先生！你是一向反对孝的，请你把反对的理由说给我聽，使我尤其可以堅持自己的主張。
施存统

施存统致钱玄同信

逐俞秀松、周百棣、施存统、傅彬然。《浙江新潮》被迫停刊。施存统被学校开除，陈望道、夏丏尊等一批学校教员被“连坐”解聘，甚至经亨颐校长也面临被撤职，由此引发了“挽经护校”的“一师风潮”，影响全国。

施存统在重压下向北京的新文化倡导者们求援。他在给钱玄同的信中说：

我在《浙江新潮》上发表了一篇《非孝》，弄得反对唾骂的人满于全省，这真好有趣呵！我记得先生主张废汉文，反对唾骂的人满于全国，上海的《时事新报》天天以骂先生为业，先生都不以为意；我现在也和先生一样，随他们去反对去唾骂罢！不过我看着好笑，为什么在二十世纪时代，一个“孝”字还闹不清楚！敝校有一位同学，名叫凌荣宝，看见我那篇文章，大大惊快，以为“世道人心攸关”，立刻用出韩愈辟佛的大本领来辟“非孝”；这真可叫做热心卫道的先生了！我看了他这篇文章，佩服得了不得，有许多说不出的赞语：像他这样的高见，也不便说个“不”字了！我现在把他这张报纸，送给先生看，请先生代我称赞几句。我自己那一张，也附上请先生指正。我决不信自己那篇一定是好的，请先生不要误会我是“自夸”！玄同先生！你是一向反对孝的，请你把反对的理由说给我听，使我尤其可以坚持自己的主张。

《非孝》事件之前，中国文化界已开始了关于孝道问题的争论。作为汉代重孝廉文化的遗留，孝道不仅是家庭问题，也关系社会结构。说某人孝顺父母，因此是个好人，这可能是不错的。但这种私人品德不能无限放大，孝者不一定就忠，即便忠孝具备，也要看其对谁忠孝。如果社会上都由年长的人、位置高的人、辈分高的人说了算，则弊端丛生。

实际上，在此之前，《新青年》同人就“孝道”问题已经发表了很多言论，有的言论还相当激烈，施存统把信寄给钱玄同，正是要获得共鸣，寻求支持——想必他读过北京这些前辈的文字。鲁迅发表的《我们现在怎样做父亲》[1]是一篇长文，用进化论的观点，把代际关系看得很平常很正常。他批评中国的“旧见解”道：“夫妇是‘人伦之中’，却说是‘人伦之始’；性交是常事，却以为不净；生育也是常事，却以为天人的大功。大人对于婚姻，大抵先夹带着不净的思想。亲戚朋友有许多戏谑，自己也有许多羞涩，直到生了孩子，还是躲躲闪闪，怕敢声明；独有对于孩子，却威严十足。这种行径，简直可以说是和偷了钱发迹的财主，不相上下了。”“觉醒的人，应该先洗净了东方固有的不净思想，再纯洁明白一些，了解夫妇是伴侣，是共同劳动者，又是新生命创造者的意义。所生的子女，固然是受领新生命的人，但他也不永久占领，将来还要交付子女，像他们的父母一般。只是前前后后，都做一个过付的经手人罢了。”觉醒的人“应该先洗净了东方古传的谬误思想，对于子女，义务思想须加多，而权利思想却大可切实核减，以准备改作幼者本位的道德。况且幼者受了权利，也并非永久占有，将来还要对于他们的幼者，仍尽义务。只是前前后后，都做一切过付的经手人罢了。”

鲁迅告诫人们不要因为“孝”的苛求葬送了幼者的前途：

> “父子间没有什么恩”这一个断语，实是招致“圣人之徒”面红耳赤的一大原因。他们的误点，便在长者本位与利己思想。权利思想很重，义务思想和责任心却很轻。以为父子关系，只须“父兮生我”一件事，幼者的全部，便应为长者所有。尤其堕落的，是因此责望报偿，以为幼者的全部，理该做长者的牺牲。殊不知自然界的安排，却件件与这要求反对，我们从古以来，逆天行事，于是人的能力，十分萎缩，社会的进步，也就跟着停顿。我们虽不能说停顿便要灭亡，但较之进步，总是停顿与灭亡的路相近。

几年后，鲁迅在《二十四孝图》中集中批评中国古代提倡“孝道”之“过”。

---

[1] 鲁迅：《我们现在怎样做父亲》，载《新青年》第六卷第六号，署名唐俟。

陈独秀在《新青年》第七卷第二号上写了一篇题为《〈浙江新潮〉——〈少年〉》[1]的随感录，给《浙江新潮》以很高的评价，说“非孝和攻击杭州四个报——《之江日报》、《全浙公报》、《浙江民报》和《杭州学生联合会周刊》——那两篇文章，天真烂漫，十分可爱，断断不是乡愿派的绅士说得出来的”。还说“我祷告这班可爱可敬的小兄弟，就是报社封了，也要从别的方面发扬《少年》、《浙江新潮》的精神，永续和穷困及黑暗奋斗，万万不可中途挫折”。此类声援之词很多，但无济于事。1919 年底，复学无望的施存统和俞秀松、傅彬然等离开“一师”，到北京参加工读互助团。

[1] 《少年》是由北京高等师范附属中学少年学会出版的一种刊物。

工读互助团

北京工读互助团是由蔡元培、陈独秀、胡适、李大钊、王光祈等 17 人联合发起并募集经费成立的，目的是达到教育和职业的合一。

该团规定:第一，团员须每天工作 4 个小时。第二，团员生活必需之衣、食、住，由团体供给；团员所需的教育费、医药费、书籍费，由团体供给；但书籍为团体公用。第三，工作所得归团体公有。

施存统阐述自己对工读互助运动的理解是："工是劳力，读是劳心，互助是进化。工读互助，是人的生活；工读互助团，是做人的团体。我们以为要做人，就要入工读互助团。……一边劳力，一边劳心；终生工作，终生读书……"

工读互助团颇类似傅立叶和欧文提倡的空想社会主义,也类似日本的"新村"组织。

北京工读互助团分为 4 个组。第 1 组设在北京大学附近；第 2 组设在北京专门工业学校、法文专修馆、北京师范学校附近；第 3 组设在女子高等师范学校附近，团员全是女性，称"女子工读互助团"；第 4 组设在景山东松公府夹道 8 号。

北京工读互助团成立后，上海、天津、南京、武昌、广州和扬州等地也开始成立类似组织。

富家子俞秀松离家出走到北京后，立即给父母写了一封长信，宣布与他们脱离关系:"……我来的目的是:实验我底(的)思想生活,想传播到全人类,使他们共同来享受这甘美、快乐、博爱、互助、自由……的新生活，才算完

女子工读互助团在劳动

事！”[1]俞秀松和施存统加入第一组，起初承担洗衣服、制作信纸信封等工作，虽然收入微薄，但夜以继日、不知疲倦。作为第一组主要收入来源的“俭洁食堂”开张后，组员在食堂墙壁上贴了一副对联：“宁流额上汗，毋染手中血。”宣誓他们要成为这个“万恶社会的保险团体”和未来“少年中国的模范团体”。共产生活给青年们带来新奇感和亲和力：“把团员的衣服都集中起来，分类放置。只要谁爱穿，谁都可以自由检来穿。这是我们对所憧憬的‘各尽所能、各取所需’的美好理想的尝试。”

但理想主义的试验在一个月后，危机就出现了。工读互助兴起后，各地报名者很多，许多青年纯粹抱着好奇、凑热闹的态度，但一接触实际，就因为遇到各种问题而生变故。如入团之后，一些青年还不时收到家里的汇款。这部分收入该不该归公呢？如果不归公，有汇款者囊中丰裕，没有汇款者不名一文，又形成新的经济差距，工读互助的意义何在？讨论的结果是汇款充

[1] 俞秀松：《给父母亲和诸弟妹的信（1920年3月4日）》，见《俞秀松传》编委会编《俞秀松传》，浙江人民出版社2012年版，第221页。

公。这又引发不满，有 5 人宣布退团。继汇款共产之后，又有“脱离家庭”的风波。施存统认为“家庭制度是万恶之源，非打破不可”，“脱离是打破之先声”，认为团员不脱离旧家庭，团体就难以逃脱家庭私有制的阴影。于是，又有不愿脱离家庭的 3 人退团。

工读互助不成功，要害在经济问题，更微妙之处在感情问题。

第一组的营业，分为电影、洗衣、印刷（石印）、食堂、英算专修馆 5 种。电影股投入 130 元开办费，在各大高校轮流放映电影，这份钱挣起来比较轻松，一开始生意也还不错，尤其在女子高等师范，上座率相当高。石印业务分为印信纸和印信封两种，收入较微薄；洗衣股办了两个多星期，仅仅收入 70 多枚铜子。在电影、石印、洗衣几股停业后，更大的危机发生了：食堂办不下去了。食堂地址在北大沙滩校区附近，以北大师生为主要营业对象。刚开业时生意火爆，这让经营者心理迅速膨胀，头脑发热，两个月后便把 3 间房子 5 张餐桌扩大为 4 间房子 10 张餐桌，但却没有相应的顾客增长，于是生意很快清淡下去了。不难想见以上这些经营项目，学生们要与市场竞争，至少在技能方面不占优势。

5 种营业中最赚钱的，当属仅有 2 名团员、招收七八名学生的英算专修馆。两个多月仅支出 2 元，收入 70 余元。可见，智力劳动是学生的强项。

但单靠专修馆的收入不能支撑整体运转，1920 年 3 月 23 日，工读互助团第一组被迫解散。第一组的解散，在社会上引起震动，《新青年》等杂志对此展开了大讨论。有人将之归结为人性问题，例如懒惰以及嫉妒——社员中发生了恋爱事件。共产还可以接受，但共有恋爱对象，能接受者毕竟不多。

有留学美国经验的胡适对工读互助运动持批评态度，认为“名实不符”。他说，17 名发起人中，“有几个人的目的并不注重工读，他们的眼光射在‘新生活’和‘新组织’上。因此只做了一个‘工’的计划，不曾做‘读’的计划”。他还举例说，美国至少有几万人过着工读生活，但在他们自己看来，这是极平常、极现实的选择。“工读主义只不过是靠自己的工作去换一点教育经费，是一件极平常的事……算不得什么‘了不得’的新生活。”

团员们则把失败归结为资本主义制度的罪恶。施存统认为："凡是在资本主义的社会组织底下……都要直接间接受经济的压迫"，"工读互助团的努力，有什么意义呢？赚了一些钱的电影股，承蒙的是女子师范姑娘们的好意，她们的钱是哪里来的？""赚了一些钱的英算专修馆，学生大多是富家子弟，还不是替资本家做工！不管愿意不愿意，承认不承认，活在这个社会、这种秩序里，都参与乃至赞助着资本主义的运转！"

类似于工读互助团的组织还有1919年初北京高等师范学校部分学生及校友成立的同言社。该社成员在讨论人生、社会、教育等问题时，逐渐接受工学主义思想，于同年5月3日成立工学会，发起人是匡互生、周予同、刘薰宇等。工学会的宗旨是"国有困难外交，则竭力以谋补救。"他们在工学教育思潮和社会主义思潮的影响下，希望实现一个没有剥削和压迫的平等社会。大家的共识是，要改造社会须打破劳心与劳力的界限，工与学并进，做工的人要读书，读书的人要做工，改变中国数千年来"贵学贱工"传统。工学会的主要活动是利用课余时间分组从事石印、雕刻、照相以及贩卖书报、文具等，成员最多时达80余人，存在时间约4年。

八道湾里的“新村”

新村主义引进者周作人在自己的家中——北京新街口八道湾 11 号——体验了新村理想的幻灭。

“新村”是一种空想社会主义的试验单位，与法国思想家傅立叶在美国组织的“法朗吉”类似。“新村”一词来自日本作家武者小路实笃（1885—1976）。实笃生于东京贵族家庭，父亲武者小路实世是子爵，祖父武者小路实藏为著名歌人。实笃从幼年即入贵族子弟学校学习，青年时对文学发生兴趣，思想上受托尔斯泰影响颇深，又接近禅学和阳明学派。他是一个乐天的理想家，倾慕托尔斯泰的“躬耕”生活，于 1918 年创办《新村》杂志，先后发表 3 篇《关于新村的对话》，提出创立新村的计划，实践其人道主义理想。随后，实笃在日本九州日向创设了“新村”。

新村观念和实践，虽然来自西洋的社会主义、人道主义思想，但与中国传统思想也有相通之处。大同世界的高远理想，需要从身边做起，所谓“老吾老以及人之老，幼吾幼以及人之幼”。中国的宗族社会是建立在血缘关系上的共同体，由家庭扩展开去，成为社会上的团体、教派、国家等。很多帮会组织，往往会打着“四海之内皆兄弟”的旗帜。

周宅就是有血缘关系的周氏一家组成的“新村”。

周作人热心于新村运动，不是一时冲动，更不是赶时髦，在他自己的生活和思想状态上，早已有较为坚实的接受基础了。他的心底里正在形成或者说已经有了一个美丽图景：三兄弟组成大家庭，过上相爱互助的生活。

同样的憧憬，鲁迅也有。

1919 年 12 月之前，鲁迅单身住在绍兴会馆。值民国初建、百事待兴，鲁迅勤于政事，很想有所作为。他负责图书馆、博物馆建设，文物的搜集、

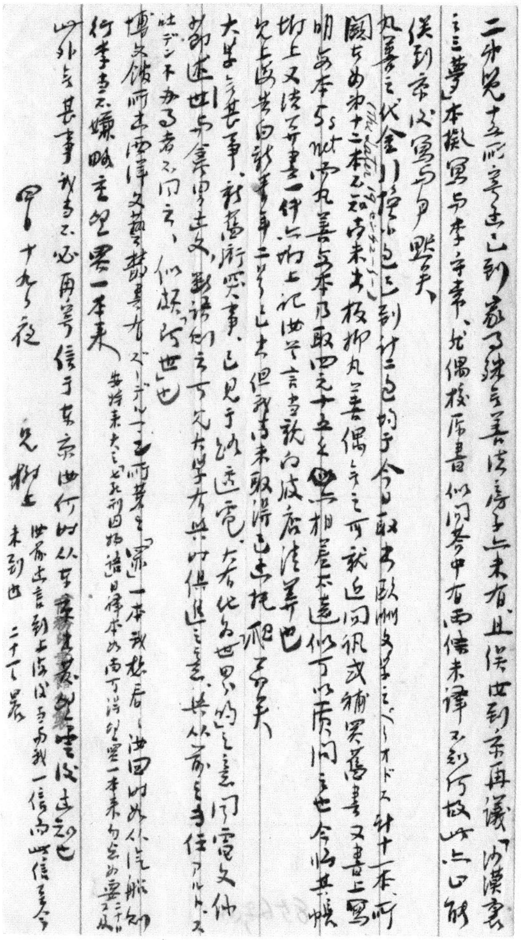

鲁迅 1919 年 4 月 19 日致周作人信

保存等，做了很多开拓性工作。此外还负责文艺方面的事务，例如戏剧的改革和小说的审查，后者关乎文学品味，更关系道德建设和社会凝聚力的形成。1917 年，二弟周作人到北京，担任北京大学教授，鲁迅渐渐与文艺学术特别是北大教授全体有了联系，因为《新青年》同人的约稿，他开始了小说创作，受到陈独秀和胡适的赞赏。《新青年》主编陈独秀读了鲁迅的小说，说自己“五体投地的佩服”[1]。

1919 年，鲁迅兄弟开始大家庭团聚的构想。尽管这一年鲁迅写了多篇随感录和《我们现在怎样做父亲》这样的大文章，但他的主要精力用于家庭事务，具体说，就是为全家迁居北京置办一处大房子。

最终，他们选中北京西城新街口八道湾胡同 11 号的一座三进四合院。

周家 1919 年底搬进八道湾 11 号新宅。1920 年年初，日本新村北京支部就在这里成立了。《新青年》第七卷第四号发表了《新村北京支部启事》："本支部已于本年二月成立，由周作人君主持一切，凡有关于新村的各种事务，均请直接通信接洽。又有欲往日向，实地考察村中情形者，本支部极愿介绍，并代办旅行的手续。支部地址及面会日期如下：北京西直门内八道湾十一号周宅，每星期五及星期日下午一时至五时。”1920 年 3 月 27 日，周作人收到了沈士远刻的新村北京支部印章，正式对外“办公”了。

在这个三代同堂、三兄弟合居的院子里建立新村中国支部的办事机构，让人产生某种联想。搬入八道湾之时，鲁迅三兄弟各自事业有成，家庭环境与日本风行的新村思潮极为吻合。兄弟们的家庭和社会理想体现在这一时期周作人写的《新村的理想与实际》一文中。新村的理想，简单地说就是要人过真正人的生活。怎样才是人的生活呢？就是既独立又互助，既自由又团结，既强调个体又强调全人类——也就是，既要对人类尽义务，又要充分发挥人的个性；既要物质丰富，又要精神充实，达到体力劳动和脑力劳动的平衡。新村理论在中国引起了强烈反响。正处在幻想发达期的青年学生，对此特别感兴趣。与此同时，由周作人和李大钊等人发起的旨在实行半工半读、达成教育与职业合一的“工读互助团”，吸引了急于寻求救国道路、向往健康生活的青年人。工读互助团在各地青年中很有号召力，陆续组织不少学生出国学习。应该说，在这场运动中，周作人及其领导的新村支部功不可没。1920 年 4 月 7 日，湖南青年毛泽东来到八道湾 11 号拜访周作人。周作人的日记

[1] 陈独秀 1920 年 8 月 22 日致周作人信，载《中国现代文艺资料丛刊》第 5 辑，第 309 页。

里只记下“毛泽东君来访”几个字,至于谈话内容未有详录。毛泽东看了《新青年》上有关新村的文章,立即热烈响应,和几位同道共同起草了新村建设计划书,并在《湖南教育》杂志上发表了计划书中关于学生工作的部分。

在这个用新村理想建设的大家庭中,三兄弟密切合作,谋求发展。特别是在翻译方面,合作很有成就。项目之一,是翻译外国短篇小说。这可以视为鲁迅和周作人在日本时期翻译《域外小说集》的继续。1922 年,他们的合作成果《现代小说译丛》第一辑出版,收入小说 30 篇,其中鲁迅译 9 篇,作人译 18 篇,建人译 3 篇。出版时,封面上署的是周作人的名字。兄弟们的计划很庞大,要出版《现代小说译丛》第一、第二、第三,乃至第 N 辑。此外,他们还合作编译了《现代日本小说集》。

但文学理想终归要让位于现实生活。

建人小家庭不但没有收入,反而要两位哥哥资助,让他感觉自己在这个大家庭里是个纯粹的消费者和多余者。于是,建人率先出走,新村模式的家庭开始瓦解。1923 年 7 月 18 日,剩下的两个兄弟也决裂了。这天,周作人给鲁迅那封绝交信中,有一句是“大家都是可怜的人间,我以前的蔷薇的梦原来都是虚幻,现在所见的或者才是真的人生”。在他是有一种觉悟——梦醒了。

兄弟失和究竟为什么原因,众说纷纭,至今仍无定论,但不可否认的是,经济因素起了相当大的作用。

理想的家庭结构必须来自于三兄弟平等的经济贡献。但人的才能有大小,各自的需求也不同,如何实现共同分担、公均分配呢?

八道湾 11 号的“新村”实验失败了。亲兄弟尚且如此,何况是一般的朋友或同志。

留法勤工俭学

第一次世界大战期间，中国向法国派遣了十几万劳工。中法教育界人士认为有必要对这些华工进行文化教育，于是李石曾、蔡元培、吴玉章等人于 1916 年在巴黎成立了华法教育会并创办了华工学校，蔡元培任中方会长，欧乐任法方会长，李石曾任书记，吴玉章任会计。华法教育会也从国内招收勤工俭学学生。

华法教育会要求学生出国前，先在国内进行必要的预备，学习法语和一般工艺技能。因此，1916 年以后，全国先后建起了 20 余所留法预备学校和预备班。如 1917 年秋在保定育德中学附设留法高等工艺预备班，刘少奇、李维汉、李富春等湖南学生先后毕业于此班；又如 1918 年在北京长辛店设立高等法文专修馆，赵世炎、何长工等毕业于该馆。

当时，正值新思想、新文化在国内广泛传播，有志青年迫切寻求出路，留法勤工俭学满足了青年的需求，加之各地政府、社会贤达的大力扶持，留法勤工俭学在五四运动后短短一年多的时间内形成了全国规模的热潮。毛泽东就是为了联系留法勤工俭学事宜，才走出湖南，奔向北京的。他虽然最终没能赴法，但对留法勤工俭学运动始终抱以极大的热情。保定育德留法预备班的湖南学生贺果（又名贺培真）在日记里详细记载了毛泽东等专程从北京到保定看望在校的湖南籍学生的事情。[1]

留法勤工俭学生经过在国内的预备学习之后，于 1919 年开始分批赴法。他们一般从上海起程，途经香港、西贡（胡志明市）、新加坡、科伦坡、亚丁，入红海，穿苏伊士运河，经赛得港进入地中海，到达法国港口马赛或绕

[1] 贺培真：《留法勤工俭学日记》，湖南人民出版社 1985 年版，第 133 页。

中国留法女学生与法国教师合影

寰球社为留法学生送行合影

道英国伦敦到法国首都巴黎。航行途中生活非常艰苦，很多贫家子弟为了节省开支，乘坐的多是没有等级的舱位，有的甚至和牛、马同舱。一路颠簸劳累，上岸后一般要生一场大病。但他们很快便能振作精神，投入到紧张的工作与学习中去。

据不完全统计，从1919年3月17日至1920年12月15日不到两年的时间，共有20批学生赴法，约计2000多人。

四川籍的留法勤工俭学生人数最多。赵世炎、邓小平、陈毅、聂荣臻等均来自四川。

1919年5月，在四川广安县城读中学的邓小平（时名邓希贤）参加了游行罢课、抵制日货等活动，6月离校回家。不久，父亲从重庆托人捎信，让他前去报考留法勤工俭学预备学校。于是，邓小平和远房叔叔邓绍圣、同学胡伦结伴到重庆参加考试，3人都被录取。1920年8月28日，邓小平与80余名学生一起乘客轮出川，到上海换乘法国邮轮。10月19日，学生们抵达法国马赛港，次日乘车到达法国巴黎西郊的华法教育会。

1919年的留法勤工俭学运动，为当时中国青年提供了一条出路，也为60年后中国的改革开放培养了领导者。

实用主义

五四前后的中国处于大转变时期，思想上形成百家争鸣的局面。外国各种思潮纷纷进入中国，影响较大的有实用主义。

实用主义一词，是美国人皮耳士（1939—1914）在1873年写的一篇文章中提出的，20年后，经美国人詹姆士（1842—1910）宣扬，传播开来。

1907年，詹姆士出版《实用主义》一书。詹姆士说：“一个观念（意思）就像一张支票，上面写明可支若干效果，如果银行见了这张支票即刻如数兑现，那支票便是真的——那观念便是真的。”实用主义认为上帝也是真的，因为上帝也能提供利益，如詹姆士所说，“依实验主义的道理看来，如果‘上帝’,那个假设有满意的功用（此所谓‘满意’是广义的）,那假设便是真的”。他说：“上帝的观念，……在实际上至少有一点胜过旁的观念的地方：这个观念许给我们一种理想的宇宙，永久保存，不致毁灭……。世界有个上帝在里面做主，我们便觉得一切悲剧都不过是暂时的，都不过是局部的，一切灾难毁坏都不是绝对没有翻身的。”他又说，“我们照宗教经验的证据看来，也很可相信比人类更高的神力是实有的，并且这些神力也朝着人类理想中的方向努力拯救这个世界。”

美国学者约翰·杜威原是黑格尔主义者，后来转而信仰实用主义，成为其信奉者和积极宣扬者。杜威的哲学的基本观念是：“经验即是生活，生活即是应付环境”；“知识、思想是应付环境的工具”。杜威否认客观事物发展的规律性，认为世界是混乱的，只有人的意识才能整顿它。

实用主义者所说的“实在”就是经验，利用这些经验，便可以创造出各种各样的“事物”和各种各样的“宇宙”。实用主义认为能够提供利益和符合需要的便是真理，否认事物的根本变革，主张一点一滴地进化和改良。

发表《实验主义》的《新青年》第六卷第四号，1919年4月15日出版

胡适在美国留学期间接触到实用主义哲学，回国后大力宣扬。他根据自己的理解，撰写了简明扼要的《实验主义》一文，发表在《新青年》第六卷第四号上，对实用主义形成的历史，从皮耳士、詹姆士到杜威一脉贯通，作了较为系统的阐发。商务印书馆出版的胡适的专著《实用主义》，是对该学说的通俗而系统的解说。

胡适 1919 年编定、1920 年出版的新文学第一本白话诗集《尝试集》，书名就受了实用主义学说的影响：

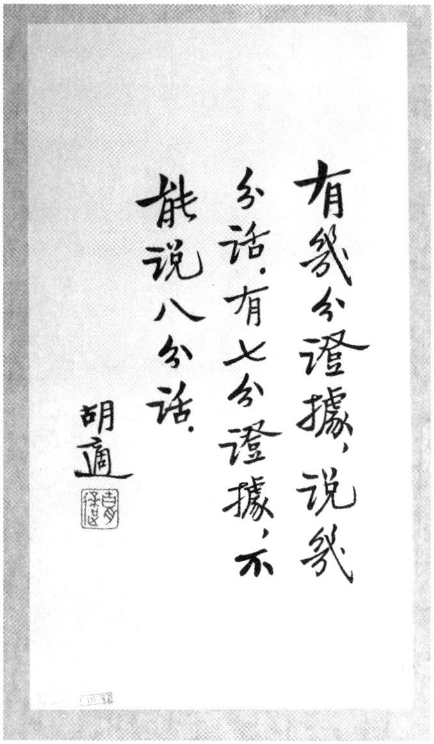

胡适手迹

在我还没有写出几首白话诗前，我已决定把我下一个诗集定名《尝试集》了。这个诗集的名字也明显的表示出我是受杜威实验主义的影响。把实验主义的哲学理论应用到文学改良运动上面来。“实用主义”告诉我，一切的理论都不过是一些假设而已；只有实践才是检验真理的唯一标准。同时要证明一个理论之是否有真理，唯一方法，也便是想出这个理论在实际运用上牵涉到各种情况后在实验中观察这一特殊理论是否能解决某一问题的初步原因，从而进一步找出一个原来所要寻找的解决方案。[1]

[1] 《胡适的自传》，见《胡适哲学思想资料选》下册，华东师范大学出版社1981年版，第159页。

约翰·杜威

约翰·杜威（1859—1952）诞生于美国一个中产阶级的杂货商家庭，家乡是新英格兰的佛蒙特州的伯林顿（Burlington）。该地居民大多崇尚自由，笃信民主制度。

杜威自幼喜欢看书，中学毕业后进入佛蒙特大学就读，修习古希腊文、拉丁文、解析几何、微积分及自然科学课程。大学毕业后开始从事教育工作，并继续研读哲学史。1882 年，杜威首次发表 3 篇论文，均刊登在全国唯一哲学杂志上。1884 年，杜威获约翰·霍普金斯大学哲学博士学位。

杜威先后在美国密歇根大学、明尼苏达大学、芝加哥大学、哥伦比亚大学教授哲学、心理学和教育学。1896 年，他创立一所实验中学，作为其教育理论的实践基地。他反对传统的灌输和机械训练的教育方法，提出"教育即生活，学校即社会"的口号，强调个人的发展，对外界事物的理解以及通过实验获得知识。杜威最典型的一段话是："我们教育中将引起的政变是重心的转移。这是一种变革，这是一种革命，这是和哥白尼把天文学的中心从地球转到太阳一样的那种革命。这里，儿童是中心，教育的措施便围绕他们而组织起来。"

杜威在哥伦比亚大学任教期间的一个日本学生尾野获得博士学位后回国，担任东京帝国大学教授，尾野直接促成了 1918 年杜威到日本东京帝国大学的讲学。借杜威到东方的机会，胡适、蒋梦麟、陶行知等杜威弟子，发起由江苏省教育会、北京大学和北京大学知行学会等五个团体联合邀请杜威到北京、上海、南京等地讲演。杜威夫妇 1919 年 4 月 30 日到达上海，胡适专程从北京到上海迎接。杜威夫妇原打算过了夏天就回美国，遂变更计划，决定在中国停留一整年。哥伦比亚大学准予杜威教授一年假期，后又延长至

杜威博士及夫人参观上海申报馆摄影

两年。

杜威离开北京归国前夕，胡适写了一篇文章《杜威先生在中国》为之送行，登在《东方杂志》和《民国日报·觉悟》上，文中说："自从中国与西洋文化接触以来，没有一个外国学者在中国思想界的影响有杜威先生这样大的。"[1] 杜威坚持教育为本，主张一点一滴、循序渐进地改良，认为人和社会的进步，靠的是积极地运用智慧来解决一些真实而具体的问题，而不是喊叫什么主义或口号，"进步总是零零碎碎的。它只能零卖，不能批发"[2]。

杜威的实用主义哲学和教育思想对 20 世纪上半叶的中国教育界、思想界发生了重大影响。胡适、陶行知、郭秉文、张伯苓、蒋梦麟等均曾在美国哥伦比亚大学留学，受教于杜威，他们在使杜威的教育理念广泛传播中国的

[1] 《胡适文选》，亚东图书馆 1920 年版，第 13 页。

[2] 胡适：《杜威在中国》，载《胡适哲学思想资料选》上册，华东师范大学出版社 1981 年版，第 564 页。

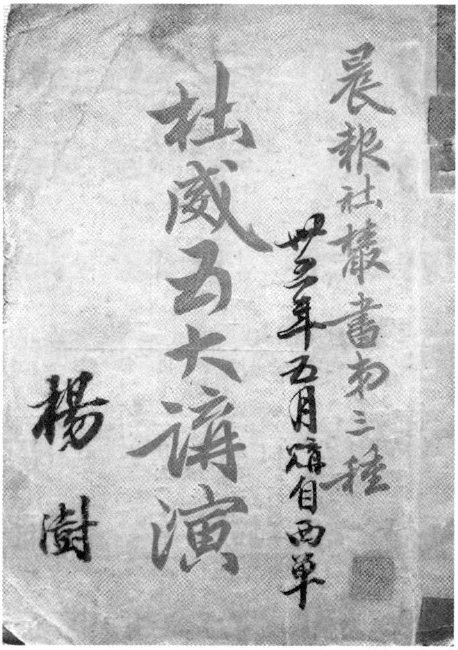

《杜威五大讲演》

过程中出力甚多。

杜威著作宏富，有《哲学之改造》、《民主与教育》、《自由与文化》、《我的教育信条》、《教育哲学》、《明日之学校》、《儿童与教材》、《追求确定性》、《心理学》、《批判的理论学理论》、《学校与社会》、《经验和自然》、《经验和教育》、《自由和文化》、《人类的问题》等。

1919 年，中国学界的一件大事是杜威讲学。杜威在中国讲学两年零两个月，到过奉天、直隶、山西、山东、江苏、江西、湖北、湖南、浙江、福建、广东等 11 个省。商务印书馆出版的《杜威五大讲演》，在杜威离开中国前就印行了 10 个版次，各地印行的讲演录更数不胜数。

杜威的五大讲演是：社会哲学与政治哲学、教育哲学、“思想之派”、“现代的三个哲学家”、“伦理讲演纪略”。内容大致集中在以下四个方面：（一）宣扬实用主义和社会改良主义；（二）反对暴力革命；（三）宣扬民主理念和

杜威访华期间在南京合影

世界主义；（四）强调教育的巨大功用。

胡适在宣扬杜威的观点方面居功至伟。杜威每次开讲前，一般会由胡适对实用主义作一介绍。

关于实用主义的实在论，胡适解说道：“实在是我们自己改造过的实在。这个实在里面含有无数人造的分子。实在是一个很服从的女孩子，他百依百顺地由我们替他涂抹起来，装扮起来。实在好比一块大理石到了我们手里，由我们雕成什么像。”又说，“一样的满天星斗，在诗人的眼里和在天文学者的眼里，便有种种不同的关系。一样的两件事，你只见得时间的先后，我却见得因果的关系。一样的一篇演说，你觉得这人声调高低得宜，我觉得这人论理完密。一百个大钱，你可以摆成两座五十的，也可以摆成四座二十五的，也可以摆成十座十个的。”

关于实用主义的真理论，胡适解释说：“真理原来是人造的，是为了人造的，是人造出来供人用的，是因为他们大有用处所以才给他们‘真理’的美名的。我们所谓真理，原不过是人的一种工具，真理和我手里这张纸，这条粉笔，这块黑板，这把茶壶，是一样的东西：都是我们的工具。”“世间没有纯粹的理性，也没有纯粹的知识思想。理性是离不了意志和兴趣的；知识思想是应用的，是用来满足人的意志兴趣的。”所谓的真理，也不过是应用的工具。

杜威分析思想的方法分为五步：（一）疑难的境地；（二）指定疑难之点究竟在什么地方；（三）假定种种解决疑难的方法；（四）把每种假定所涵的结果，一一想出来，看哪一个假定能够解决这个困难；（五）证实这种解决使人信用或证明这种谬误使人不信用。

胡适曾把这种方法概括为：“大胆的假设和小心的求证。”并说，“杜威一系的哲学家论思想的作用，最注意假设。”“律例（指某种科学定理）原不过是人造的假设用来解释事物现象的，解释的满意，就是真的；解释的不满人意，便不是真的，便该寻别种假设来代他了。”又说，“实验主义绝不承认我们所谓‘真理’就是永永不变的天理；他只承认一切‘真理’都是应用的假设，假设的真不真，全靠他能不能发生他所应该发生的效果。”

在杜威的中国学生中，胡适对杜威的访华之行出力最多。杜威的演讲《社会哲学与政治哲学》，题目就是胡适提出的，他希望杜威“借这个机会做出一部代表实用主义的社会哲学与政治哲学”。

杜威对中国影响甚大，反过来，杜威认为中国刚刚发生的五四运动对于他的观念也产生了影响。他针对五四运动谈了两点意见：（一）凡是革新家去做革新运动，他要吃许多亏。社会与他为敌，他自己也觉得与社会为敌，社会上一切制度都是不好的，最后甚而至于暴动，用不正当的手段去做所谓“根本解决”，去笼统地改革，这是很危险的。“改造”、“再造”不是笼统和趸批的，乃是一点一点的零碎买来的。（二）稍微有点观察能力的人都可以看出五四运动的几点短处：（1）偶然的。因为源于偶然之事发生。（2）感情的。因为实在愤激了，忍不住了，才干起来的。（3）消极的。因为是阻挡禁止一件事体，不让他做去。[1]

杜威对中国青年学生进了这样一番忠告：

> 五四以来，学生很难专心读书，大半因为外交紧急，也因为学生感情用事。教育上受了莫大的损失，要是长此不改，损失恐怕还要大，教育一定要瓦解了。
>
> 诸君要知道，爱国是一事，排外又是一事。我奉劝诸君，不必感情用事，徒然排外，要有更远大的目的。[2]

[1] 杜威：《杜威五大演讲》，北京晨报社 1921 年版。

[2] 同上。

《中国哲学史大纲》

1917 年，胡适归国任北京大学教授，以提倡文学革命和思想解放蜚声学界。1919 年 2 月，胡适把自己在北京大学的哲学课讲义整理成《中国哲学史大纲》上卷出版。

该书是中国学者用现代学术方法系统研究中国古代哲学史的第一部专著，具有"截断众流"的理论创见与学术魄力，出版后获得学界的一致好评，甚至被视为中国哲学史学科成立的标志。

胡适在《导言》中，把中国哲学作为世界哲学中的东方一支，与西方哲学处于对等的位置，意欲打破西方学者宣扬的"中国哲学不属于哲学史"的谬见，确立中国哲学在世界哲学史上的位置。胡适还提出了研究中国哲学史的一系列基本规范和基本要求，该书因此成为近代第一部用西方治学方法研究中国哲学史的著作。蔡元培总结《中国哲学史大纲》有四大特长：（一）证明的方法；（二）扼要的手段；（三）平等的眼光；（四）系统的方法。

《大纲》共 12 篇，以中国哲学发生的时代、古代哲学之终结为始终，包括导言和老子、孔子 / 孔门弟子、墨子、杨朱、别墨、庄子、荀子以前的儒家、荀子诸篇。书中颇多新见，如说孔子儒的世界观体现在以《易》为代表的著述中，认为孔子学说的一切根本只是一部《易》经；孔子的人生观、政治哲学为正名主义，正名主义乃孔子学说的中心问题等。这其中，胡适最欣赏墨家，对墨家着墨甚多。他认为墨家是对儒家的批判改进，引发后来新儒家起而攻墨，各种学说便在这种相攻之中发展起来。胡适后来常以实用主义为口号作各种论说，其实是与墨学思想一脉相承的。

蔡元培在《中国哲学史大纲》（卷上）的序言中对胡适研究哲学提出殷切希望："我只盼望适之先生努力进行，由上古而中古，而近世，编成一部

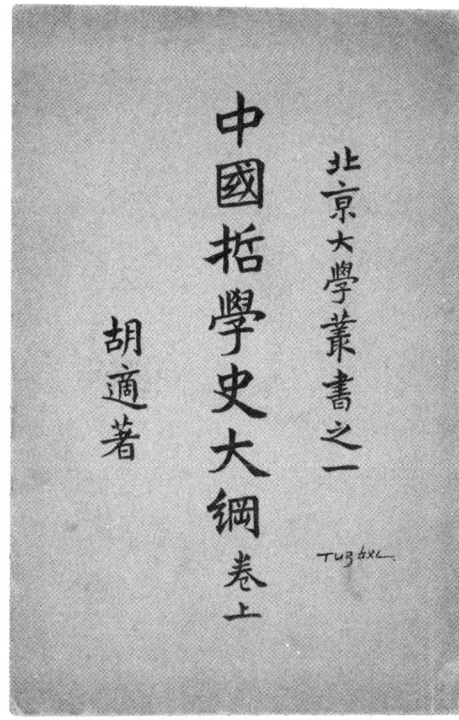

胡适著《中国哲学史大纲》卷上

完全的《中国哲学史大纲》，把我们三千年来一半断烂，一半庞杂的哲学界，理出一个头绪来，给我们一种研究本国哲学史的门径，那真是我们的幸福了！”

几十年后，批判胡适思想运动在中国轰轰烈烈展开，齐思和在批判大会上的发言从反面说明胡适这本著作的影响：

> 现在四十岁以上的人们大概都还记得，在一九二〇年以后，胡适写的书与文章，风行一时，影响大极了。我是一九二一年考入天津南开中学的，我看见差不多每个同学的书架上都有一本胡适的《中国哲学史大纲》（一九一九年初版），我也买了一本。当时读起来也觉得津津有味，

> 以后胡适的《尝试集》、《文存》等书相继出现，也是畅销很广，当时的学生纷纷购读。他的反动的历史观通过这些专书与论文便灌输在思想正在形成中的青年一代，使他们先入为主，成了他思想上的俘虏。他的贻害，实是无法计算的。[1]

然而，胡适生前并没有出版过《中国哲学史大纲》的“中古”与“近世”部分，即应该作为中卷和下卷的内容。并且，在上卷中，胡适几乎没有论述到佛教，而佛教是研究中国哲学绕不开的一座山峰，有人因而批评胡适的学问有缺陷，即他之所以没有完成这部哲学史，乃是因为不懂佛教。

据胡颂平《胡适之先生年谱长编初稿》记述：“今年（1919 年）在北大开的‘中古哲学史’一课，编有讲义。七章：第一章，泛论；第二章，道家；第三章，淮南子；第四章，董仲舒；第五章，‘道士派的儒学’；第六章，迷信与科学；第七章，王充与批判的精神。”[2] 注释中说明有“北大出版部铅印本”，可见胡适至少已经撰写了中国哲学史大纲的中卷，讲到了汉代哲学。

但这个“讲义本”没有公开出版过，只有第七章的一部分以《王充的论衡》为题发表在《现代学生》（第 4 卷第 689 期）上，后收入黄晖著《论衡校释》一书的附编。

虽然《中国哲学史大纲》只有“半部”，但已足以代表胡适在中国古代哲学史研究方面的深厚功底与独到眼光。

---

[1] 齐思和：《批判胡适主观唯心论的历史观与方法论——北京大学历史系教师座谈会发言摘要》，载《胡适思想批判》第 2 辑，生活·读书·新知三联书店 1955 年版，第 171 页。

[2] 胡颂平：《胡适之先生年谱长编初稿》，联经出版事业公司 1984 年版，第 388—389 页。

蒋梦麟与《新教育》

蒋梦麟（1886—1964），浙江余姚人，1912 年加州大学（伯克利）教育学系毕业后赴纽约哥伦比亚大学研究院，师从杜威，获得哲学及教育学博士学位。他是杜威教育思想在中国的主要传播者之一。

1919 年初，在黄炎培的支持下，江苏教育会联合北大、南京高师等单位创办《新教育》，对于传播现代教育理念尤其是杜威教育哲学贡献巨大。

蒋梦麟主持《新教育》期间，竭力宣传杜威的教育思想和民主理念，以为教育的目的是让儿童的本性得到正常发抒，让人类本有的善良得以呈现和发展。

《新教育》发刊不久，蒋梦麟兼任北大教育学教授。他强调西洋文化和教育的优长，批评中国文化和教育的不足，受到一部分中国人的欢迎，当然也就为另一部分人所不满。

蒋梦麟指出，中国传统文化有三大弱点：（一）无系统；（二）太重应用；（三）太重古文字，知识不易普及。他认为，中国旧式教育是牧民政治的教育；要改为平民主义教育，必须从三个方面去努力。（一）要“养成独立不移之精神”，改变过去那种萎靡不振、依赖成性的恶习；（二）要“养成健全之人格”，改变以往“好学者读书，读书愈多，而身体愈弱”的传统；（三）要“养成精确明晰之思考力”，改变平时“凡遇一事，或出于武断，或奴于成见，或出于感情”的毛病，以及喜欢用“差不多”来判断事物的习惯。

蒋梦麟还提出，中国社会进步应该采取三项措施：（一）要改良起居；（二）要修筑道路，振兴实业；（三）要奖励并推进学术。在教育主张上，蒋梦麟认为教育的长远之计在于“取中国之国粹，调和世界近世之精神：定标准，立问题”，以培养“科学之精神”、“社会之自觉”为目标。他在《我所瞩望

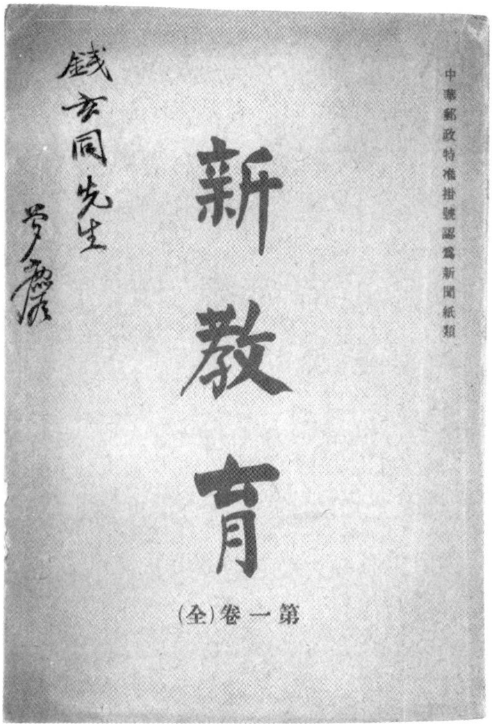

蒋梦麟赠送钱玄同的《新教育》杂志

1920 年 3 月 14 日在西山卧佛寺。左起：蒋梦麟、蔡元培、胡适、李大钊

的好教育》中说：

> 常常听见人说，学生是中国的主人翁，若是学生是中国的主人翁，那谁是中国的奴隶呢？教育不是养成主人翁的。又有人说，教育是救国的方法，所以要小学生知道中国的危险，激发他们的爱国心；痛哭流涕的（地）对小学生说，中国要亡了，这般天真烂漫的小学生，也不知道中国是什么东西，只听得大人说“不好了”、“要亡了”这些话，也就悲哀起了；弄得正在萌芽、生气勃勃的小孩子，变成枯落的秋草！“主人翁”、“枯落的秋草”两件东西，可算是我国办教育的出产品。我们向来读书的宗旨却是要把活泼泼的人，做成枯落的秋草。科举的功效，读书的结果，把有用的人都变成了书呆子。这不像枯落的秋草么？[1]

他的教育观，以学生为主体，注重生命健康成长和人格精神的培养。蒋梦麟任北大校长期间，“整饬纪律，发展群治，以补本校之不足”[2]，颇有成绩。他有《西潮》、《新潮》、《谈学问》、《中国教育原则之研究》等著作行世。

---

[1] 《新教育》第二卷第三期，1919 年 11 月。

[2] 蒋梦麟：《北大之精神》，载《北京大学廿五周年纪念刊》，北京大学出版部 1923 年。

文化与政治

现今，人们习惯说“五四新文化运动”，也有人将之分开，视为两个运动，一个是政治的，一个是文化的。五四运动由觉醒的知识青年的革命行动表达对民主政府建设的诉求，是政治性的社会运动；知识青年的意识觉醒，得益于新文化的探讨与发扬，所以五四运动又是一场新文化运动。

从时间上说，二者并非完全重合。在五四运动前几年，新文化运动已经依托《新青年》和北京大学为中心展开。但在 1919 年 12 月以前，《新青年》杂志上出现过“新思潮”、“新思想”、“新文学”、“新文艺”等概念，却没有出现过“新文化”这个词汇，也没有提出“新文化运动”的概念。新文化运动这个名目，是在五四运动之后才提出来的。

陈独秀从 1915 年创办《青年杂志》(翌年改名为《新青年》) 起，就着力于新思想、新文化的宣传和普及，积极开展“新文化运动”。五四运动充分发动了青年，更有利于新文化、新思想的传播。1919 年 10 月陈独秀出狱，接管《新青年》的编辑事务，在 12 月 1 日出版的第七卷第一号上发表《调和论与旧道德》一文，第一次使用了“新文化运动”这一概念。他在文中谈到章士钊鼓吹的新旧调和论“和我们新文化运动及思想改造上狠有关系，我们应当有详细的讨论”。

国民党本来不赞成新文化运动，但看到学生运动可资利用，转而从政治的角度大力开展新文化运动。五四运动爆发不久后，孙中山指示邵力子主持的《民国日报》大力宣传学生爱国运动。这家报纸立场坚定，呼吁各界人士声援学生。5 月 12 日起，《民国日报》开辟“灭贼救国”副刊，6 月 11 日起又办“救国余闻”副刊。6 月和 8 月间，孙中山和戴季陶、朱执信等人筹办《星期评论》和《建设》杂志，约请胡适、陈独秀、蔡元培等人为《民国日报》

《建设》杂志

《新青年》劳动节纪念号

和《建设》杂志的专刊写稿，报道五四运动。1920 年 1 月 29 日，孙中山在《致海外国民党同志书》中，对五四运动深致赞美："自北京大学学生发生五四运动以来，一般爱国青年，无不以革命新思想为将来革新事业之预备……国内各界舆论，一致同倡。各种新出版物，为热心青年所举办者，纷纷应时而出。扬葩吐艳，各极其致，社会遂蒙绝大之影响。虽以顽劣之伪政府，犹且不敢撄其锋。此种新文化运动，在我国今日，诚思想界空前之大变动……觉悟者从事提倡，遂至舆论放大异彩，学潮弥漫全国，人皆激发天良，誓死为爱国之运动；倘能继长增高，其将来收之伟大且久远者，可无疑也。"[1]

1919 年 9 月，国民党人戴季陶提出将新文化运动作为革命手段，从七

[1] 《孙中山全集》第五卷，中华书局 1985 年版，第 209—210 页。

个方面论述文化与革命的关系：（一）全人类的普遍的平等的幸福，是革命究竟的目的；（二）中国国家和社会的改造，是革命现在进行的目的；（三）中国人民全体经济的生活改善和经济的机会平等，是现在进行目的的理想形式；（四）普遍的新文化运动，是革命进行的方法；（五）智识上思想上的机会均等和各个人理智的自由发展，是新文化运动的真意义；（六）文字及语言之自由的普遍的交通和交通器具的绝对普及（如注音字母），是造成理智上机会均等的手段；（七）平和的组织的方法及手段，是革命运动的新形式。[1]

不久，戴季陶又在《星期评论》第 17 号上发表谈话，强调要通过新文化运动推行革命，提出中国要解决社会不发达和官僚军阀的恶政，不能仅仅用武力革命的方式，“平和的新文化运动，这就是真正的革命！这就是大创造的先驱运动！”[2]

在推动新文化运动方面，江苏教育会发挥了积极的作用。1919 年 10 月，该会为 12 月 22 日在南京举行的第二届演说竞进会设定的讲题范围是“关于新文化运动之种种问题及其推行方法”，并发布《解释新文化运动》的宣传文件，列举出新文化运动的六项内容：（一）新文化运动是继续五四运动传播新文化于全国国民的作用，其进行方向在唤醒国民，改良社会，发展个人，增进学术，使我国社会日就进化，共和国体日形巩固；（二）新文化运动要文化普及于大多数之国民，不以一阶级一团体为限（例如推广注音字母、传播白话文、设立义务学校和演讲团，都是这个意思）；（三）新文化运动是以自由思想创造能力来批评改造建设新生活（例如现在各种新思想出版物）；（四）新文化运动是谋永远及基本的改革与建设，是要谋全国彻底的觉悟（继续现在的新运动，从基本上着想，使之永远进步）；（五）新文化运动要全国国民改换旧时小的人生观，而创造大的人生观，使生活日就发展（例如从家族的生活到社会的生活）；（六）新文化运动是一种社会运动、国民运动、学

---

[1] 戴季陶：《革命？何故？为何？》，载民智书局编《建设碎金》第 1 编，1916 年版，第 40—41 页。

[2] 戴季陶：《短评》，载《戴季陶集》，华中师范大学出版社 1990 年版，第 1210 页。

术思想运动。[1]

当革命运动与文化运动结合起来的时候，往往是革命占上风，文化处于从属地位，而最坏的局面是，只剩下革命运动、政治斗争，文化遭受鄙视，甚至文明受到蔑弃。因此，不乏有识之士对政治革命与文化思想建设之间的关系进行理性的思考。“少年中国”社创始人之一王光祈认为：

> 吾国近三十年来之改革运动，在历史上可称道者有三，一曰戊戌政变，二曰辛亥革命，三曰新文化运动。戊戌、辛亥两次之改革运动，其形式虽有不同，而其精神则皆为政治改革。换言之，即如何将政权夺到手中，然后利用政治权力，以实行其大规模之改革是也……昔日各党所抱政治改革之理想，至今日可谓破产殆尽矣。吾人不能再以毕生百分之九十九之光阴为争夺政权而谋改革中国之用，吾人须从今日起，即以毕生精力投之于社会事业。若思想不革命，物质不发达，社会不改造，平民不崛起，所有一切其他政治改革，皆是虚想。[2]

[1] 《新文化运动解释》，载天津《大公报》，1919 年 11 月 5 日。

[2] 敖昌群编：《王光祈文集时政文化卷》，巴蜀书社 2009 年版，第 126 页。

“马克思主义专号”

出版于1919年的《新青年》六卷五号以大量篇幅介绍“马克思主义”，因此被称为“马克思主义专号”,共出版时正值学生运动蓬勃开展。该期《新青年》刊登了7篇专门介绍马克思及其学说的文章:顾兆熊的《马克思学说》、凌霜的《马克思学说的批评》、起明翻译的《俄国革命之哲学的基础（下）》、陈启修的《马克思的唯物史观与贞操问题》、渊泉的《马克思奋斗生涯》和《马克思的唯物史观》、刘秉麟的《马克思传略》和李大钊的《我的马克思主义观（上）》。6位作者几乎都有留学背景,以留日居多,且多从事经济学研究，大多在北大任教。

马克思主义在中国早期传播的主渠道有三个：日本、西欧和苏联。马克思的名字最早在中文报刊上出现，是在1899年广学会主办的《万国公报》上登载的一篇名为《大同学》的文章中。这篇文章是英国进化论者颉德的著作《社会的进化》前四章的译文，由李提摩太节译，蔡尔康撰文，在《万国公报》上连载。1899年2月出版的《万国公报》第121期所载的《大同学》第一章中这样评述马克思：“其以百工领袖著名者，英人马克思也。马克思之言曰：纠股办事之人，其权笼罩五洲，实过于君相之范围一国。吾侪若不早为之所，任其蔓延日广，诚恐遍地球之财币，必将尽入其手。”当时马克思在伦敦流亡，所以该文误将其当作英国人。

此后中国知识界陆续介绍马克思及其学说，如梁启超、朱执信、孙中山、马君武等。1902年,梁启超在《新民丛报》上发表《进化论革命者颉德之学说》一文，附带提到过马克思，译文将其名写作“麦喀士”。1903年，梁启超在《二十世纪之巨灵托拉斯》一文中又一次介绍“麦喀士”是“社会主义之鼻祖，德国人，著述甚多。”1904年2月14日，他在《新民丛报》第四十六、

我的馬克思主義觀(上)

李大釗

(一)

一個德國人說過,五十歲以下的人說他能了解馬克思的學說,定是欺人之談。因爲馬克思的書卷帙浩繁,學理深晦。他那名著『資本論』三卷合計二千一百三十五頁,其中第一卷是馬氏生存時刊行的,第二第三兩卷是馬氏死後他的朋友昂格思替他刊行的。這第一卷和二三兩卷中間難免有些衝突矛盾的地方;馬氏的書本來難解,添上這一層越發難解了。加以他的遺著未曾刊行的還有很多;拚上半生的工夫來研究馬克思,也不過僅能就他已刊的著書中把他反復陳述的主張,得個要領,究不能算是完全了解『馬克思主義』的。我平素對於馬氏的學說沒有什麼研究,今天硬想談『馬克思主義』已經是僭越的很。但自俄國革命以來,『馬克思主義』幾有風靡世界的勢子。德奧匈諸國的社會革命相繼而起,也都是奉『馬克思主義』爲正宗。『馬克思主義』既然隨着這世界的大變動,惹動了世人的注意,自然也招了很多的誤解。我們對於『馬克思主義』的研究,雖然極其貧弱,而自一九一八年馬克思誕生百年紀念以來,各國學者研究他的興味復活,批評介紹他的很多。我們把這些零碎的資料,稍加整理,乘本志出『馬克思研究號』的機會,把他轉介紹於讀者,使這爲世界改造原動的學說,在我們的思辨中,有點正確的解釋,吾信這也不是絕無裨益的事。萬一因爲作者的知能譾陋,有誤解馬氏學說的地方,親愛的讀者肯賜以指正,那是作者所最希望的。

(二)

我於評述『馬克思主義』以前,先把『馬克思主義』在經濟思想史上占若何的地位,略說一說。

由經濟思想史上觀察經濟學的派別,可分爲三大系,就是:個人主義經濟學,社會主義經濟學,與人道主義經濟學。

個人主義經濟學也可以叫作資本主義經濟學。三系中以此爲最古。著原富的亞丹斯密 Adam Smith 是這一系的鼻祖。亞丹斯密以下,若馬查士 Malthus,李嘉圖 Ricardo,傑慕士穆勒 James Mill 等,都屬於這一系。把這一系的經濟學發揮光大,就成了正系的經濟學,普通稱爲正統學派。因爲這

我的馬克思主義觀　　五二一

李大钊《我的马克思主义观》

四十七、四十八期合刊上发表《中国之社会主义》一文，概述马克思学说道："社会主义者，近百年来世界之特产物也。隐括其最要之义，不过曰土地归公、资本归公，专以劳力为百物价值之源泉。麦喀士曰：现今之经济社会，实少数人掠夺多数人之土地而组成之者也。"

五四前后，政府并未禁止马克思主义的传播，因为它听起来至少比"无政府主义"柔和。其实，马克思主义更加激进，因为其根本宗旨是社会革命，是推翻旧政权，建立新政权。中国政府没有禁止马克思主义，是因为当时它的影响还没有无政府主义明晰和强大。

李大钊是这一期《新青年》的轮值编辑，他谦虚为怀，没有把自己的文章放在“马克思主义专号”头条，而放在末尾。在此之前，李大钊就撰写了多篇文章，介绍马克思主义学说，如《庶民的胜利》、《Bolshevism 的胜利》、《再论问题与主义》、《由经济上解释中国近代思想变动的原因》、《社会主义与社会主义运动》等。

李大钊在发表于该期《新青年》上的《我的马克思主义观（上）》写道：

自俄国革命以来，“马克思主义”几有风靡世界的势子。德、奥、匈诸国的社会革命相继而起，也都是奉“马克思主义”为正宗……我们对于“马克思主义”的研究，虽然极其贫弱；而自一九一八年马克思诞生百年纪念以来，各国学者研究他的兴味复……我们把这些零碎的资料，稍加整理，乘本志出“马克思研究号”的机会，把他转介绍于读者。

李大钊的《我的马克思主义观》是一篇两万多字的长文，在《新青年》第六卷第五和第六号上分两期连载。文章对马克思主义的三个组成部分——唯物史观、政治经济学和科学社会主义，都有所阐明，并指出这三个部分“都有不可分割的关系，而阶级竞争恰如一条金线，把这三大原理从根本上联络起来”。

从“马克思主义专号”后，介绍马克思主义的刊物和文章增多起来。例如《国民》杂志第二卷第一号（1919 年 11 月）刊载有《马克思和恩格斯共产党宣言》（第一章）和《鲍尔锡维克主义底研究》的译文，第二卷第二、三号连载了《马克思的历史的唯物主义》的译文，第二卷第四号载有《苏维埃俄国底经济组织》、《苏维埃俄国底新农制度》等文。《晨报》副刊是一九一九年二月七日在李大钊的帮助下实现改组的。改组的第一天，就发表了李大钊的文章《战后之世界潮流——有血的社会革命与无血的社会革命》。1919 年 5 月 1 日，《晨报》副刊出版“劳动节纪念”专号，是中国报纸纪念“五一”的开始。李大钊在这个专号上发表了《五一节杂感》，预言马克思主义在中国的胜利："听说俄京莫斯科的去年今日，格外热闹，格外欢喜。因为那日正是马克思的纪念碑除幕的日子。我们中国今年今日注意这纪念日的还少。可是明年以后的今日，或者有些不同了，或者大不同了。"

1919 年 5 月，为纪念马克思诞辰 101 周年（1919 年 5 月 5 日），李大钊除了在《新青年》上办"马克思主义专号",还在《晨报》副刊上开辟了一个"马克思研究"专栏：从 5 月 5 日到 11 月 11 日，该专栏共发了五篇论文，包括马克思的《劳动与资本》、考茨基的《马氏资本论释义》、河上肇的《马克思唯物史观》等。除专栏外,《晨报》副刊还发表了马克思、列宁、李卜克内西等的传记和介绍国际共产主义运动情况的文章。1919 年 8 月 7 日至 11 日，《晨报》副刊以《新共产党宣言》为题发表了《第三国际第一次代表大会的宣言》。

李大钊在传播马克思主义中起了重大作用。他主张用马克思的学说去认识社会和改造社会，并提倡将马克思主义与中国的实际相结合。五四运动后不久，他和陈独秀、邓中夏等开始在各地建立中国共产党的早期组织。

1920 年 3 月，李大钊和邓中夏、高君宇等在北京大学发起了一个"马克思学说研究会"。研究会设立翻译室，分为英文、德文和法文三个组，翻译马克思、恩格斯的著作。

"巴·金"

中国人正式宣扬和拥护无政府主义的刊物是1907年刘师培（光汉）与他的妻子何震等在日本创办的《天义报》（半月刊）和李石曾、吴稚晖等在法国创办的《新世纪》（周报）。

无政府主义反对强权，主张绝对自由，提出要"倾覆政府"，还提出"三纲革命"、"男女平等"、"毁家庭"、"反对宗教"等主张。《天义报》上的一篇文章举出11条纲领："一曰废尽天下帝王大统领；二曰废尽天下中央官吏及地方官吏；三曰废尽天下世袭爵位之人；四曰废尽天下之议员及公共团体之执行员；五曰废尽天下资本家及有财产之人；六曰废尽天下之兵丁警察；七曰革尽天下压制妇女之男子；八曰革尽天下甘受压制之男女；九曰废尽迷信宗教书；十曰废尽天下不合公理之书籍报章；十一日废尽天下现行之法律。"[1] 经过这样的"废尽"、"革尽"，世上也不剩什么东西了。那么，无政府主义者理想中的"新社会"是怎样的呢？"一曰不设政府；二曰废尽银币及钞币；三曰人人劳动；四曰人人衣食居处均一律。"[2] 仍是以废为主，建立无多。刘师培、张继等在日本组织"社会主义讲习会"，成立时有会员90余人，宗旨是"欲于满洲政府颠覆后即行无政府，决不欲于排满后另立新政府也"[3]。可见无政府主义与社会主义具有密切的关系。

中国早期的无政府主义者，对施蒂纳、蒲鲁东、巴枯宁、克鲁泡特金的学说都有所宣扬，但他们主要信仰的是巴枯宁无政府主义。《天义报》上的《破坏社会论》等文章，就多引用巴枯宁的观点。

---

[1] 去非子：《破坏社会论》，载《天义报》第1卷，1907年6月。

[2] 同上。

[3] 《社会主义讲习会第一次开会记事》，载《天义报》第6卷，1907年9月。

《近世科学与无政府主义》

中国近代的知识分子多受外国思想影响，有时候从取名和改名上就显示出来了。

胡适的名字脱胎于进化论的“物竞天择，适者生存”，其后一代的四川青年作家李芾甘，其笔名“巴金”则是来自两个无政府主义者巴枯宁和克鲁泡特金。

米哈伊尔·亚历山大罗维奇·巴枯宁（1814—1876），受蒲鲁东主义影响，主张建立个人“绝对自由”的无政府社会，反对任何纪律和权威，包括无产阶级革命和无产阶级专政，因此于1872年被开除出第一国际。巴枯宁申述的无政府主义思想成为马克思的共产主义的对立物，其与马克思的争论使欧洲革命运动多年处于分裂状态。

巴枯宁居留在佛罗伦萨、那不勒斯等地，经常接触小资产阶级知识分子、社会游民和流氓无产者。这些人因遭受失业之苦而产生了绝望心理，滋长了一种“憎恨一切”和“破坏一切”的情绪，这些情绪对巴枯宁的无政府主义思想的形成有很大影响。从 19 世纪 60 年代至 70 年代，巴枯宁写了《国际革命协会的原则和组织》、《国际革命协会的纲领》、《国际兄弟同盟的章程和纲领》、《巴黎公社和关于国家的概念》、《上帝与国家》、《国家制度和无政府状态》等著作。《国家制度和无政府状态》是其无政府主义观点集大成之作。

巴枯宁主张绝对的个人自由，认为每个人的自由应当是充分的和无条件的；自由是一切成年男女无须求得任何人批准而进行活动的绝对权利，他们只听从自己的良心和自己的理性的决定，其行动只能由自己的意志来决定。他还说，只有借助于自由，每个人的“思想、人格、幸福才有得到完全发展的可能”。同时，他把一切权力看成是同自由绝对相对立的，认为哪里存在着权力，哪里就会扼杀人们的自由，因此他反对一切权威，主张“要绝对消除权威原则的任何利用和表现”。

巴枯宁主张立即消灭国家，因为任何国家都意味着对人民的统治，而任何统治都意味着剥削和压迫。未来社会必然是一个“无政府状态”的社会，这样一个无政府状态的社会必须按照自下而上的方针、借助于自由协作社和自治公社的联盟来建立：在这种社会中，任何个人、任何乡镇都是自治的。

俄国民粹主义革命家、地理学家克鲁泡特金继承并发挥蒲鲁东和巴枯宁的学说，提出一整套关于无政府共产主义的理论，主旨是反对任何国家，排斥一切权威，认为未来的理想社会应当是没有任何权力支配的各种团体的自由联合，全部生产资料和生活资料归整个社会所有。为了实现这一理想，不能靠社会改良，而是要通过群众自发的社会革命。革命不仅要推翻旧的国家政权，没收有产者的全部财产，而且要在没有任何组织和领导的情况下，依靠“人民的首创精神”实行按需分配原则，取消货币和商品交换。他的主要著作有《一个反抗者的话》（1885）、《面包与自由》（1892）、《田园、工厂、手工场》（1898）、《一个革命家的笔记》（1899）、《互助论》（1902）、《法国大革命》(1909)、《近世科学和无政府主义》(1913)和《伦理学的起源和发展》(1922)等，均有中译本，反映了他的思想在中国受追捧的程度。

当时，俄国革命已经成功——那里有了强有力的苏维埃政府，但在中国，无政府主义方兴未艾。中国政府禁止这种思想，自然是不遗余力。无政府主义在中国的传播，遭到当局的严厉查禁。这不难理解，如果无政府主义深入人心，“当局”就没有立足之地了。

无政府主义影响颇大，甚至在当时的军队中曾流行过宣扬无政府主义的书籍，如《兵士须知》等，但遭到查禁。中国第二历史档案馆收藏大量有关中国无政府主义和中国社会党的文件，其中颇多中央与各地政府查处无政府主义活动的函件。仅以1919年为例，政府查禁无政府主义书籍及活动的相关公文有：杨善德检送《兵士须知》致参陆办公处函件(1919-5-26附兵士须知，李得胜述)、内务部等关于严密查禁《兵士须知》函电(1919-6)；汉口警察厅报告孙中山革命活动及防范无政府主义刊物传播函(1919-6-11)；第一次无政府共产党联合大会告失败书(1919-6)；国务院等为严密查禁《民生丛刻》及北京《实社自由录》有关文件(1919-6)；卢永祥关于查获无政府党人在沪活动等情致京师警察厅函(1919-7-20)；国务院等为从严查禁《近世科学与无政府主义》等七种印刷品有关文件(1919-8-9)；杨增新关于防范无政府主义思潮传播电(1919-9-5)。此后若干年，这样的文件有增无减。

在“当局”看来，无政府主义和共产主义无异于洪水猛兽。

问题与主义

五四运动前后，报纸杂志上宣扬的“主义”五花八门：无政府主义、过激主义、民生主义、社会主义等。单是社会主义就有多种：基尔特的社会主义、马克思的社会主义、王揖唐的社会主义、皇室中心的社会主义、基督教社会主义等。

对此，胡适提出“多研究些问题，少谈些主义”的主张。他回忆说：

> 一九一九年六月中，独秀被捕，我接办《每周评论》，方才有不能不谈政治的感觉。那时……国内的“新”分子闭口不谈具体的政治问题，却高谈什么无政府主义与马克思主义。我看不过了，忍不住了，——因为我是一个实验主义的信徒，——于是发愤要想谈政治。我在《每周评论》第三十一号里提出我的政论导言，叫做“多研究些问题，少谈些主义！”[1]

胡适认为，一切“主义”和学理，都应该加以研究，但抽象的“主义”要少谈，因为每一种“主义”都蕴含着救时的具体主张，如若不实地研究社会需要，空谈外来进口的“主义”，是没有任何用处的；好比医生单记得许多汤头歌诀，不去研究病人的症候，怎么能有用处呢？在各种主义中，他尤其不赞成马克思主义的阶级斗争学说，认为该学说使人“无形之中养成一种阶级的仇恨心，不但使劳动者认定资本家为不能并立的仇敌，并且使许多资本家也觉劳动者真是一种敌人。这种仇视心的结果，使社会上本来应该互助而且可以互助的两种大势力，成为两座对垒的敌营”。

[1] 胡适：《我的歧路》，载《努力周报》第7期，1922年6月18日。

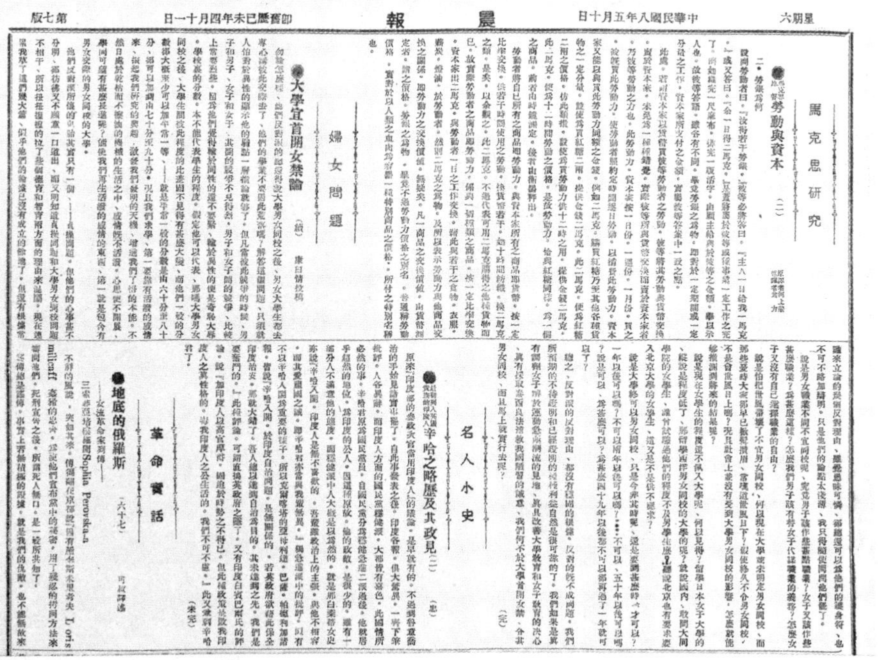
星期六　中華民國八年五月十日　晨報　四十月十年未己曆舊　第七版

馬克思研究

勞動與資本

婦女問題

大學宜首開女禁論

名人小史

革命實話

地底的俄羅斯

《晨报》之《马克思研究》专栏

胡适认为:“高谈主义，不研究问题的人，只是畏难求易，只是懒。”“空谈好听的‘主义’，是极容易的事，是阿猫阿狗都能做的事，是鹦鹉和留声机器都能做的事。”他举了一个例子：当时安福系的政客王揖唐发表了一篇主张民生主义的演说，安福系的报纸《公言报》、《新民国报》、《新民报》和日文的《新支那报》均大肆吹捧。胡适讽刺说：“你和我和王揖唐都可自称社会主义家，都可用这一个抽象名词来骗人。”胡适“奉劝”那些鼓吹主义、倡导革命的人：“请你们多多研究这个问题如何解决，那个问题如何解决，不要高谈这种主义如何新奇，那种主义如何奥妙。”

应该研究什么问题呢？胡适列出人力车夫的生计问题、卖淫问题、大总统的权限问题、加入国际联盟问题等，认为这些都是“火烧眉毛紧急问题”，亟待解决。

胡适和李大钊

胡适的言论引发了思想界一场大讨论，即所谓“问题与主义”之争。8月17日，李大钊发表《再论问题与主义》一文，提出不同意见。李大钊指出：“问题”和“主义”有不可分离的关系，解决“问题”离不开“主义”，“因为一个社会问题的解决，必须靠着社会上多数人共同的运动。那么我们要想解决一个问题，应该设法使它成了社会上多数人共同的问题。要想使一个社会问题成了社会上多数人共同的问题，应该使这社会上可以共同解决这个那个社会问题的多数人，先有一个共同趋向的理想、主义。”因此，“我们的社会运动，一方面固然要研究实际的问题，一方面也要宣传理想的主义。这是交相为用的，这是并行不悖的”。“不论高揭什么主义，只要你肯竭力向实际运动的方面努力去做，都是对的，都是有效果的。”

至于主义的“空洞”问题，李大钊指出，主义原有适应实际的可能性，但被专事空谈的人所用，就变成空的了。主义的危险，不是主义的本身带来的，是空谈它的人带给它的。具体到布尔什维克的过激主义，李大钊公开宣称自己是一个拥护布尔什维克的人：“布尔扎维主义的流行，实在是世界文化上的一大变动。我们应该研究他，介绍他，把他的实相昭布在人类社会，不可一味听信人家为他们造的谣言，就拿凶暴残忍的话抹煞他们的一切。”过激主义，当时成了“邪说异端”、“洪水猛兽”的同义语。有人把谈新思想和社会改革的人，都加上“过激”的帽子。对此，李大钊诉指出，一个真正的社会革新者要认定自己的主义，从事实际运动，根本不要去理会这些胡言乱语。

关于社会进步，李大钊坚持认为必须“根本解决”，他以俄国革命为例申述道：“就以俄国而论，罗曼诺夫家没有颠覆，经济组织没有改造以前，一切问题，丝毫不能解决，今则全部解决了。”他又提出经济问题的解决是根本解决：“经济问题一旦解决，什么政治问题、法律问题、家族制度问题、女子解放问题、工人解放问题，都可以解决。”怎样解决经济问题呢？必须开展阶级斗争，进行政治革命。

李大钊已经形成了自己的信仰。

尽管这场“问题与主义”之争首先并主要发生在胡适与李大钊之间，但李大钊始终认为自己与胡适之间具有深刻的友谊，甚至超过他与陈独秀之间的友谊。

此时，正在湖南长沙的毛泽东对社会问题有较多的调查研究。他响应胡适的号召，在长沙组织了一个“问题研究会”。研究会在拟定章程的同时，列出首批亟待研究的“问题”清单，如“孔子问题”、“东西文明会合问题”、“经济自由问题”、“国际联盟问题”等，共计 71 大类，其中的教育、女子、劳动、华工、实业、交通、财政、经济 8 个大类，又分列 81 个更具体的问题，如“杜威教育说如何实施问题”、“中等教育问题”、“女子交际问题”、“贞操问题”、“国语问题”、“司法独立问题”、“联邦制应否施行问题”，还有劳动、教育、民众联合、劳农干政、民族自决、社会主义在中国之实施等问题。毛泽东所列的虽说是问题，其实里面有“主义”在，可见主义如果不明，问题也解决不了，也可说明问题和主义之间的界限其实并非绝对。

1919 年 10 月 23 日的《北京大学日刊》全文刊载毛泽东自长沙寄给邓中夏的《问题研究会章程》。《北京大学日刊》在刊载章程的同时，附邓中夏启事一则，表彰了毛泽东正视问题的积极态度："我的朋友毛君泽东，从长沙寄来《问题研究会章程》十余张。在北京的朋友看了，都说很好，有研究的必要，各向我要了一份去。现在我只剩下一份，要的人还不少，我就借本校日刊登出，以答关心现代问题解决的诸君的雅意。"

胡适 1951 年 5 月 17 日的日记中有一段关于毛泽东的回忆文字："毛泽东依据了我在 1920 年的'一个自修大学'的讲演，拟成'湖南第一自修大学章程'，拿到我家来，要我审定改正。"[1]

当时，毛泽东在湖南长沙创办的"文化书社"，重点销售图书中，便有胡适的《尝试集》、《中国哲学史大纲》（上）、《白话书信》、《短篇小说集》等，有登载胡适文章较多的刊物《新生活》，还有胡适的老师杜威教授的著作如《杜威五大讲演》、《实验主义》、《现代教育的趋势》、《美国政治的发展》等。

[1] 《胡适日记全编》第 8 卷，安徽教育出版社 2001 年版，第 123 页。

《民众的大联合》

1936年，毛泽东在延安对来访的美国记者埃德加·斯诺说：“《新青年》是有名的新文化运动的杂志，由陈独秀主编。我在师范学校学习的时候，就开始读这个杂志了。我非常敬佩胡适和陈独秀的文章。”他把陈独秀和胡适作为取代康有为和梁启超之后的自己的“楷模”（models）。毛泽东在与斯诺的谈话中还说：

> 我的职位低微，大家都不理我。我的工作中有一项是登记来图书馆读报的人的姓名，可是对他们大多数人来说，我这个人是不存在的。在那些来阅览的人当中，我认识了一些有名的新文化运动头面人物的名字，如傅斯年、罗家伦等，我对他们极有兴趣。我打算去和他们攀谈政治和文化问题，可是他们都是些大忙人，没有时间听一个图书馆助理员说南方话。[1]

1918年，毛泽东到了新文化运动的中心北京，在北京大学图书馆谋到了图书管理员的职位。他慕名旁听过北大最年轻的教授胡适的课，所以一度自称是胡适的学生。毛泽东、萧三等经杨昌济介绍，曾专程拜访过胡适，并以新民学会在京会友的名义，请胡适讲座。在北京期间与胡适的交往，给毛泽东留下了良好印象。他离开北京后，与胡适保持联络。有一张明信片写道：“适之先生：在沪上一信达到了么？我前天返湘。湘自张（指湖南督军张敬尧。——引者）去，气象一新，教育界颇有蓬勃之象。将来湖南有多点须借

---

[1] 埃德加·斯诺：《西行漫记》，生活·读书·新知三联书店1979年版，第126—127页。

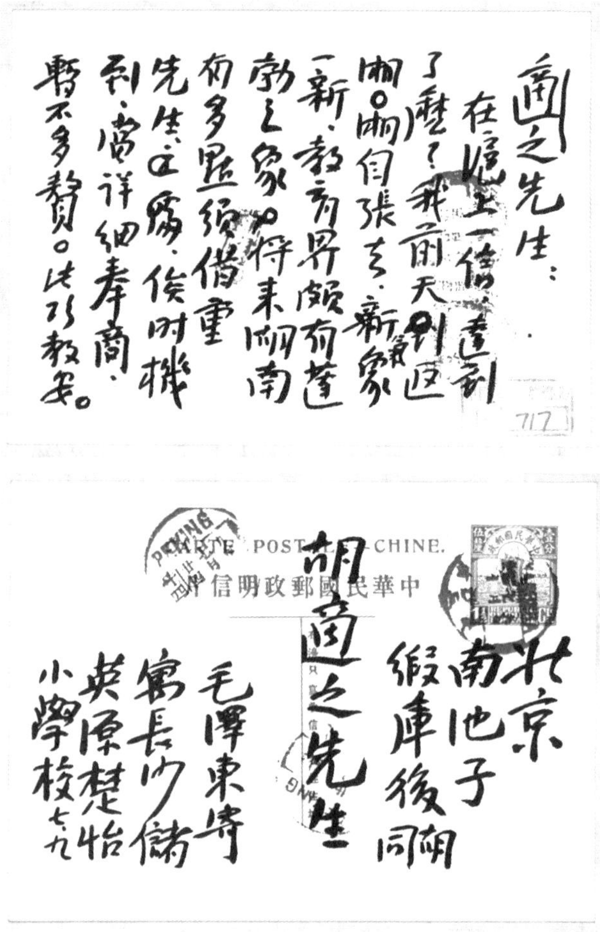
適之先生：
在滬上一信，達到了麼？我前天到回
湘。湘自張去，新氣象
一新，教育界頗有蓬
勃之象。將來湖南
有多點須借重
先生之處，俟時機
到，當詳細奉商，
暫不多贅。此頌教安。

CARTE POSTALE CHINE.
中華民國郵政明信片
北京南池子緞庫後胡同
胡適之先生
毛澤東寄
寓長沙儲英源楚怡小學校 七，九

毛泽东致胡适明信片

重先生，俟时机到，当详细奉商。”

1918 年 4 月 14 日，毛泽东、蔡和森、何叔衡等人在长沙创立了以“改造中国和世界”为宗旨的革命团体新民学会。学会的一项工作是响应蔡元培、吴玉章等发出的号召，组织青年到法国勤工俭学。为此，毛泽东多方活动，用了大半年时间进行留法勤工俭学宣传、组织和准备工作。可是就在启程前夕，他决定不去法国了。许多会员不理解。毛泽东解释说：“我觉得我们要有人到外国去，看些新东西，学些新道理，研究些有用的学问，拿回来改造我们的国家,同时也要有人留在本国研究本国问题。我觉得关于自己的国家，我所知道的还太少，假使我把时间花费在本国，则对本国更为有利。”[1]显然是受了胡适的研究问题思想的影响。1920年3月14日，毛泽东在给周世钊的信中又说到这件事："我觉得求学实在没有'必要在什么地方'的理，'出洋'两字，在一些人只是一种'谜'。中国出过洋的总不下几万乃至几十万，好的实在很少。多数呢？仍旧是'糊涂'；仍旧是'莫明其妙'，这便是一个具体的证据。我曾以此问过胡适和黎邵西（即黎锦熙）两位，他们都以我的意见为然，胡适之并且作过一篇《非留学篇》。因此，我想暂不出国去，暂时在国内研究各种学问的纲要。”[2]

北京大学是新文化运动的中心。各地涌现的新文化刊物，纷纷寄到红楼的北京大学图书馆来，有赠送，也有北京大学图书馆的订购。图书馆馆长李大钊的兴奋可想而知——这说明，新文化运动的影响在逐步扩大。

1919年7月14日创刊的《湘江评论》是毛泽东在湖南主办的学联刊物，与《每周评论》的内容形式都很相似,内分“西方大事述评”、“东方大事述评”、“世界杂评”、“新文艺”等栏目。“创刊宣言”中写道："世界什么问题最大，吃饭问题最大，什么力量最强，民众联合的力量最强，什么不要怕，天不要怕，鬼不要怕，死人不要怕，官僚不要怕，军阀不要怕，资本家不要怕。”“浩浩荡荡的新思潮业已奔腾澎湃于湘江两岸了！顺他的生，逆他的死。”

《湘江评论》每周1期，共出5期，另有“临时增刊”第1号1张（随7月21日出版的第2号赠送，不另收费），第5期未及发行即被当局没收。

李大钊读了《湘江评论》创刊号，认为这是当时全国最有分量、最有见解的刊物。《每周评论》刊登文章，称赞毛泽东的《民众的大联合》是一篇大文章，“眼光很远大，议论也很痛快，确是现今的重要文字。还有湘江大

[1] 湖南博物馆编：《新民学会资料》，人民出版社1980年版，第399页。

[2] 《毛泽东早期文稿》，湖南出版社1990年版，第474页。

《湘江评论》载《民众的大联合》

事述评一栏，记载湖南的新运动，使我们发生无限乐观。武人统治之下，能产出我们这样的一个好兄弟，真是我们意外的欢喜。”[1] 北京《晨报》也赞扬《湘江评论》“内容完备”，“魄力非常充足”。[2]

毛泽东在《民众的大联合》一文中说：“自法兰西以民众的大联合，和

[1] 《每周评论》第 36 期。

[2] 《晨报》，1919 年 11 月 25 日。

王党的大联合相抗，收了‘政治改革’的胜利以来，各国随之而起了许多的‘政治改革’。自去年俄罗斯以民众的大联合，和贵族大联合、资本家大联合相抗，收了‘社会改革’的胜利以来，各国如匈，如奥，如截，如德，亦随之而起了许多‘社会改革’。虽其胜利尚未至于完满的程度，要必可以完满，并且可以普及于世界，是想得到的。”文章认为法国的民主主义革命和俄国的社会主义革命，都是民众大联合的结果，隐含的意思是，中国的革命也应走相同的道路。

至于怎样实行这种联合呢？毛泽东在文章中认为，必须从切实的“民众小联合”着手：“我们是农夫，我们就要和我们种田的同类，结成一个联合，以谋我们种田人的种种利益。”“我们是工人，我们要和我们做工的同类结成一个联合，以谋我们工人的种种利益。”除农民、工人外，还要有学生的联合、妇女的联合、小学教师的联合、警察的联合、车夫的联合等等。这些人“受苦不过，就想组成切于他们利害的各种小联合”。有了许多小联合，就可“进为一个大的联合，由许多大的联合，进为一个最大的联合”。

民众大联合的可能及其发展趋势如何呢？毛泽东的文章根据世界革命和五四运动的经验，做了这样的分析：

> 俄罗斯打倒贵族，驱逐富人，劳农两界合立了委办政府，红旗军东驰西突，扫荡了多少敌人，协约国为之改容，全世界为之震动。匈牙利崛起，布达佩斯又出现了崭新的劳农政府。德人、奥人、截克人和之，出死力以与其国内的敌党搏战。怒涛西迈，转而东行，英、法、意、美既演了多少的大罢工，印度、朝鲜又起了若干的大革命。异军特起，更有中华长城渤海之间，发生了五四运动。旌旗南向，过黄河而到长江，黄浦汉皋，屡演活剧，洞庭闽水，更起高潮。天地为之昭苏，奸邪为之辟易。咳！我们知道了！我们醒觉了！天下者我们的天下，国家者我们的国家，社会者我们的社会。我们不说，谁说？我们不干，谁干？刻不容缓的民众大联合，我们应该积极进行！

继毛泽东在《湘江评论》发表《民众的大联合》后，许多赞同新文化的刊物都注意到了联合问题。1919 年 11 月出版的《国民》杂志刊载了一位北京学联负责人的文章说：五四运动“显示了社会制裁与民众制裁的力量”，“明晰了联合的效用和必要”。作者认为青年知识分子要“加入劳动阶级的活动”，“和他们打成一片，灌输他们的知识，使他们有组织、有办法，成无数个精密完善的团体”。[1]

提倡民众大联合特别是劳动阶级的大联合，是五四以后群众运动的一个鲜明特点。

[1] 许德珩：《五四运动与青年的觉悟》，载《国民》第二卷第一号。

闽案与国货

1919年的几个主题词,除了救国、青年、外交、运动,还有一个应该是“国货”。提倡国货不但是爱国的表现,更是救国的方法。

但是正如鲁迅所说,这工作需要“韧性”,不能急。一年时间不可能有很大的效果,如果忙于运动,罢工罢课,就更没有多少功夫来研究国货的设计和制造了。

1919年,民间发生了无数次抵制日货的运动,既刺激了国人的神经,也长了国人的志气。

1919年冬天发生的闽案,是中日之间的又一次争端,自然也伴随着抵制日货的运动。这次争端的解决让民众尝到胜利的甜头,但抵制日货的终极目的——发展国货——仍难有起色。

1919年11月16日下午六时,侨居福州的日本浪人数十名,持械于台江区桥南寻衅,无故击伤学生4人、市民1人、警察1人,夺去警察步枪2支。当地警察随后捕获凶犯福田原藏等3人。另有福州日领署警察长江口善海等7名浪人,逃至一家西菜馆内负隅顽抗后,也被捕获。

然而,福建督军兼省长李厚基竟以“邦交基重”为由,令福建交涉署将10名凶犯转交日领署处理。此举引发福州民众的不满。11月23日,全国各界联合会就福州事件发出通告,呼吁:“速开国民大会,举办游行演讲,警告全国父老,使知吾国危亡已在眉睫,迅与日人断绝国民交易,厉行抵制日货,决不供给日本一切米粮煤铁及各种原料。”

日舰“嵯峨丸”号奉日本政府令迅速驶抵福州,驻福州日领事立即偕该舰舰长往晤福建交涉员王寿昌,促使中方承诺对福州日侨生命财产“负担完全保护责任”。25日午后,“嵯峨丸”号水兵60名,全副武装自马江乘小船

提倡国货纸伞的上海博文女校学生

抵大桥下强行登陆，先至日领事署，随后上街示威。当月末，日舰“樱丸”号、“橘丸”号也驶抵福州。

11月27日下午四时，北京政府外交部就福州事件向驻京日使小幡西吉提出书面抗议。要求四点：“一、撤退福州领事；二、充分赔偿福州闹事中华人生命之损失，并给予受伤华人之医药费；三、按法严惩肇事负责之日人；四、福州日领事应向福州中国当道道歉。”抗议提出后，中方三次敦促日方回复，日使均以“须先取缔排货”拒绝。

福州事件引起学生们的极大愤慨。11月29日，北京学生约500余人，齐集天安门，分为30队游行示威。这次游行较五四时的抵制日货运动在人数上更多。在组织上，学生们也积累了更多的经验，有负责发布新闻招待记者的，有负责救护的，还有专门负责侦察日本人和中国军警动静的。游行队伍沿途散发了一百多种传单，并高呼“头可断，血可流，福州不可失”、“力救福建”、‘抵制日货”等口号。

旅京福建学生联合会在《泣告全国同胞书》中说：“今青岛何如者？吾福建又如此矣！福建之被蹂躏，原闽人意料所及，故虽死亦心甘。特不抵抗以死，实贻我同胞羞，遂不能不奋斗。奋斗矣，又恐力弱致败为同胞累，遂不得不求助。凡所以为自卫计者,请共努力行之,我闽人愿尽死以活同胞也。”联合会还提出了“抵货十人团”的办法：“一、宗旨：不买日货，不卖日货，不用日币，不接济日本原料和粮食；二、组织：十人一团，举一个代表，负连带责任；三、责任：团员及自己家庭绝对实行本团宗旨。”并规定各团进行结果，报知各地学生或其他团体，由学生会或其他团体公布之。

12 月 7 日，学生们又联合北京爱国商人在天安门召开国民大会，提出强硬抗议，要求撤换日本驻福州的领事，要求日本惩凶、道歉，并要求收回领事裁判权。大会还决定北京各商店一律不卖日本货，并由北京大学等 20 多个团体，组织“抵制日货委员会”，有计划地进行斗争。大会通过全国各地一致赞同之解决闽案 8 项条件，并议决力争山东一切权利，防止补签对德和约，反对山东问题中日直接交涉，要求北京政府外交公开，不承认中日间一切密约，不用日货、日币，不准米粮出口，与日本断绝一切经济关系。随后将上述决议通电全国，并函告徐世昌总统，要求政府顺从民意，与日方严重交涉。

这次天安门大会，人数空前，影响很大。中美通信社的报道是：“是日不期而（与）会者共有七十六团体，人数共达十万，于斯可观民气之盛。”当日，“各界所发传单，计有五六种之多，所携小旗上书‘众志成城’、‘福州问题严重抗议’、‘山东问题反对直接交涉’、‘打破强权’、‘时日曷丧’、‘准备宣战’等字样。”[1]

北京总商会会长安迪生在群众压力下，被迫当场签字，保证北京商界

---

[1] 北洋政府内务部档案：《杨以德关于天津各界开国民大会情形政内务总长密呈》，1919 年 12 月 20 日。

一律抵制日货。12 月 8 日，北京总商会遵照 7 日天安门国民大会决议，向各商铺发出通告，限 3 日内将所有日货一律收存，不得再售。9 日午后二时，总商会再开会议，各行业代表四百余人及其他团体及学生代表与会，议决抵制日货的四项办法："一、各商铺所有日货全行收起；二、各商铺进行办法悉听国民大会委员会之决定；三、各商铺不准再买日货；四、由国民大会举调查员在各关卡稽查，若发现日货，得以实行惩罚及焚烧之手段。"为照顾小本经营计，议定小商家可将原有存货售出，惟不得再进日货。自 10 日起，总商会连日召集各行业代表开会，议商断绝日货来源及处置存货的具体办法。

除了北京，应援福州事件的还有天津。天津各界联合会及学生联合会接到福州学联的来电后，立刻在 11 月 30 日召开了紧急会议，决定召开国民大会，抗议日本在福州的暴行，同时复电福州学联，表示慰问和支援；并电北京政府，促其对福州事件向日本提出严重交涉。12 月 20 日，天津国民大会在南开操场举行。即有各团体的代表和演讲员轮流在五个讲台上演讲，详述福州惨案经过，听者无不义愤填膺。下午两点正式宣布开会后，又有各团体相继讲演，并通过了致北京政府和复福州学联的通电。会后，当场焚烧了自五四半年多以来因违约而被没收的日货，"在场焚烧日货约有十余车，内有肥皂盒、脸盆、手巾、东洋钟等。"

面对中国这场声势浩大的抵制日货运动，日使小幡西吉于 12 月 5 日至北京政府外交部提出书面抗议。抗议书指责此次事件皆因中国地方官不善取缔学生排日行动有以致之，并捏造事实，强诬"责任全在中国"。

在全国一片声讨抗议声中，中国政府对日方采取了强硬的态度。后经全面调查，中国政府于 1920 年 2 月 19 日确认"闽案"日方应负完全责任。最终，日方道歉赔款并撤换了驻闽总领事森田浩。

"闽案"是中国近代外交史上的一次胜利。事件过后，福州本地人士在南公园建立"国货陈列馆"，并于馆侧立"请用国货"石碑。如今，台江还保留着"国货路"的地名，台江区博物馆中陈列着抵制日货时制造的国货。

“请用国货”石碑

尽管政治运动轰轰烈烈,但帝国主义经济还占领着中国市场。短时间内，国货的质量赶不上洋货。为了现实斗争抵制洋货，只是权宜之计，绝非解决问题的根本办法。

驱“张”讽“赵”

张敬尧是被段祺瑞执政府任命的湖南督军兼省长。任职期间，他伙同三个兄弟张敬舜、张敬禹、张敬汤，烧杀抢掠，搜刮民财，摧残教育，钳制舆论，激起湖南民众的强烈不满。当地有民谣曰：“堂堂呼张，尧舜禹汤，一二三四，虎豹豺狼，张毒不除，湖南无望。”

1919 年 12 月 2 日，长沙各校学生因福州事件，于教育会举行焚毁日货大会，到场者近万人。张敬尧受奸商重贿，派遣他的弟弟、长沙警备司令张敬汤率军警千余人包围会场，禁阻焚货。军警驱散与会群众，逮捕 5 人，殴伤数十人。

湖南学生联络社会各界发起驱逐张敬尧运动。呼吁书说：“至罪恶尤著之张敬尧、李厚基等，应立予罢斥；滥肆威权之各省长官，应明令申儆，以谢国人。”学生组织于 12 月 6 日宣布罢课，8 日长沙各校全部停课。在新民学会等倡议下，湖南学校纷纷推举代表，分赴北京、上海、广州、衡阳、郴州、常德等地请愿和联络，开展驱张活动。其中，以毛泽东为首的赴京代表团一行 40 人于 1919 年 12 月 18 日到达北京。

12 月 29 日，赴京代表千余人在湖南会馆召开大会。与会者纷纷指责湖南议员未尽驱张之责。在场各议员被迫立字“担负驱逐张敬尧完全责任，如不能达到目的，则全体辞职以谢湘民”。大会做出五项议决：“一、电南政府请促北政府速撤张敬尧；二、电全国宣布张罪状，求国民公判；三、呈北政府即日罢张；四、举代表见当局，报告开会情形，要求撤张；五、设旅京湖南各界委员会为去张机关。”又推定委员 20 余人执行大会议决各事。

此外，赴京湖南学生驱张代表团还致函徐世昌、北京国务院及教育部，

湖南督军张敬尧

控告张敬尧摧残教育，要求撤惩。总理靳云鹏在学生请愿示威的压力下，不得不出来面见代表，并应允研究代表们的要求。驱张运动最终取得胜利，不仅仅是学生奋争的结果，也是军阀之间的矛盾斗争、地方势力与外来势力的角力等多种因素促成的。吴佩孚和冯玉祥与湘军谭延闿达成了协议，吴佩孚撤出衡阳，致使湖南南大门敞开；冯玉祥撤出了部分守军，又使西大门敞开，湘军得以长驱直入，张敬尧仓皇出逃，其所部军队全部撤出湖南。

张敬尧本人因“守土不力”“罪无可逭”，中央政府责令其“迅即来京查办”，而他的弟弟张敬汤则被立即判处死刑。

民众自发组织团体，逼迫本省国会议员采取行动，并通过联合社会各界力量，达到罢免本省最高长官的目的，实属不易——这充分显示出民众大联合的威力。

类似的情况，全国其他地方也有上演。军政长官让人民满意的不多。河南督军赵倜劣迹斑斑，当地人民深受其害，怨声载道，却无可奈何。

赵倜是袁世凯的同乡，民国成立后依附袁世凯，率毅军进入河南，追剿白狼军起义，1913年因功授河南护军使，1914年授将军府将军，督理河南军务。次年，他发电拥护袁世凯复辟帝制。袁死后，赵倜长期任河南督军兼省长，曾加入督军团，大力支持段祺瑞反对黎元洪和解散国会，后与皖系将领一道支持段祺瑞武力统一南方和对日战争借款，与冯国璋为首的直系相抗衡。但后来赵倜又与段祺瑞产生矛盾，转而依附吴佩孚。直皖战后，吴佩孚任直鲁豫巡阅副使，以洛阳为大本营训练军队，打击了赵倜在河南的地位，遭到赵的怨恨。1922年第一次直奉战争爆发，赵倜与安徽督军张文生联络，图谋在后方打击吴佩孚。奉军失败后，赵倜被冯玉祥、胡景翼赶出河南，到东北投靠了张作霖。

1916年，赵倜编练宏威军，陆续增编到40个营。最初，他自兼宏威军司令，随后将其三弟赵杰加速提拔，任命为宏威军司令。宏威军军纪涣散，到处为非作歹，战斗力也极差。赵倜还令各县自筹经费成立巡缉营，三县或五县还设一个领官，以统一指挥这三县或五县的巡缉营。巡缉营名义上防匪，实际上落在各县土豪劣绅手里，成为作恶的工具。

赵倜督豫8年，大失民望。军队，尤其是其三弟赵杰率领的宏威军，纪律极坏，作恶多端。赵倜搜刮钱财，大致有三种方式：一是欠饷，军队经常欠饷数月，年终马虎了事；二是把持河南省铜元局，买铜自铸，从中取利；三是不通过省长公署和财政机关，直接向豫西产鸦片县份摊派捐款，尽入私囊。

河南民众没有像湖南民众那样发动驱“赵”运动，只编了些文字发泄心中怨愤。有一本书名《黄河泪》，可以归入“谴责小说”一类，揭露了赵倜

《黄河泪》

在河南的种种恶行劣迹。

对武力和强权，只能用编歌谣、写小说讽刺挖苦，可怜、可悲亦复可叹。腐败的政治制度不改变，国民便是流出黄河水那样多的眼泪，也无济于事。

《觉悟》

青年渴望进步，进步需要觉悟。1917 年，叶挺在写给陈独秀的信中说：

> 今足下欲导人于道德之域，曰尔当爱国，尔当爱群，尔当趋于仁义，尔当为社会求幸福，虽日聒于陷溺者之耳，未见其效愈于父若兄之劝也。故今日欲振污世，起衰溺，惟以阳明先生致良知三字为正的，以清宵良夜之言，激撼其习心，促迫其觉悟。然后能领会善言，臻于道域。[1]

叶挺的修习路径是王阳明的“致良知”，求诸内心，这也许与他在军校接触王阳明文治武功的事迹有关。

五四运动之后，青年学生们更普遍的觉悟方式是：发展社团组织，进行社会革命。天津南开中学的周恩来，1919 年春游览日本京都后写下几首诗。其中一首写道：

> 潇潇雨，雾蒙浓；
> 一线阳光穿云出，愈见姣妍。
> 人间的万象真理，愈求愈模胡，
> ——模胡中偶然见着一点光明，
> 真愈觉姣妍。[2]

[1] 叶挺致《新青年》编者信，载《新青年》第二卷第六号，1917 年。

[2] 《雨中岚山——日本京都》，载《觉悟》第 1 期。

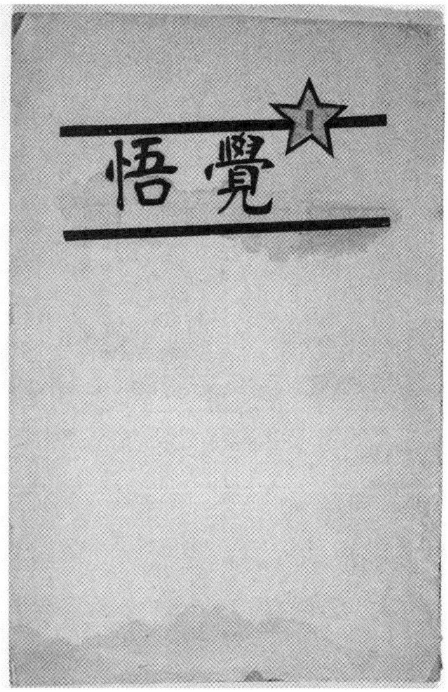

1919 年 12 月 29 日《觉悟》创刊

象征性地朦胧地表现了觉悟的过程。

五四运动之初，天津男女学生组织各自独立发展。但随着运动的深入，学生运动骨干迫切感到需要打破男女界限，建立统一的组织，因此动议联合成立觉悟社。觉悟社最初由 20 人组成。为了体现男女平等，规定男女社员各 10 人，不设置会长、秘书之类的职衔，而实行委员制，社员的姓名对外不公开，采用抽签的办法，以号取名，用以作为通信的代号或发表文章的笔名。如周恩来为 5 号，邓颖超为 1 号，分别取名“伍豪”和“逸豪”。

1919 年底，觉悟社社刊创刊号编辑完成，于 12 月 29 日（署 1920 年 1 月）正式出版。封面刊名上印有一颗五角星，寓意受光辉启发而觉悟。创刊号中《觉悟》和《觉悟的宣言》两篇纲领性文字均为周恩来所写。

觉悟社宣言说：“‘觉悟’的声浪，在二十世纪新潮流中，澎渤得很厉害。

天津觉悟社社员合影

我们中国自从去岁受欧战媾和的影响，一般稍具普通常识的人，也随着生了一种很深刻的觉悟:凡是不合于现代进化的军国主义、资产阶级、党阀、官僚、男女不平等界限、顽固思想、旧道德、旧伦常……全认他为应该铲除应该改革的。有了这种‘觉’遂酝酿成这次全国的‘学潮’，冲动了全国的学生界，人人全想向‘觉悟’方面走。”

觉悟社的目标是：“本着反省、实行、持久、奋斗、活泼、愉快、牺牲、创造、批评、互助的精神，求适应于‘人’的生活——做学生方面的‘思想改造’事业。抽象的话是:要本‘革心’、‘革新’的精神，求大家的‘自觉’、‘自决’。”

《觉悟社社员歌》唱道：世界潮流，汹涌澎湃，来到中华地，社会革命，阶级斗争，大家齐努力。二十几个同志，大家携手作先驱，奋斗、牺牲是精神，推翻恶势力！

觉悟社的成立和《觉悟》的出版，引起了很大反响。当时的北京《晨报》称赞说:天津的许多青年学生团体，“由纯粹的分子来结合而具有特别色彩的，确是微乎其微了，记者敢对诸君说，天津只有一个这种的团体，可以说是天津的小明星”，“这团体就是‘觉悟社’，该社产生了三个月，会员是天津学界中最优秀、纯洁、奋斗、觉悟的青年结合的小团体”，“他们抱了时时觉悟、刻刻觉悟的决心，所以叫觉悟社”。[1]

觉悟社成立后的第一个活动，是请北京大学教授李大钊来演讲。李大钊的演讲给社员们留下深刻的印象。他走后，大家认真学习他在《新青年》上发表的几篇文章，特别是《庶民的胜利》、《布尔什维主义的胜利》、《战后的妇人问题》、《我的马克思主义观》等。

被觉悟社邀请演讲的专家学者还有：徐谦讲《救国问题》，包世杰讲《对于新潮流的感想》，周作人讲《日本新村的精神》，钱玄同讲《研究白话文学》，刘半农讲《白话诗》，等等。

在 1919 年将要结束的时候，这份看似单薄的杂志，象征性地描述了一个特殊年份里中国人民的生存状态。如果要选 1919 年的关键词，不妨选用“国民”和“觉悟”。两个词分别来自年初和年底的《国民》和《觉悟》两本杂志名称。两词连读，就是“国民觉悟”。在这一年里，无论是政府，还是普通民众，都经受了重大事件的考验，获得了丰富的经验。民众的联合，学生的罢课，工人的罢工，商人的罢市，教师的罢教，无不体现出“觉悟”。

人们虽然还没有准确定义出国民及其责任和义务，还没有区分国民、公民、市民的异同，在实际斗争中仍或有政治法律等方面的模糊不清，但觉悟的过程本身弥足珍贵，为后世提供了宝贵的经验。

[1] 《现在的天津》，载《晨报》，1919 年 12 月 25 日。

《少年中国》

少年中国学会由王光祈、曾琦、陈淯、周太玄、张尚龄、雷宝菁等人筹建，1919 年 7 月 1 日正式成立。总会在北京，另在会员较集中之南京、成都两地设分会，后来全国很多地方以及海外的巴黎、东京、纽约等地也设了分会。

学会创办《少年中国》杂志（*The Journal of Young China*）。写过《青春》一文的李大钊列名为发起人之一。

学会的最高领导机构是评议会，李大钊、恽代英、杨贤江、黄日葵四位是评议员，执行部主任是王光祈。会员主要是三种人：（一）向往俄国十月革命的一些人；（二）因反对日本侵占山东而归国的留日学生；（三）从事爱国运动的国内各学校学生。

少年中国学会兴盛时期，会员达到 108 人，毛泽东、恽代英、邓中夏、杨贤江、高君宇、李达、黄日葵、缪伯英、蔡和森、赵世炎、张闻天、许德珩等都曾参加。

学会的宗旨是：本科学的精神进行社会的活动，以创造少年中国。用王光祈的话说，是“集合全国青年，为中国创造新生命，为东亚辟一新纪元”。学会的信条是：奋斗、实践、坚忍、俭朴。因此，凡是有宗教信仰的人、纳妾的人、做官的人均不能成为会员。已经入会者，如出现上述情况，将被清退。

除《少年中国》月刊外，学会还编辑出版《少年世界》和《星期日周刊》等杂志以及《少年中国学会丛书》32 种。影响较大的是北京总会编辑的《少年中国》月刊，创刊于 1919 年 7 月，李大钊曾任编辑主任，刊登有关自然科学、文学、社会学和哲学的论著和译文。从人员的组成看，少年中国学会中既有原《新青年》同人、老师辈的李大钊，也有学生辈的王光祈、邓中夏、恽代英、黄日葵、徐彦之等。

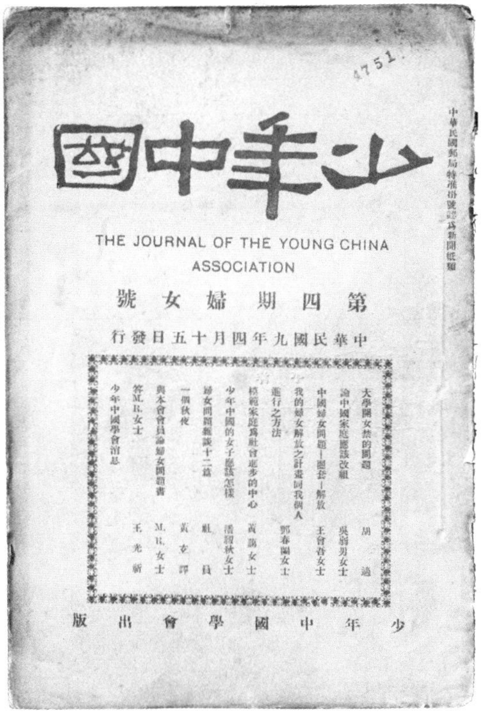

《少年中国》妇女号

李大钊在《少年中国》中发挥了核心作用。1919 年 9 月，他在少年中国学会提出用“少年运动”创造理想的“灵肉一致的”少年中国，而“少年运动”的第一步，“就是要作两种的文化运动：一个是精神改造的运动，一个是物质的改造运动”。“精神改造的运动，就是本着人道主义的精神，宣传‘互助’、‘博爱’的道理，改造现代堕落的人心，使人人都把‘人’的面目拿出来对他的同胞。把那占据的冲动，变为创造的冲动；把那残杀的生活，变为有爱的生活；把那侵夺的习惯，变成同劳的习惯；把那私营的心理，变成公善的心理。”精神的改造要与物质的改造一致进行。“由于人类在马克思所谓‘前史’的期间，习染恶性狠（很）深。物质的改造固然成功，人心内部的恶，若不划除净尽，他在新社会新生活里依然还要复萌，这改造的社会组织，终于受他的害，保持不住。”物质改造运动则要本着勤工主义的精神，创造一

1919 年 7 月，王光祈、李大钊等在北京组织了“少年中国学会”。图为学会周年纪念会时部分会员合影。左起：孟寿椿、邓中夏、周炳林、张申府、陈愚生、康伯情、袁同礼、李大钊、黄日葵、雷宝华

种“劳工神圣”的组织，改造现代游惰本位、掠夺主义的经济制度，把劳工的生活从这种制度下解放出来，使人人都须做工，做工的人都能吃饭。“因为经济组织没有改变，精神的改造很难成功。在从前的经济组织里，何尝没有人讲过‘博爱’、‘互助’的道理，不过这表面构造（就是一切文化的构造）的力量，到底比不上基础构造（就是经济构造）的力量大。你只管讲你的道理，他时时从根本上破坏你的道理，使他永远不能实现。”[1]

基于对资本主义剥削和贪婪的痛恨，也痛感中国城乡的分离状态，李大钊呼吁“少年中国”的青年们到农村去：

[1] 李大钊：《“少年中国”的“少年运动”》，载《少年中国》第 1 卷第 3 期，1919 年 9 月 15 日。

> 不该常常漂泊在这都市上，在工作社会以外作一种文化的游民；应该投身到山林里村落里去，在那绿野烟雨中，一锄一犁的作那些辛苦劳农的伴侣。吸烟休息的时间，田间篱下的场所，都有我们开发他们，慰安他们的机会。须知“劳工神圣”的话，断断不配那一点不作手足劳动的人讲的；那不劳而食的知识阶级，应该与那些资本家一样受排斥的。中国今日的情形，都市和村落完全打成两橛，几乎是两个世界一样。都市上所发生的问题，所传播的文化，村落里的人，毫不发生一点关系；村落里的生活，都市上的人，大概也是漠不关心，或者全不知道他是什么状况。……我们应该学那闲暇的时候就来都市里著书，农忙的时候就在田间工作的陶士泰先生，文化的空气才能与山林里村落里的树影炊烟联成一气，那些静沉沉的老村落才能变成活泼泼的新村落。新村落的大联合，就是我们的“少年中国”。[1]

五四前后，各团体的所在地和活动范围大多集中于都会，农村很少成为关注点。而中国人口的绝大多数仍是生活在农村的农民。但问题是，新成长的知识青年生活在城市，必须先在城市安顿好，才能建设农村。1919 年 12 月 4 日，王光祈在李大钊主持的《晨报》副刊上发表文章《城市中的新生活》，为穷苦的城市青年设想了半工半读、工读互助的生活方式，寄希望从城市生活的组织结构中产生新的社会形态，其特点是小而切实：

> 现在武昌、南京、天津、湖南平江、上海、浙江各处皆将组织，前途很有希望。但是我希望组织的范围愈小愈好，而组织团体愈多愈好。若有联络的必要时，还是实行我们“小团体大联合”的计画（划）。我们团员随便到什么地方，皆有工可做，有书可读。将来的“新生活”便是：“日出而作，日入而息，凿井而饮，耕田而食，帝力——政府——

[1] 李大钊：《“少年中国”的“少年运动”》，载《少年中国》第 1 卷第 3 期，1919 年 9 月 15 日。

于我何有哉！”

他在《击壤歌》的歌词中加上“政府”二字。市民阶层的兴起，无疑将会使政府变“小”——乃至于无。

北京大学校长蔡元培曾高度评价少年中国学会：“现在各种集会中，我觉得最有希望的是少年中国学会。因为他的言论、他的行动都质实得很，没有一点浮动与夸张的态度。”

1921年，邓中夏、高君宇等共产主义者与思想右倾的左舜生、陈启天展开论争，焦点是学会要不要确定社会主义方向，成为思想行动一致的政治团体。后者反对学会规定主义（特别是社会主义），坚持只能从事改良活动，不赞成政治革命。许多中间派会员也不主张学会规定主义，而希望维持兼容并包的状况，仍作为一个纯学术团体。

少年中国学会出现分裂已不可避免。

虽然“工读互助团”失败了，但王光祈坚持文化、教育建国的主张，致力于社会活动——虽然这样的活动不像政治运动那样能立刻见效。王光祈写道：

> 三年以来，所谓新文化运动者，即由政治改革而进为社会改革之一种表现也。果能循此以进，努力奋发，民族清明之气，不难计日而复。曾几何时，一般参与新文化运动之青年，乃将三十年来之教训，尽行忘去，所有新文化运动精髓之社会改革，一笔推翻，所有从前政党之迷路，皆一一照旧再走。所有中国一线生机，遂从兹断绝。呜呼……从前是政治改革之失败，今日是社会改革之代兴，吾辈与旧日党人不同之点在此，新文化运动关系民族之存亡者亦在此。所以吾辈必抱定宗旨，从事社会活动，反对政治活动。

王光祈后来到德国学习音乐，成为小提琴家。现今四川音乐学院校园内有他的雕像。

“终身大事”

胡适的剧本《终身大事》原为应朋友之约用英文写成，中译文发表于1919年3月《新青年》第六卷第三号。在剧本之前，胡适这样定义《终身大事》的文体：“这一类的戏，西文叫做 farce，译出来就是游戏的喜剧。这是我第一次弄这一类的玩意儿，列位朋友莫要见笑。”

胡适把这样一个严肃题材的作品说成“闹剧”，太过谦虚，应该径直说“喜剧”，因为虽然剧中女主角的家长不高兴，但全剧最终形成“有情人终成眷属”的结局，毕竟是一桩自由婚姻，是完成了大团圆的“终身大事”。剧本描写一个中产家庭的独生女田亚梅为争取婚姻自主而离家出走。亚梅留学归来，倾心于交往多年的朋友陈先生。但她的母亲求签算命，说两人命相不合，八字相克，极力反对他们成婚。最后，亚梅趁父母不在，留下字条说：“这是孩儿的终身大事，孩儿该自己决断，孩儿现在坐了陈先生的汽车去了，暂时告辞了。”

《新青年》第四卷第六号上曾经刊登过由胡适和罗家伦合译的易卜生剧本《娜拉》，又名《玩偶之家》、《傀儡家庭》、《模范家庭》，其中心思想是攻击以男子为中心的家庭制度，反思性别的不平等。

女子的婚姻问题，归结为三个阶段，一是嫁给谁，二是婚后生活是否合适，三是如果走出家门发现婚姻不合适怎么办？鲁迅几年后写了《娜拉走后怎样》，而且还写了小说《伤逝》，试图回答最后一个问题。

易卜生的《娜拉》关注的是妇女在家庭中的地位，而当时中国青年所面临的首要问题是跟谁结婚，也就是说，先要解决婚姻自由的问题。《终身大事》剧情简单明了，主旨是反对包办婚姻，主张女性自主选择伴侣。

胡适的剧作情节虽然不如《玩偶之家》丰富生动，但对此后婚恋问题剧

刊登《终身大事》的《新青年》第六卷第三号

的创作和演出具有推动意义。

几年前，中国有一种考试以《终身大事》命题：

1919 年胡适写成剧本《终身大事》，剧中有一情节，女主角田亚梅的父母以八字不合等为理由反对她与陈先生的结婚，后来她背着父母跟陈先生跑了。这一角色在当时竟没有人敢演。这一现象表明：

A. 北洋政府倡导尊孔复古

B. 五四运动推动了婚姻自由

C. 文学革命以新女性作为创作主题

D. 新文化运动对移风易俗的作用有限

正确答案应为D。田亚梅这个角色“没有人敢演”，并不是因为田亚梅违背父母之命，离家私奔，不贞不孝，演员怕留下坏名声，而是那时普遍风气，女性不宜抛头露面，更不能登上戏剧舞台。

《终身大事》在《新青年》上发表不久，就有了舞台表演。当时在教育部工作的鲁迅，工作职责之一是审查文艺作品，文明戏（话剧）也在审查之列。鲁迅日记1919年6月19日记载：“晚与二弟同至第一舞台观学生演剧，计《终身大事》一幕，胡适之作，《新村正》四幕，南开学校本也，夜半归。”周作人同日日记可与兄长的日记互证：“晚同大哥至西珠市第一舞台观新剧，演《终身大事》及《新村正》，十二时回寓。”这次演出，是北京学生联合会为了给学生运动筹集经费，邀请北京大学、北京高等师范学校等学校共同举办的。剧中女角当然还是由男性扮演，而周氏兄弟在日记中没有对此做何评论。

《终身大事》真正实现男女合演，是在1923年9月。当时，上海戏剧社在职工教育礼堂演出了欧阳予倩的《泼妇》和胡适的《终身大事》，由洪深导演。洪深安排《终身大事》剧由男女同台演出，务本女中学生钟剑秋和王毓清、王毓静姐妹扮演女角；《泼妇》一剧则仍按男扮女角传统上演。《终身大事》首先演出，观众对男扮男、女扮女、男女同台合演十分赞赏，报以热烈掌声。接着上演“男扮女角”的《泼妇》，相比之下就显得十分别扭，引发观众阵阵哄笑，演员也颇觉尴尬。上文的考题中说新文化运动对移风易俗的“作用有限”，讲得也比较笼统，“限”，究竟限到什么程度？与话剧舞台上男女共同演出自由的“终身大事”的艰难相比，现实中的情况是，青年们已经不能忍受旧式婚姻的钳制，婚姻方式开始有所变化，自由恋爱和自主结婚者越来越多。

胡适的身边不乏实例。就在1919年，他为两位新人证婚，证件至今保存完好：

唐惟淑 湖南省瀏陽縣人 丁酉年十月十三日丑時生
陳啟修 四川省中江縣人 丁亥年九月初六日申時生
今由
江天鐸 蕭志仁 兩先生介紹訂為夫婦於中華民國八年
八月二十八日下午二時在中央公園來今
雨軒結婚恭請
胡適先生證婚永敦和好偕老百年此證
訂婚人 唐惟淑 陳啟修
證婚人 胡適
介紹人 江天鐸 蕭志仁
主婚人 (訂婚人自主)
中華民國八年八月二十八日訂

唐惟淑、陈启修订婚证

唐惟淑，湖南省浏阳县人，丁酉年十月十三日丑时生。陈启修，四川省中江县人，丁亥年九月初六日申时生。今由江天铎、萧志仁两先生介绍，订为夫妇，于中华民国八年八月二十八日下午二时，在中央公园来今雨轩结婚。恭请胡适先生证婚，永敦和好，偕老百年，此证。订婚人：唐惟淑、陈启修。证婚人：胡适。介绍人：江天铎、萧志仁。主婚人：订婚人自主。中华民国八年八月二十八日订。

唐惟淑印（白）陈启修印（白）胡适之印（白），萧志仁印（白）[1]

新郎陈启修（1886—1960），后改名陈豹隐，字惺农，笔名勺水、罗江，1905 年东渡日本，1908 年考入东京第一高等学校预科，次年正式就读，享受官费留学待遇。辛亥革命期间，一度回国，在王芝祥第三军任二等参谋兼军需司副司长。1913 年考入东京帝国大学法科大学政治科。1917 年与胡适

[1] 黑龙江大学博物馆藏伟强藏品。

同年受邀进入北京大学授课，担任北京大学法科教授兼政治门研究所主任，开设“马克思主义经济学概论”课程，并担任北大马克思学说研究会“资本论”导师，与李大钊一起组织了讲授马克思主义课程的学术小组。1927 年大革命失败后，陈启修遭南京国民党政府通缉，流亡日本，易名陈豹隐，与党组织失去联系。他潜心研究马列主义经济学，重要著作如《经济现象的体系》、《新政治学》、《科学的社会观》等成于此时。他首译《资本论》，还翻译了日本河上肇所著《经济学大纲》，许多共产党人正是从这本书开始系统学习马克思主义经济学说的。

新娘唐惟淑（1897—1980）先后就读于上海三育小学、北京女子师范学校。1925 年 4 月入苏联莫斯科东方大学学习，由蔡畅介绍加入中国共产党。回国后参加共产党工作。1926 年 3 月随陈启修到广州，期间陈启修为黄埔军校政治教官、第六届广州农民运动讲习所教员、中山大学经济学系主任、《民国日报》主笔。1926 年 10 月，随陈启修到武汉，经国民革命军总政治部主任邓演达介绍，任武汉中央政治军事学校女生队政治指导员、中央军事政治学校特别党部筹备员。1927 年 7 月，陈启修流亡日本，唐惟淑到上海，失去中共组织关系。抗日战争胜利后，唐惟淑任上海高等法院书记官。中华人民共和国成立后，任上海市人民法院书记科副科长。1980 年逝世。

胡适作为新郎陈启修的同事，见证了因自由恋爱而结合的两位青年的“婚姻大事”。两位新人自由恋爱而“白头偕老”，胡适夫妇听从“父母之命、媒妁之言”同样也“白头偕老”的婚姻，两相对照，颇能显示文化转型时代中国人“终身大事”的复杂和奇妙。

女子教育

五四运动期间，中国还没有男女混合的学校。但在大城市已有女子学校。上海女子学校的学生们积极参加了五四运动。1919 年 6 月 5 日，上海博文女校等女学生在女子救国会全体干事率领下至街头演讲。6 月 6 日下午，上海女子救国会干事陆蕴玉在霞飞路散发传单被拘，在法租界捕房勇敢申以大义而获释。女子在运动中表现出的勇敢和干练不亚于男生。

鲁迅的小说《祝福》形象地描写了旧时中国底层女性的悲惨命运。今天的学生如果不了解那时的现实，是不能理解这种对女子的禁锢和剥夺的——祥林嫂没有机会受教育。

1919 年底，胡适为一名普通女大学生李超作传，以李超的经历告诉人们，即便是新女性也仍然有可能处于封建男权社会的压迫下。

李超是广西梧州金紫庄人。她的父母早死，只有两个姊姊及父亲的一个妾，名附姐。李超少时跟着附姐长大。因父母无子，附姐承继了她胞叔渠廷的儿子，名惟琛，号极甫。李超家本是一个大家，家产丰厚。民国初年，李超进梧州女子师范学校肄业。民国五年她到广州求学，进入公益女子师范。但她仍不满意，1918 年 9 月到北京女子高等师范学校做旁听生，后改正科生。

胡适写的传记中附有李超给她的继兄等人的信，透露出她的艰难处境。有一封是李超去广州求学时写给继兄，商量学费的事："广东为邻省，轮舟往还，一日可达。……每年所费不过百金。我家年中入息虽不十分丰厚，然此区区之数，又何难筹？……谅吾兄必不以此为介意。"女子是没有财产继承权的，所以她不得不向承继她家财产的外人索取。她的继兄嫂不同意她外出求学，彻底断绝她的经济来源，她只好向亲友借款求学和生活。到

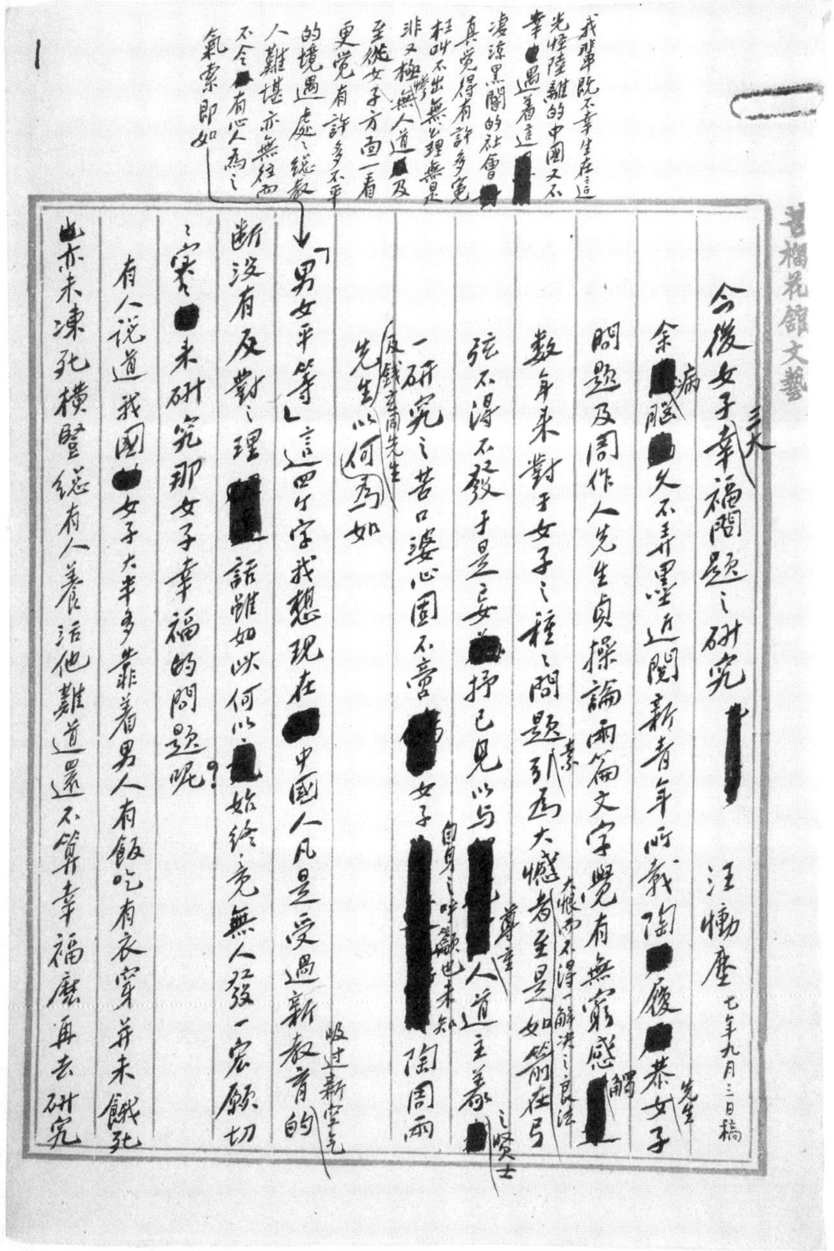

今後女子三大幸福問題之研究 [redacted] 汪慟塵 七年九月三日稿

余[redacted]病腦[redacted]久不弄墨近閲新青年所載陶[redacted]履恭女子問題及周作人先生貞操論兩篇文字覺有無窮感[redacted]觸我輩既不幸生在這光怪陸離的中國又不幸[redacted]遇着這[redacted]凄涼黑闇的社會[redacted]真覺得有許多冤枉叫不出無公理無是非又極慘無人道[redacted]及至從女子方面一看更覺有許多不平的境遇處處總教人難堪亦無往而不令[redacted]有心人為之氣索即如「男女平等」這四个字我想現在[redacted]中國人凡是受過新教育的收过新学説斷沒有反對之理[redacted]話雖如此何以[redacted]始終竟無人發一宏願切切實實[redacted]来研究那女子幸福的問題呢?數年来對于女子之種種問題素引為大憾者大恨而不得一解決之良法至是如鯁在弓弦不得不發于是妄[redacted]抒已見以与[redacted]尊重人道主義[redacted]之賢士一研究之苦口婆心固不啻[redacted]女子[redacted]自身之呼籲也未知陶周兩先生及錢玄同先生以何為如

有人說道我國[redacted]女子大半多靠着男人有飯吃有衣穿并未餓死[redacted]亦未凍死横竪總有人養活他難道還不算幸福麼再去研究

汪栋尘 1919 年 2 月 12 日投给《新青年》杂志的《今后女子三大幸福问题之研究》

了北京，问题仍然存在，而且更加严重。更让她难受的是婚姻不能自主。李超二十岁，不曾订婚，继兄不但不给她学费，反而想将她赶紧嫁出去，好安享家产。李超完全明白继兄的谋算，她出门求学，也有免除自己身陷包办婚姻牢笼的考虑。

李超在北京生活艰难，为家庭争端又急又气，导致身患重病。继兄得知后，四处写信告知，让亲友停止对李超的资助。李超无比愤怒，发出抗议。其兄嫂的逼迫变本加厉，嫂嫂竟以上吊寻死施加压力。李超最终病倒吐血，1919年春，病情加重，医生确诊为肺病。8月，李超去世。

《李超传》对封建男权制度施以猛烈抨击。胡适写道："我替这一个素不相识的可怜女子作传，竟做了六七千字，要算中国传记里一篇长传。我为什么要用这么多的工夫做她的传呢？因为她的一生遭遇可以用做无量数中国女子的写照，可以用做中国家庭制度的研究资料，可以用做研究中国女子问题的起点，可以算做中国女权史上的一个重要牺牲者。"

胡适认为研究李超的一生，至少可以引起人们注意这些问题：（一）家长族长的专制；（二）女子教育问题；（三）女子承袭财产的权利；（四）有女子不为有后的问题。

第（二）（三）两项即女子的教育和承袭财产权是核心问题；第（一）项可谓指向问题的根源——封建宗法制社会的约束；第（四）项更指向根深蒂固的传统和世俗思想。胡适在传记中评述道："《李超传》的根本问题，就是女子不能算为后嗣的大问题。古人为大宗立后，乃是宗法社会的制度。后来不但大宗，凡是男子无子，无论有无女儿，都还是承继别人儿子为后。即如李超的父母，有了李超这样的一个好女儿，依旧不能算是有后，必须承继一个'全无心肝'的侄儿为后。诸位读了这篇传，对于这种制度，该发生什么感想？"

李超之死引起思想界普遍关注。1919年11月30日下午，女子高等师范召开追悼会，到会者超过千人。据12月1日《晨报》报道，现场仅诗文挽嶂就有300余份，李超遗像放置于东首的一座彩棚内，上有蔡元培手书横

长沙周南学校创办的《女界钟》

额“不可夺志”。主办方向来宾赠送李超遗像和胡适所撰《李超传》。蔡元培、蒋梦麟、陈独秀、李大钊、胡适等均到会并发表了演说。男女学生也纷纷发表演说。

李超的命运对于妇女解放起了一定的促进作用。事后，女高师的学生还将李超之死编成话剧，到天桥等地上演，并将收入所得用来办妇女职业学校、妇女识字班等，坚持了好几个月。

经过五四运动，妇女们要求男女平等、教育平等的呼声越来越高。

一些女子高等师范毕业本科学生，希望到北京大学深造，也有的女学生

五四运动期间女学生游行队伍

直接写信给蔡元培校长，“详论男女同校的理由，并述个人愿入之志趣，洋洋数千言”。在教师方面，也有不少主张男女同校者，而各地女生要求男女同校者不绝如缕。

邓春兰 1898 年出生在今青海省海东市循化撒拉族自治县教师世家，1909 年，她的父亲从京师大学堂（北大前身）毕业回兰州工作，念完初小的她转学到省城高小学习。由于家学渊源，邓春兰很想到北京读书。1919 年 8 月 3 日，北京《晨报》以《邓春兰女士来书请大学解除女禁》为题，全文刊登了邓春兰的《全国女子中小学毕业生同志书》，呼吁男女教育平等，争取女子进入国立大学，引起北大校长蔡元培的关注。

蔡元培在 1917 年着手进行北大改革时，将工科并入了北洋大学，1920 年初，北洋大学因校长问题发生学潮，学校停课，学生纷纷要求转回母校，因转学人数过多，影响了北大原有的规章制度。借此机会，代理教务长陶孟和允许王兰、邓春兰等 9 名女生作为旁听生转入北大。而就在他们入学后不久，1920 年 5 月，北大修正了《旁听生章程》，规定旁听生不得改为正科生。

最终，9 名女生中只有 1 名顺利转为正科生并从北大毕业。

五四运动后，妇女解放逐渐成为社会热点，《妇女画报》、《新妇女》、《妇女杂志》等陆续创刊，《新青年》等杂志也编辑发行了妇女问题专号。

日记·书信·回忆录

日记和书信留存时代印痕，透露个人思绪。我们从鲁迅、胡适、周作人和钱玄同的日记和书信中可以略窥 1919 年的面貌。

鲁迅 1919 年的人生目标很现实，也很明确，即将绍兴的老母和家眷接到北京来。年底，他请假回乡，完成了这个“家族中兴”的宏伟目标，后来还据此经历，写成小说《故乡》。

1919 年 5 月 4 日的鲁迅日记这样写道：“昙。星期休息。徐吉轩为父设奠，上午赴吊并赙三元。下午孙伏园君来。刘半农来，交与书籍二册，是丸善寄来者。”这天下午，也就是学生游行的时候，鲁迅待在家里，接待孙伏园和刘半农。刘半农是来送书，孙伏园来做什么，日记没有交代。但孙伏园后来在回忆录中谈到，他自己参加了天安门和东交民巷的示威游行：“游行完了，我便到南半截胡同找鲁迅先生去了，……鲁迅详细问我天安门大会场的情形，还详细问我游行时大街上的情形。”[1] 这篇回忆录写于多年以后，鲁迅对当日的学生运动关心到什么程度，他本人从未说起。

周作人日记风格与鲁迅日记相近，简如流水账。他 5 月 4 日的日记是：“下午寄北京函，半农函，信子同诸儿及重久至上野游动物园。”当时他携家眷在日本探亲，日子过得颇为悠闲。但听说北京发生了学生运动，他匆忙只身回国。6 月 3 日，他到法学院探望被捕学生：“下午往日邮局寄东京函并金六十元，又往校，值军警围法科，至晚，尚无解决，七时半回。”6 月 5 日，他在街上受了警察马队的惊吓：“下午三时半出校。步行至警署前，因有学生讲演团阻，不能前。忽有马队驱众北退，遂由天安门出城。至青云阁

[1] 孙伏园：《五四运动中的鲁迅先生》，载《中国青年》1953 年第 9 期。

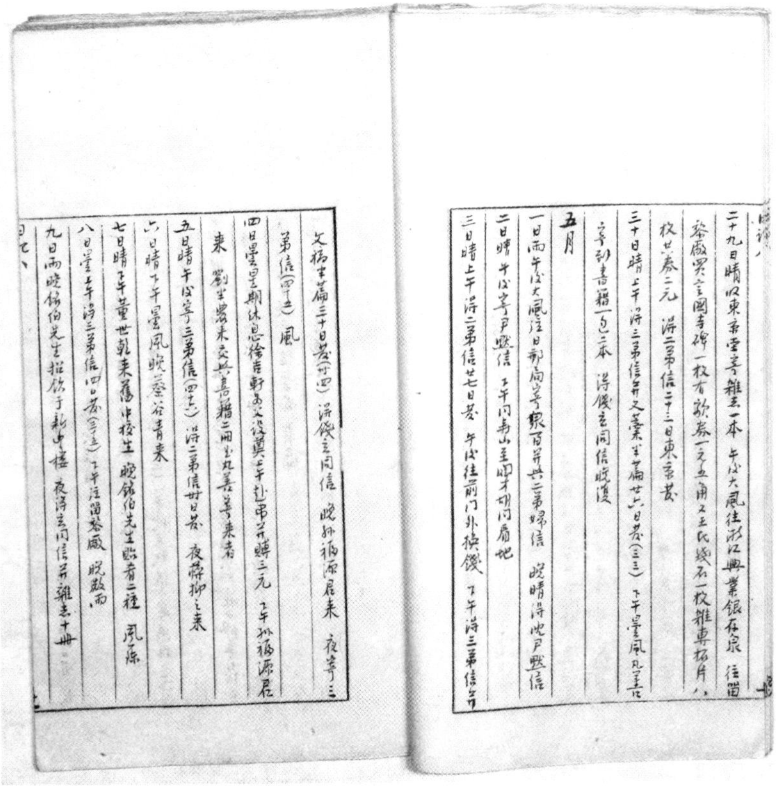

鲁迅 1919 年 5 月日记手稿

买信封。四时半回寓。”他据此经历写成《前门遇马队记》[1]，交给李大钊，发表在《每周评论》上。文章在幽默滑稽中蕴含着不满和愤怒：

> 后面就是一阵铁蹄声，我仿佛见我的右肩旁边，撞到了一个黄的马头。那时大家发了慌，一齐向北直奔，后面还听得一阵马蹄声和怪叫。等到觉得危险已过，立定看时，已经在“履中”两个字的牌楼底下了。

[1] 《每周评论》第 25 期，1919 年 6 月 8 日。

我定一定神，再计算出前门的方法，不知如何是好，须得向哪里走才免得被马队冲散。于是便去请教那站岗的警察，他很和善地指导我，教我从天安门往南走，穿过中华门，可以安全出去。我谢了他，便照他指导的走去，果然毫无危险。我在甬道上走着，一面想着，照我今天遇到的情形，那兵警都待我很好，确是本国人的样子，只有那一队马煞是可怕。那马是无知的畜生，它自然直冲过来，不知道什么是共和，什么是法律。但我仿佛记得那马上似乎也骑着人，当然是个兵士或警察了。那些人虽然骑在马上，也应该还有自己的思想和主意，何至任凭马匹来践踏我们自己的人呢？我当时理应不要逃走，该去和马上的"人"说话，谅他也一定很和善，懂得道理，能够保护我们。我很懊悔没有这样做，被马吓慌了，只顾逃命，把我衣袋里的十几个铜元都掉了。

文章叙述太过平淡，似从日记放大扩充的流水账。但警察所的审查官还是嗅到一些气味。周作人回忆说："这篇文章写得并不怎么的精彩，只是装痴假呆的说些讽刺的话，可是不意从相反的方面得到了赏音，因为警察所注意《每周评论》，时常派人到编辑处去查问，有一天他对守常说道：'你们的评论不知怎么总是不正派，有些文章看不出毛病来，实际上全是要不得。'据守常说，所谓有些文章即是指的那篇'遇马队记'，看来那骑在马上的人也隔衣觉着针刺了吧。"[1]

胡适重视日记，所记相当详实，几乎见闻必录。1919 年 5 月 4 日，他在上海接待他的老师杜威，不在风暴的中心，而且，他这个时期的日记并没有留存。胡适 1917 年归国，当年年底办完了自己的"终身大事"，此后是新婚生活，各种应酬，又在磨合，日记的不完整可以理解。好在，五四前他写有《北京杂记》和《归娶记》，时间是 1917 年 7 月 16 日至 1918 年 2 月 21 日，算是日记中的"专题"，稍可弥补自 1917 年 7 月 10 日后日记的两年空白。

---

[1] 《知堂回想录·〈每周评论〉下》，北京十月文艺出版社 2013 年版，第 484 页。

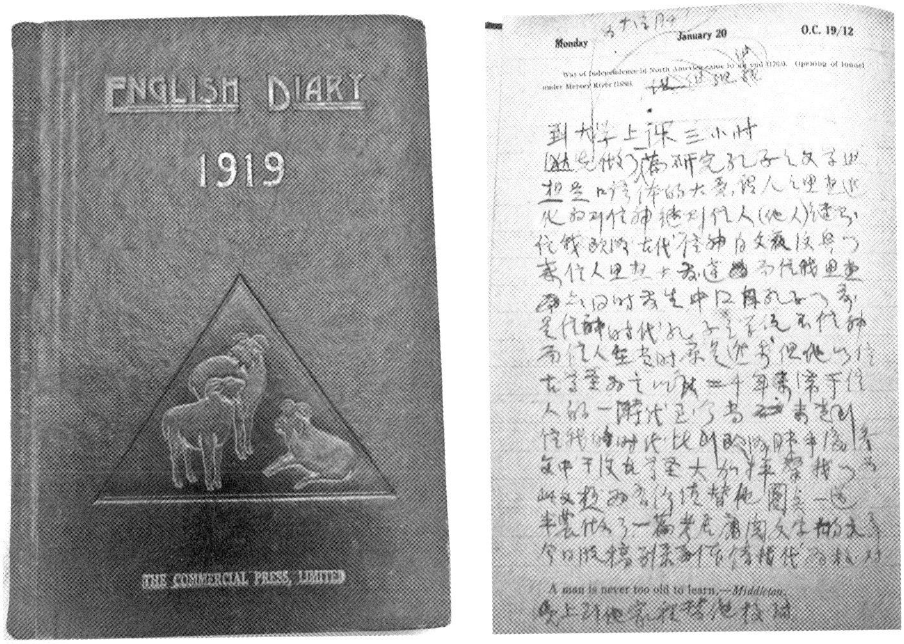

钱玄同 1919 年日记

钱玄同

胡适对学生运动十分关注。他后来的日记中记录了一些与五四运动相关的材料，相当珍贵。例如，关于蔡元培在五四运动期间的具体表现，胡适在1929年1月16日的日记中写道：

> 晚十一时，车行。此为归国后第一次远行。与叶叔衡同房。我们谈一九一九年巴黎和会及“五四运动”的故事，有足记者。巴黎和会中国代表团失败的消息传来，徐世昌主张签字，陆徵祥、王正廷、伍朝枢皆主张签字。汪大燮其时为外交委员会主席，他于五月二日夜（三夜？）去看蔡元培，先以此时形势，说学生不可不有点表示。蔡赞成其说，故四日有大游行，遂有打赵家楼的故事。

日记中的叶叔衡又名景莘，五四时期是总统府外交委员会委员长汪大燮的助手，与国民外交协会理事林长民关系密切，是五四运动的重要见证人之一。1948年5月4日，叶景莘在天津《大公报》发表《五四运动何以爆发于民八之五月四日》,其中所写的蔡元培的行为与胡适日记所记并不一致：“外交委员会已开会决议，拒绝在巴黎和约上签字，报徐世昌核夺。但五月三日，林长民获悉：国务院已发出密电，令代表团签字。汪大燮焦急，叶景莘建议速告蔡校长。汪大燮即坐马车到东堂子胡同蔡孑民先生家。当晚，蔡先生召集北大学生代表罗家伦、傅斯年、康白情、段锡朋等，告此消息。”因为叶景莘的文章是多年后所写，且为转述别人所说，非自己亲见，所以在采信的时候须加辨别。

钱玄同的日记详细程度虽然比不上胡适，但也是卷帙浩繁。他1919年被聘为北京大学教授，教授文字学，在文学运动中思想激进，文笔张扬。据说，5月4日那天，钱玄同一开始随学生一起游行，中途退场。可惜的是，这一天他的日记或者没有写，或者写而未存。现存钱玄同1919年日记只有几个月的内容。读他的日记，能亲切地感知时代氛围和人物之间的关系。例如，有一天上午，他遇到朱希祖，两人谈及文字改革问题，话不投机，不欢而散。

他掉头去找绍兴会馆的周氏兄弟[1]。鲁迅和周作人是他的知音，在周氏兄弟那里，他的激烈言论能获得认可。

后来，钱玄同对自己在新文化运动中的偏激言论也有所反思，自称“十之八九都成忏悔之资料”。1921年元旦，他在日记中写道：“我在两三年前，专发破坏之论，近来觉得不对。杀机一启，决无好理。我以为我们革新，不仅生活见解，第一须将旧人偏窄忌克之心化除。须知统一于三纲五伦固谬，即统一于安那其、宝雪维兹（无政府主义、布尔什维克——引者注）也是谬。万物并育而不相害，道并处而不相悖，方是正理。”

日记主要是写给自己看的，书信是写给特定对象看的，对有些对象，是袒露心迹，真诚讲话的。因此，书信的参考价值也值得重视。此类例证不胜枚举。单说五四运动周年纪念日，鲁迅在给学生的信中谈了对学生运动的看法：

> 比年以来，国内不靖，影响及于学界，纷扰已经一年。世之守旧者，以为此事实为乱源；而维新者则又赞扬甚至。全国学生，或被称为祸萌，或被誉为志士；然由仆观之，则于中国实无何种影响，仅是一时之现象而已；谓之志士固过誉，谓之乱萌，亦甚冤也。[2]

关于五四运动，后人回忆文字很多，有赞颂，有抨击，有揭发，有掩盖，有辩解，有吹嘘，还有不少文学色彩很浓的演义。采用回忆录之类材料，不可不慎。

[1] 钱玄同日记1919年2月10日，《钱玄同日记》（整理本）上，北京大学出版社2014年版，第346页。

[2] 鲁迅1920年5月4日致宋崇义信。

《小河》

1919年2月15日印行的《新青年》杂志，排在头版的是周作人的长诗《小河》。

这首诗描写了一条原本平静流淌的小河被农夫筑堰拦截的情景。被拦截的小河水只能“在堰前乱转”，情形危险，引发河边稻田里一株稻草的担忧：

我是一株稻，
是一株可怜的小草，
我喜欢水来润泽我，
却怕他在我身上流过。
　　小河的水是我的好朋友，
　　他曾经稳稳的流过我面前，
　　我对他点头，他向我微笑。
　　我愿他能够放出了石堰，
　　仍然稳稳的流着，
　　向我们微笑，
　　曲曲折折的尽量向前流着，
　　经过的两面地方，都变成一片锦绣。
　　他本是我的好朋友，
　　只怕他如今不认识我了，
　　他在地底里呻吟，
　　听去虽然微细，却又如何可怕！
　　这不像我朋友平日的声音，

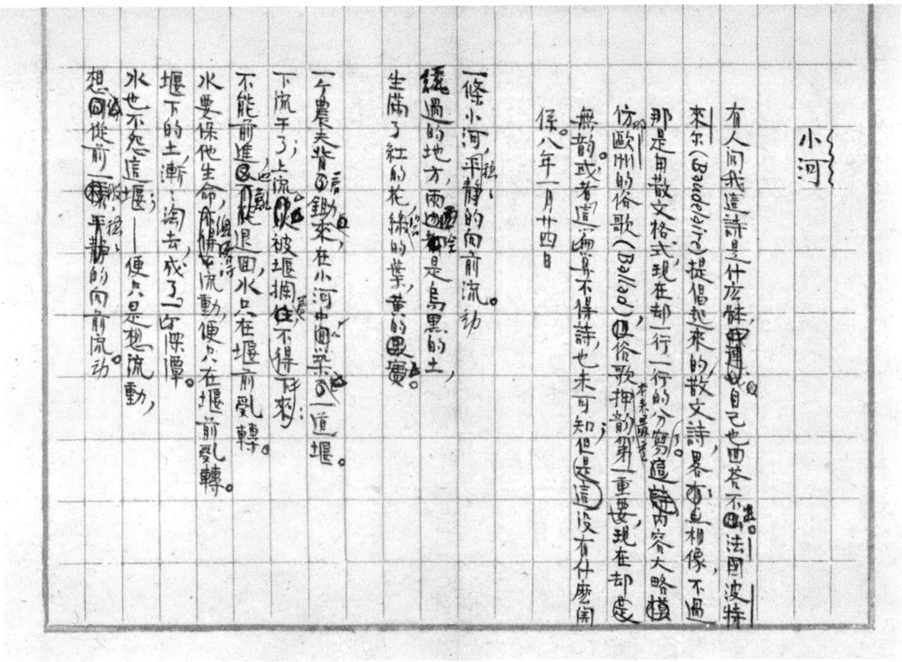

小河

有人问我這詩是什么體，連我自己也回答不出。法國波特來尔(Baudelaire)提倡起來的散文詩，略略相像，不過那是用散文格式，現在却一行一行的分寫了。內容大略仿歐洲的俗歌(Ballad)，但俗歌押韵，本來最重要，現在却是無韵。或者算不得詩，也未可知；但是這没有什麽關係。八年一月廿四日

一條小河，穩穩的向前流动。
經過的地方，兩面全是烏黑的土，
生滿了紅的花，碧綠的葉，黄的果實。
一个農夫背了鋤來，在小河中間築起一道堰。
下流干了；上流的水被堰攔着，下來不得；
不得前進，又不能退回，水只在堰前亂轉。
水要保他的生命，總須流動，便只在堰前亂轉。
堰下的土，逐漸淘去，成了深潭。
水也不怨這堰，——便只是想流動，
想同從前一般，穩穩的向前流动。

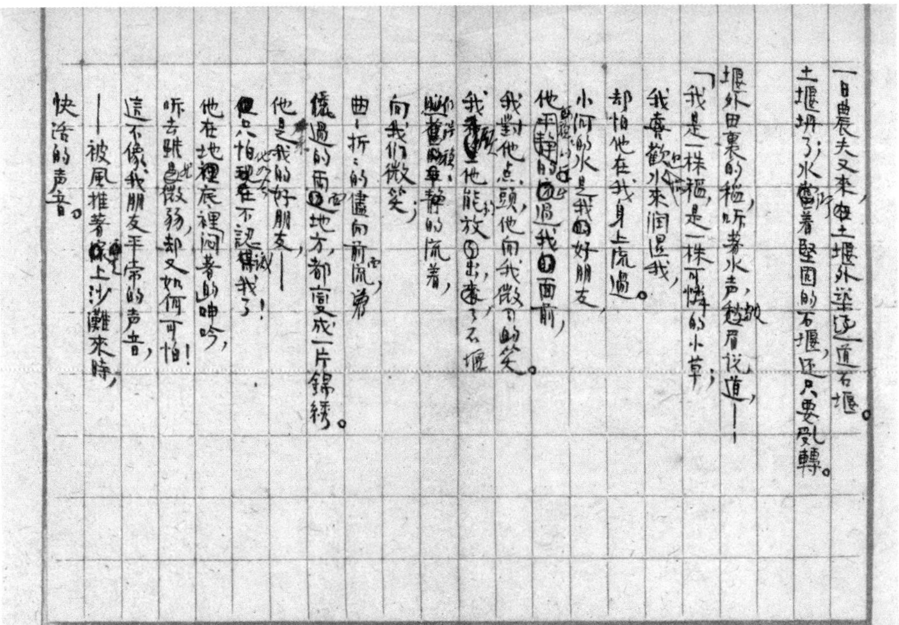

一日農夫又來，土堰外築起一道石堰。
土堰坍了；水衝着堅固的石堰，還只是亂轉。
堰外田裏的稻，听着水声，皺眉說道，——
「我是一株稻，是一株可憐的小草；
我喜歡水來潤澤我，
却怕他在我身上流過。
小河的水是我的好朋友，
他曾經穩穩的流過我面前，
我對他点頭，他向我微笑。
我願他能够放出了石堰，
仍然穩穩的流着，
向我们微笑，
曲曲折折的儘量向前流着，
經過的兩面地方，都變成一片錦綉。
他是我的好朋友，——
但只怕他現在不認識我了！
他在地底裡呻吟，
听去雖然微弱，却又如何可怕！
這不像我朋友平常的声音，
——被風推着走上沙灘來時，
快活的声音。

周作人白话诗《小河》手稿，部分批改为鲁迅手迹

周作人

被轻风挽着走上河滩来时，

快活的声音。

我只怕他这回出来的时候，

不认识从前的朋友了，——

便在我身上大踏步过去。

我所以正在这里忧虑。

《小河》语句清新，节奏舒缓，虽以散文化的笔法展开，却富有诗意和象征色彩。一发表，就引得一致好评，被誉为新诗的最高成就的代表。

相比诗体上的创新，更重要的是周作人在诗中表现的对世事的忧虑。思想就仿佛是一条小河，自然流淌便会给土地带来活力和生机；但若被强行阻挠，便会徘徊不前，郁积愈久，危险愈大，甚至可能产生毁灭性的灾难——泛滥成灾，淹没土地及地上的一切，被损害的也不仅仅是小草。

五四前后，中国社会中的各种思潮就如同一条条渴望冲破旧思想石堰的河流，而这些小河自身又包含着种种不同的复杂内容——“田里的草和虾蟆”“各有他们自己的心事”。

多年后，周作人谈到他当时写这首诗时内心所怀的隐忧：“鄙人是中国东南水乡的人民，对于水很有情分，可是也十分知道水的利害，《小河》的题材即由此而出。古人云，民犹水也，水能载舟，亦能覆舟。法国路易十四云，朕等之后有洪水来。其一戒惧如周公，其一放肆如隋炀，但二者的话其归趋则一，是一样的可怕。”[1]

写于五四前的《小河》也更像是五四时代青年运动一方面的写照。青年学生受了《新青年》传播的新思想和新文学的影响，以及五四学潮的刺激，走向街头，走向广场，游行示威，鼓动民众。面对史无前例的学生过激行为，部分《新青年》同人深感担忧，并由此深入思考。在中国历史上，民众运动可能引发社会动乱，尤其是此前的义和团运动，更让人们深感文明和秩序的重要。“小河式”担忧也促使知识阶层中一些人思想发生转变，即远离各种形式的群体行动，比如周作人自己，后来就走入归隐一途，躲在八道湾的四合院里耕种“自己的园地”去了。

[1] 《〈苦茶庵打油诗〉后记》，载《知堂诗杂抄》，岳麓书社 1987 年版，第 10—11 页。

国语统一筹备会

五四是一个开辟的时代，是一个文化复兴的时代。中华民国像秦代车同轨、书同文一样，开始做“话同音”的努力，即统一各地的语音。

国家统一、领土完整当然来之不易，比如 1919 年徐树铮对外蒙古用兵以及杨树新在新疆的努力。而文化一致更为艰难。

举例来说，日历和传统节日就难统一。民国 1912 年 1 月 1 日建立伊始，就为了与西方国家接轨，宣布废除农历春节，改度元旦新年，并规定在农历的春节不许放假，学校像平常一样上课。全面取消传统的春节假期的行为在中国历史上这是首次。到了 1927 年，北洋政府被推倒，南京国民政府制定新的政策，其中便有一项是禁止全国人民过春节，比此前政府更彻底（北京政府时期，只要求公务人员不过春节）。有一年农历春节，上海一户人家因为迎接财神，警察直接将他们关押到了警察局中，而且还将他们的贡品没收。这一事件引起了百姓的强烈不满。春节是国人必须要过的传统节日，政府怎么能干预呢？禁止过春节的法律，只维持了 5 年的时间，于 1933 年被彻底废除，此后再也没有禁止过春节的事。但中国人要过两个新年，与世界上很多国家步调不一致，自然免不了一些麻烦。

国语统一筹备会成立于 1919 年 4 月，附设在教育部，会长张一麐，副会长袁希涛、吴敬恒，会员中有由教育部指派的黎锦熙、陈懋治、沈颐、李步青、陆基、朱文熊、钱稻孙等，以及由部辖学校推选的钱玄同、胡适、刘复、周作人、马裕藻等，此外，会中陆续聘请了赵元任、汪怡、蔡元培、白镇瀛、萧家霖、曾彝进、孙世庆、方毅、沈兼士、黎锦晖、许地山、林语堂、王璞等，先后共 172 人。1928 年国民政府将其改名为“国语统一筹备委员会”，聘定吴敬恒为主席，钱玄同、黎锦熙、陈懋治、汪怡、沈颐、白镇瀛、魏建

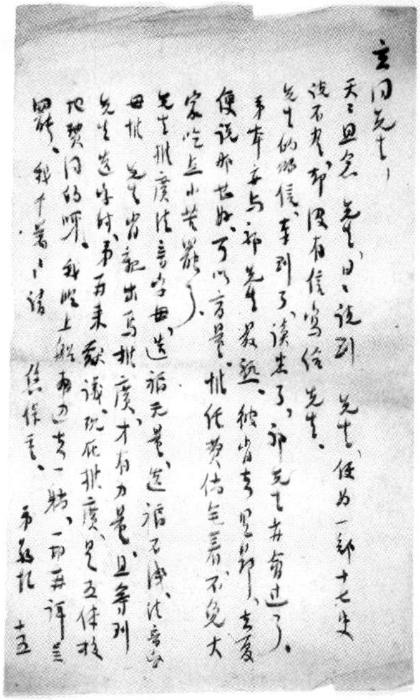

吴稚晖致钱玄同信

功 7 人为常务委员，蔡元培、张一麐、李石曾、李书华、李步青、胡适、刘复、周作人、陆基、朱文熊、曾彝进、孙世庆、方毅、沈兼士、许地山、林语堂、任鸿隽、马体乾、钱稻孙、马裕藻、萧家霖等 31 人为委员。

“国语统一筹备会”下设“汉字省体委员会”、“国语罗马字拼音研究委员会”、“审音委员会”、“国语辞典委员会”和“国语辞典编纂处”等机构。

“国语统一筹备会”和“国语统一筹备委员会”先后做了以下的工作:（一）分期举办国语讲习所、国音字母讲习所，协助各地举办讲习班；（二）修订注音字母方案;（三）修改国音标准;（四）制订《国语罗马字拼音法式》;（五）规定注音字母单用和“词类连书”办法;（六）促请国民政府大学院公布《国语罗马字拼音法式》,作为注音字母第二式;（七）编辑出版《国音常用字汇》,并请国民政府教育部公布“新国音”标准；（八）设计铸造汉字旁附注音字母的注音汉字字模；（九）成立“中国大辞典编纂处”，进行大规模的辞典编

1919年4月国语统一筹备会成立会员合影。前排左四袁希涛，左七蔡元培，左八吴稚晖，左十朱希祖；二排左一胡适，左九马裕藻；三排左五钱玄同；四排左四刘半农；五排左五周作人

辑工作，第一部完成的辞典为《国语辞典》；（十）出版《国语月刊》、《国语周刊》、《国语旬刊》等宣传和研究国语的刊物；（十一）成立“国语文献馆”，对国语史料进行调查、征集、整理、陈列、统计；（十二）调查全国语言分布状况；（十三）调查学校教育和民众教育的国语教学状况。

注音字母是中国第一套用汉字形式标注汉字读音的符号，又称国音字母、注音符号、注音字符。

1913年，读音统一会开始讨论制定注音字母方案，在章太炎1908年所拟的一套标音符号的基础上斟酌增减。方案有39个注音字母，包含声母24个、韵母12个、介母3个，字母的形式采用笔画最简单而读音与声母、韵母最相近的古字。虽然通过了方案，但因为各种原因未能定型，直到1918年底才由教育部正式颁布。

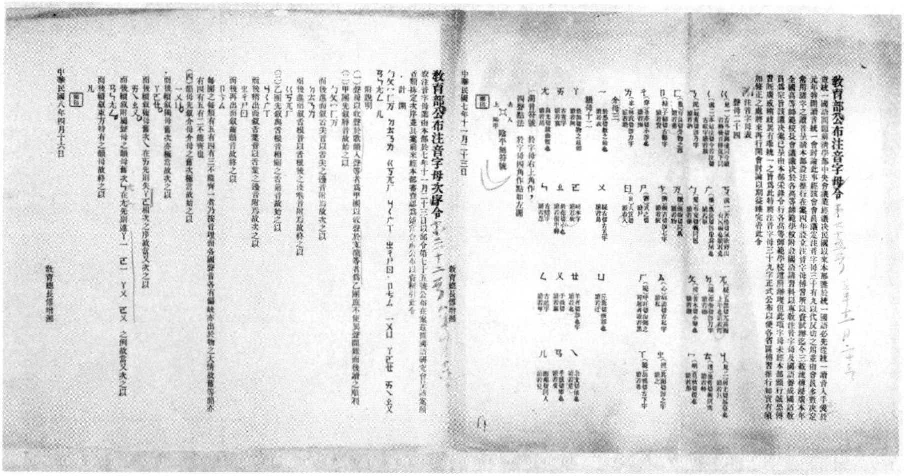
教育部公布注音字母令

中華民國七年十一月二十三日

教育總長傅增湘

教育部公布注音字母次序令

中華民國八年四月十六日

教育總長傅增湘

教育部颁布的注音字母令

1919年4月，教育部公布了“注音字母音类次序”，重新排列了39个字母的顺序，1920年经审音委员会增加“ㄜ”字母，成为40个：ㄅㄆㄇㄈㄪ、ㄉㄊㄋㄌ、ㄍㄎㄫㄏ、ㄐㄑㄬㄒ、ㄓㄔㄕㄖ、ㄗㄘㄙ、ㄧ（直行作一）ㄨㄩ、ㄚㄛㄜㄝ、ㄞㄟㄠㄡ、ㄢㄣㄤㄥ、ㄦ。1922年，教育部公布《注音字母书法体式》，改订标调法，废除四角点声法，改用标调符号。1930年把注音字母改名为注音符号，如今台湾地区仍在使用，称国音符号。

注音字母符号选自古汉字，音节拼字法采用三拼制。1958年汉语拼音方案公布之前，该系统通行全国，对统一汉字读音、推广国语、普及拼音知识做出巨大贡献。

注音符号的来源，略举数例：

ㄅ，b：古之“包”字，说文解字：“勹，裹也，象人曲行，有所包裹。”读“ㄅㄠ”，取其“ㄅ”声。

ㄉ，d：古之“刀”字。读“ㄉㄠ”，取其“ㄉ”声。

ㄌ，l：古之“力”字。读“ㄌㄧ”，取其“ㄌ”声。

ㄙ，s：古之“私”字。读“ㄙ”，取其“ㄙ”声。

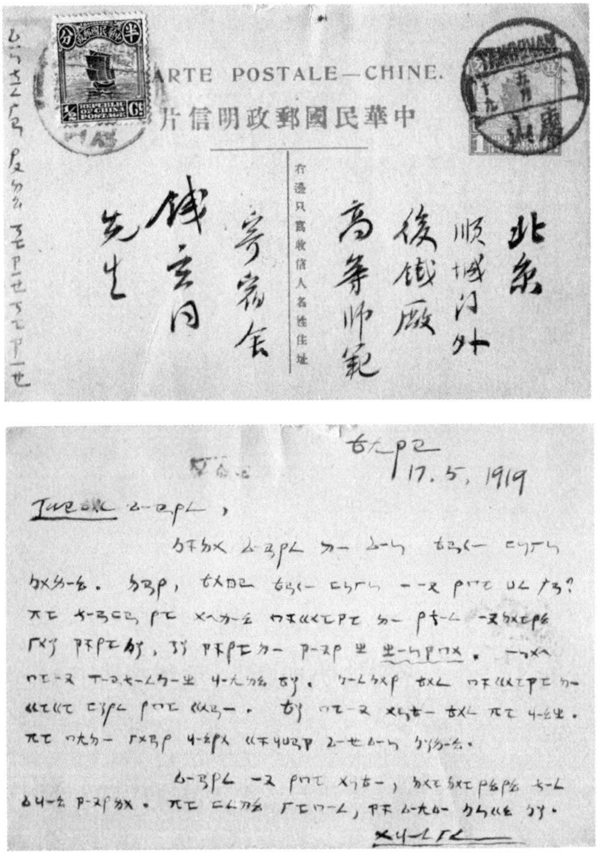

玄同先生：

捧读先生的信，叹气愤恨不了。但是徒然叹气愤恨又有什么用呢。我前番说为了卖国贼的事情，有多少话再说罢，那再说的就是注音字母，因为我有闲情逸致讲到它，并不是同卖国贼的哥哥发生什么关系。他没有问题同我教正。我忙的还是教书、改卷子、写信罢了。

先生有什么问题，多多少少请示教就是了。我奉到后命，再详细报告吧。

唐山 一九一九年五月十七日

吴稚晖致钱玄同明信片，以注音字母书写

ㄚ，ɑ：古之“丫”字。广韵：“丫，象物开之形。”物之歧头曰“丫”。读“ㄧㄚ”（押），取其“ㄚ”韵。

ㄞ，ɑi：古之“亥”字。读“ㄏㄞ”，取其“ㄞ”韵。

鲁迅参与了方案的审议，这样评价这个方案：

劳乃宣和王照他两位都有简字，进步得很，可以照音写字了。民国初年，教育部要制字母，他们俩都是会员，劳先生派了一位代表，王先

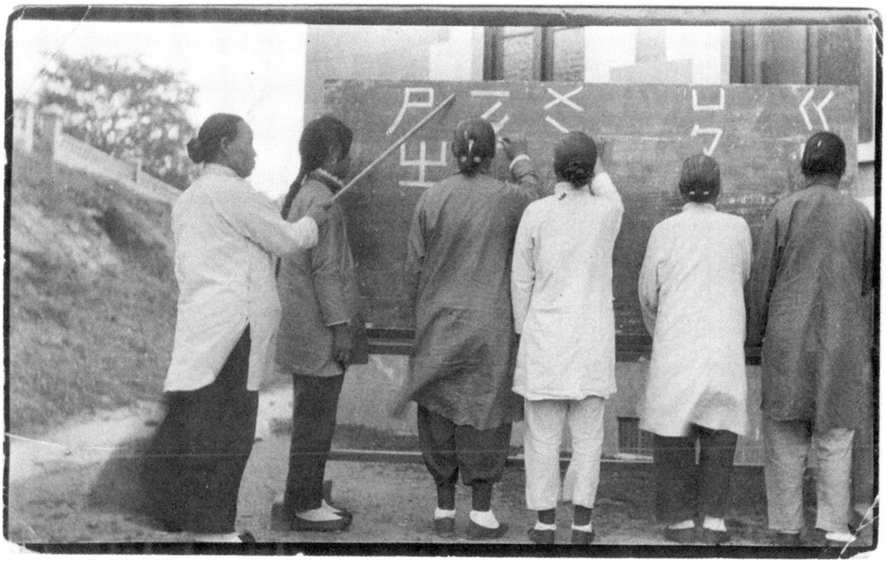

城市妇女学习注音字母

生是亲到的，为了入声存废问题，曾和吴稚晖先生大战，战得吴先生肚子一凹，棉裤也落了下来。但结果总算几经斟酌，制成了一种东西，叫作“注音字母”。那时很有些人，以为可以替代汉字了，但实际上还是不行，因为它究竟不过简单的方块字，恰如日本的“假名”一样，夹上几个，或者注在汉字的旁边还可以，要它拜帅，能力就不够了。写起来会混杂，看起来要眼花。那时的会员们称它为“注音字母”，是深知道它的能力范围的。[1]

欧洲曾有过文字书写的口语化或地方化运动，分成不同的单一民族国家。中国则谋求大一统。建设通用的国语，就体现出这种努力。

[1] 鲁迅：《门外文谈》。

新式标点符号

标点符号是用来表示停顿、语气以及词语性质和作用的书写符号。中国古籍上没有类似今天使用的标点符号，过去学子读书，需要训练断句基本功。汉代用“、”和“，”表示较小的停顿，用“。”表示较大的停顿。宋刻本有仿照校书式印上圈点的，但不多见。元明刻本小说多在句子的末了加圈，也有一律用“、”或用“。”的。

新式标点借鉴于西洋书籍，晚清时期开始小范围使用。严复的《英文汉诂》（1904）是最早使用外国标点的中文著作。

1916年春，钱玄同读到胡适的文章《论句读及文字符号》，“钦佩无似”，感到许多自己想说的话被胡适说出来了。此时，钱玄同任教于北京大学文科，正打算和同事沈尹默、马裕藻“选有关中国古今学术升降之文百余篇”，编成一部书。沈尹默提出用西文点句之法编排这些文章，钱玄同十分赞成，特意将印有胡适《论句读及文字符号》的《科学》杂志带给沈尹默，供其参考。

1917年9月，胡适受聘于北京大学，与钱玄同成了同事。两人开始了频繁的交往，讨论共同感兴趣的问题，其中就有标点符号的使用。1917年下半年，北大文科几位骨干教师决定，原由陈独秀一人主编的《新青年》杂志，从1918年1月出版的第四卷第一号起开始作为同人刊物亮相，要求同人文章均用白话文撰写，并使用标点符号。1918年1月21日，钱玄同收到新出版的《新青年》第四卷第一号，认为“其中所用新式圈点居然印得很像样子，可喜可喜！”

1919年4月，国语统一筹备会在北京成立，钱玄同、胡适、刘半农、周作人、马裕藻、朱希祖等作为学校代表被推举为该会会员，钱玄同还是常驻干事。筹备会会员可提出议案。于是，钱玄同、胡适等商议向教育部提出“请颁行

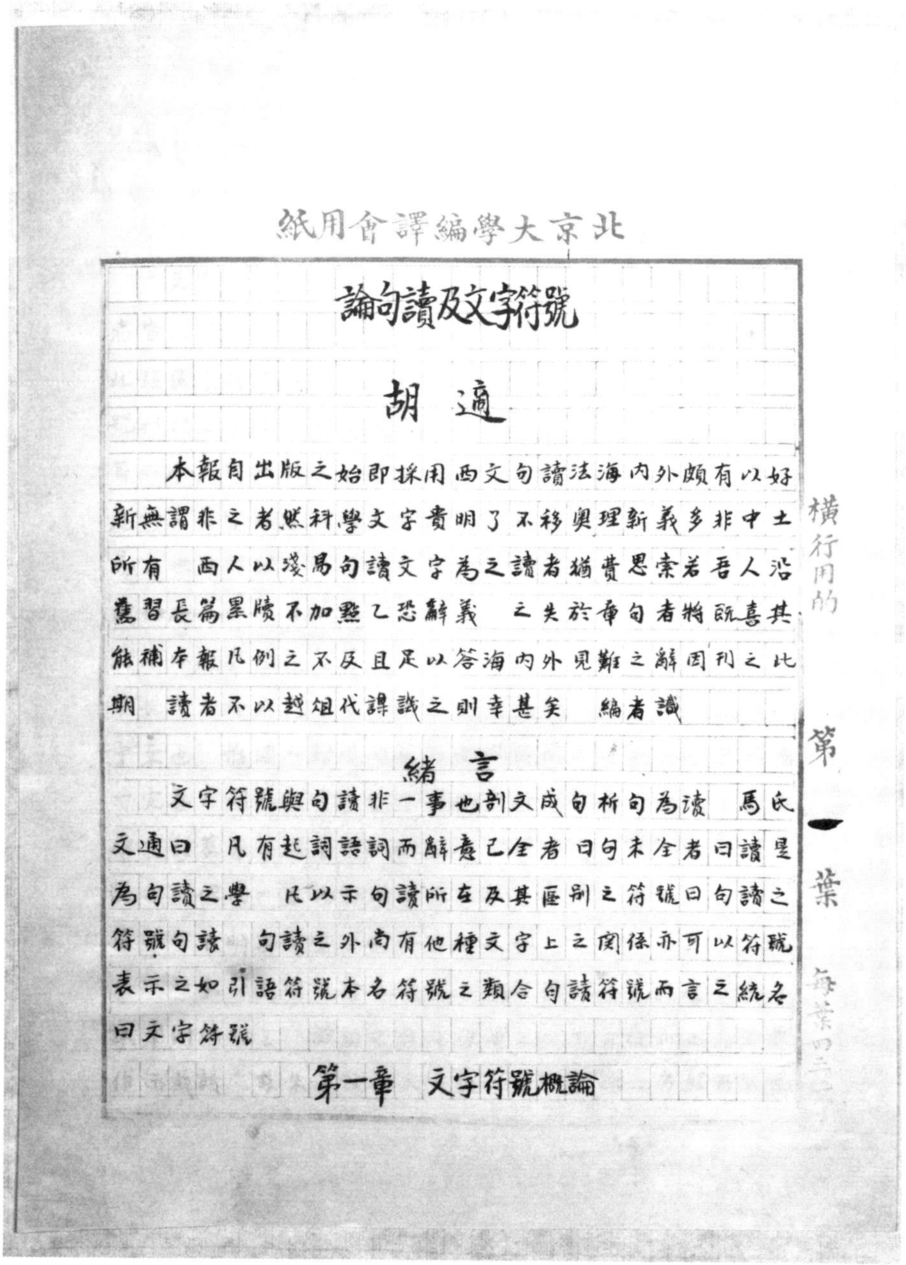

北京大學編譯會用紙

論句讀及文字符號

胡適

本報自出版之始即採用西文句讀法海內外頗有以好新無謂非之者然科學文字貴明了不移奧理新義多非中土所有 西人以淺易句讀文字為之讀者猶費思索若吾人沿舊習長篇累牘不加點乙恐辭義 之失於章句者將既喜其能補本報凡例之不及且足以答海內外見難之辭因刊之此期 讀者不以越俎代謀譏之則幸甚矣 編者識

緒言

文字符號與句讀非一事也剖文成句析句為讀 馬氏文通曰 凡有起詞語詞而辭意已全者曰句未全者曰讀是為句讀之學 凡以示句讀所在及其區別之符號曰句讀之符號句讀 句讀之外尚有他種文字上之關係亦可以符號表示之如引語符號本名符號之類合句讀符號而言之統名曰文字符號

第一章 文字符號概論

橫行用的

第一葉

每葉

胡适《论句读及文字符号》手稿首页

新式标点符号议案”。因为胡适在标点符号方面早有著述，大家推举他起草议案。1919 年 11 月 29 日，胡适完成《请颁行新式标点符号议案（修正案）》，后以国语统一筹备会名义提交教育部。议案共分释名、标点符号的名称和用法、理由三个部分，关于标点符号的名称和用法部分，提出 12 种符号：句号、点号、分号、冒号、问号、惊叹号、引号、破折号、删节号、夹注号、私名号、书名号。这些标点符号完全针对竖行排版而设，特意为最具争议的句号和点号提供了两种用法。1920 年 2 月 2 日，中华民国政府教育部正式发布《咨各省区请将新式标点符号全案酌量转发各校俾资采用文》附《请颁行新式标点符号（修正案）》。

1919 年 4 月出版的《北京大学月刊》第 1 卷第 4 号刊登了题为《国语统一筹备会议案三件》的文章，简要记述了 1919 年 4 月 21 日到 25 日国语统一筹备会召开第一次大会的情况，并全文刊载大会期间北大代表提出的三件议案：《请从速加添闰音字母以利通俗教育的议案》、《请颁行新式标点符号的议案》和《国语统一进行方法的议案》。将现存胡适起草的议案与《北京大学月刊》上刊载的文件对比，会发现稍有差别，可能是钱玄同等做了修改。

《请颁行新式标点符号议案（修正案）》的颁布，标志着中国第一套法定的新式标点符号的诞生，在现代汉语发展史上具有重要意义。应该说，这个议案是《新青年》同人商议并实验的结果。从 1919 年 12 月出版的《新青年》第七卷一号起，《新青年》上所有文章采用统一的标点符号和格式，为让投稿者明了标点符号和排版格式，杂志刊发了一篇《本志所用标点符号和行款的说明》，应该是出自钱玄同的手笔。钱玄同写给“适之、独秀两兄”的一封信透露了编制说明的一些细节：

> 标点符号和行款的说明，已经制成了。现在寄上，请两公改正！我因为既将圈占排在字的底下，所排的字又是五号字，则读号用“、”，似乎较“，”好看些。因为“，”的铅粒，是把符号刻在中间的，其式为团

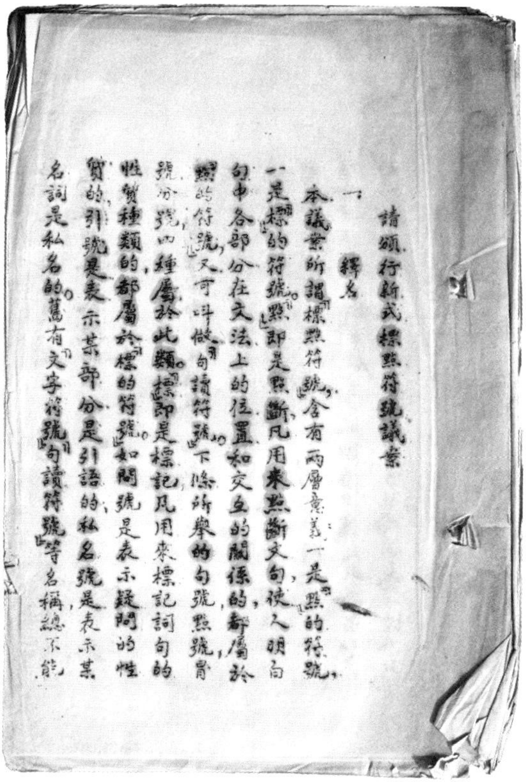
請頒行新式標點符號議案

一 釋名

本議案所謂「標點符號」，含有兩層意義：一是「點」的符號，一是「標」的符號。「點」即是點斷，凡用來點斷文句，使人明白句中各部分在文法上的位置和交互的關係的，都屬於「點的符號」，又可叫做「句讀符號」。下條所舉的句號，點號，冒號，分號四種屬於此類。「標」即是標記，凡用來標記詞句的性質種類的，都屬於「標的符號」。如問號是表示疑問的性質的，引號是表示某部分是引語的，私名號是表示某名詞是私名的。舊有「文字符號」「句讀符號」等名稱，總不能

1919 年 11 月胡适提交的《请颁行新式标点符号议案》油印本

团团田口，所以排在字的底下，很不难看。[1]

胡适的《胡适文存》收入了这个议案。实际上，钱玄同在议案的形成过程中是贡献了智慧的。钱玄同一直致力于新式标点符号的推广，1920 年 3 月，被聘为国语讲习所中国音韵沿革学科教员。

1919 年 4 月 28 日，鲁迅将刚完稿的短篇小说《药》寄给接手《新青年》编辑事务的钱玄同时，特别叮嘱钱玄同对文稿中的标点符号加以规范：

[1] 《胡适遗稿及秘藏书信》第 40 卷，黄山书社 1994 年版，第 459 页。

送上小说一篇，请您鉴定改正了那些外国圈点之类，交与编辑人；因为我于外国圈点之类，没有心得，恐怕要错。还有人名旁的线，也要请看一看。譬如里面提起一个花白胡子的人，后来便称他花白胡子，恐怕就该加直线了，我却没有加。

《中国文法通论》

《中国文法通论》是刘半农在北京大学讲授中国文法的讲义，以先秦文言文为研究资料，借鉴了英国人斯威特（H. Sweet）的《新英语语法》。全书共三讲。第一讲讨论文法的研究法；第二讲讨论词法和句法；第三讲叙述语言的历史，总结汉语的特点。

第一讲，刘半农阐明了文法的定义和范围，认为“所谓某种语言的文法”，就是根据某种语言的历史或习惯，寻出一个条理来，使大家知道“怎样地采用这种语言的材料，怎样地把这些材料配合起来，使它可以说成要说的话”；接着提出“理论的文法”和“实际的文法”两个不同的概念，明确文法的研究范围。刘半农总结出语法研究的三种方法：历史的研究法、比较的研究法和普通的研究法，并且特别强调了研究文法要运用归纳法，不能运用演绎法；要重视实际，不能依凭主观臆测。

第二讲，讨论了词的分类、词与词的搭配关系以及句子的结构与分类，而重点是讨论词的分类。刘半农先从“理论的状况”和“文法的状况”两个方面讨论了词法和句法。在理论的状况中，分别讨论了实体词、品态词、标词、加词、主词、表词、先词各类；在文法的状况中，把汉语的词分为实体词、品态词、指明词、形式词、感词五类，并对其中的形式词进行了比较细致的分析。作者把形容词和动词归为一大类，指出汉语与印欧语的不同，汉语形容词的性质和功能接近于动词。关于句法，作者按说话的语气把句子分直示、感叹、询问和命令四类，并认为独字句也是一种句型。此外，还讨论了普通句、特别句、子句、复句等。

第三讲，总结叙述了语言的起源和发展，强调汉语的独特性，申明汉语语法研究不能盲目模仿西方。

刘半农

《中国文法通论》试图对《马氏文通》作全面修正，建立起新的汉语语法体系。书中申述的现代文化建设的思路和理想，特别是“建造起一个研究中国文法革新的骨骼”的设想，颇为新颖独到。该书是“文法革新派”的重要著作，在汉语语法学史上占有重要地位。其不足之处是论述较为抽象，也缺乏系统性。刘半农本想在此书中建造一个研究汉语文法的“革新的骨骼”，但其语法体系并不是从汉语本身分析、归纳、总结出来的，自然不可能完全符合汉语语法的实际情况。

《中国文法通论》扉页上印着这样几行字，是作者对《新青年》和北大同人谢词：

《中国文法通论》

谨致谢意于钱玄同教授，他是我写这书时，最出力帮助的一个朋友，及陈独秀学长、胡适教授、沈尹默教授、周作人教授，他们平时对于中国文字上的种种谈论，都是极有益于我的工作的。

梅兰芳访日公演

1919年，25岁的京剧名伶梅兰芳，应日本帝国剧场会长、实业家大仓喜八郎男爵的邀请，赴日演出。日本首相原敬和全体内阁大臣以及各国驻日使节参加了由中国大使馆举办的欢迎宴会。一位中国戏剧演员得到“史无前例”的高级别接待。

梅兰芳凭借扎实的传统戏曲功底、优良的天赋和勤奋的努力，对京剧进行了一系列改良，发展了京剧的青衣、花衫、刀马旦行当，创造了“古装歌舞戏”，给人耳目一新之感。一向被国外人士和国内新派知识界认为“鄙俗”而不值得一看的“旧剧”、“皮黄”，经过梅兰芳的改革，焕发出独特的光彩。

新文化运动兴起后，有关“中学”与“西学”、“新剧”与“旧剧”的争论十分激烈。1918年，以《新青年》杂志为代表的关于新剧与旧剧的论争和改良旧剧的呼吁成为文化界的热点。

但是，演旧戏的梅兰芳却获得了极大的认可，有媒体评论说：“向来旅京的东西各国人士以看中国戏为耻，自有梅剧以来，而后东西各国人士争看兰芳之戏，啧啧称道，且有争聘至外国演剧之事。”[1]

虽然正当五四运动的“排日”高潮，但梅兰芳赴日期间中日两国民间文化艺术交流依然正常进行。确有中国学生在“国耻日”投寄了威吓的匿名信，使梅兰芳一度打算停演。经主办方劝说并采取了一些防范措施，没有酿成政治风波。

在中国看过京剧的日本人，包括日本京都大学著名的“中国学”学派学者狩野直喜、铃木虎雄、青木正儿等，以往都鄙视京剧。但梅兰芳这次在日

[1] 涛痕：《梅兰芳何以能享盛名》，载《春柳》1919年第7期。

演出，京都大学特意组织了专家学者的“听戏团”，从京都赶往大阪观摩。看完梅兰芳的演出，他们的态度有所转变。四个月后，日本专家、学者联合撰写了《品梅记》一书，对梅剧中体现的东方文化底蕴表示赞赏。有人将梅兰芳的京剧男旦与日本歌舞伎的男旦进行比较，认为日本能乐和歌舞伎中的男旦不如梅兰芳扮演的旦角儿典雅娴静。

梅兰芳此次访日公演的剧目多为“古装歌舞戏”，如《天女散花》、《御碑亭》、《麻姑献寿》、《黛玉葬花》等，而被评论最多、获得评价最高的是《天女散花》和《御碑亭》。《天女散花》歌舞并重，尤以丰富而优美的长绸舞著称；《御碑亭》是唱功为主的传统文戏，梅兰芳的表演声情并茂，细腻传神。

当时，日本戏剧也处在摸索和改良阶段，具有革新意识的歌舞伎演员创造了介于歌舞伎与话剧之间的“新派剧”。梅兰芳借此机会，观摩了日本歌舞伎和新派剧剧目，并与专家座谈。这次的交流成果对他的艺术很有启发。他后来回忆说：

我最大的收获是我看到了日本人民最喜爱的一种戏剧，日本的重要国宝之日本歌舞伎。我第一次看的时候，使我很惊奇的是不但不觉得陌生，而且很亲切、很熟悉。我的看法是歌舞伎和中国的古典戏剧共同点很多，尤其是京剧。例如歌舞伎剧中人的一切举止动作都不是从生活当中直接搬上舞台，而是从现实生活中吸取典型的精美的原料，经过艺术手法加工，适当地加以夸张提炼而成的。他们的唱和舞，是一种与韵律高度结合的艺术，对于身上的肌肉能够极精确地控制。尤其是他们表演战斗的故事，简直和京剧的武戏差不多，当战斗告一段落时，即配之以音乐节奏，做一个英勇的静止姿势，节奏非常鲜明，和我们看京剧名演员武戏的“亮相”同样有令人凛然震悚的感觉。我特别记得歌舞伎有一出戏里扮演狮子的角色和我们过去的名演员俞振庭扮金钱豹的风格绝似。歌舞伎中的“仕技”，也很像京剧武旦戏里面常常有的“入洞”场子。歌舞伎的角色类型有所谓“立役”、“女形”、“敌役”、“二枝目”、“三枝

梅兰芳访日演出期间与日本歌舞伎演员中村歌右卫门（五世）父子合影

目”和“辛抱立役”、“娘形”、“花车形”等各种不同角色，它同京剧的“生”、“旦”、“净”、“末”、“丑”及“青衣”、“花旦”等角色的区分简直是一样的。歌舞伎剧中人只有“念作”，唱则由乐队方面来担任，和我国高腔系统地方戏的帮腔是属于一种性质的，乐器方面也都是和中国所共有的。总而言之，中国人看日本歌舞伎，虽然言语不通，但是不难接受，我们完全可以体会他们为什么要这样或那样表演。他们所表演的故事类型和情节和我国古代故事结构思想内容差不多如出一辙。[1]

从传统文化中吸取有益的营养，推陈出新，是艺术创作的一条事半功倍的道路。因为“陈”，就照顾了广大观众的审美趣味，因为“新”，就把一门艺术向前推进。当时，梅兰芳的京剧改良正面临抉择：是沿着时装新戏的道路继续发展下去，还是保留京剧的传统面目，加以完善。受到日本歌舞伎的启发，梅兰芳选择了后者——重新发现“中国古典”，这与学术上的“整理国故”异曲同工。因此，梅兰芳访日归来，就停止了时装新戏的排演活动，而致力于“旧戏新编”了。

[1] 梅兰芳：《日本人民珍贵的艺术结晶——歌舞伎》，载《世界知识》，1955 年第 20 号。

齐白石“衰年变法”

1916 年到 1919 年的三年，是中国现代画家齐白石一生艺术的转折点。他把自己反锁屋内，终日潜心学习吴昌硕等前辈大师的作品。待到学成出户，因长期少见阳光，面色惨白。

1919 年是齐白石人生的一个节点。这一年，他来到了北京，开始“北漂”生活，在北京正式挂单卖画，结交了几位挚友，并且在艺术上开始“变法”——57 岁，在中国传统观念里已经是“老人”——所以他艺术上的变化也被称作“衰年变法”。齐白石在日记中曾明确表达了“衰年变法”的决心：“余作画数十年，未称己意，从此决定大变，不欲人知。即饿死京华，公等勿怜，乃余或可自问快心时也。”[1]

齐白石刚到北京，籍籍无名，不被业界接受，画坛前辈骂他的画“野狐禅”、“俗气熏人”、“不能登雅堂”等。齐白石居住在法源寺并挂单琉璃厂南纸店，由于不为北京画坛所接受，卖画营生陷于困顿。

他有幸得到任职教育部和北京大学的诗人、画家陈师曾的提携。

陈师曾山水画承袭明代沈周、清代石涛技法，尤重从自然景观中汲取灵感；其写意花鸟画近学吴昌硕，远宗明人徐渭、陈淳等大写意笔法；人物画以意笔勾描，注重神韵，带有速写和漫画的纪实性。

一天，陈师曾在琉璃厂南纸店看到齐白石的篆刻，大为欣赏，找到住在法源寺的齐白石，两人一见如故。齐白石将自己的画册《借山图卷》给陈师曾欣赏。陈师曾题诗赞曰：“曩于刻印知齐君，今复见画如篆文。束纸丛蚕写行脚，脚底山川生乱云。齐君印工而画拙，皆有妙处难区分。但恐世人不

[1] 北京画院编：《人生若寄：北京画院藏齐白石手稿日记》（上），广西美术出版社 2013 年版，第 183 页。

陈师曾（左）与齐白石（右）

识画，能似不能非所闻。正如论书喜姿媚，无怪退之讥右军。画吾自画自合古，何必低首求同群。”[1] 最后两句不但能听出来黄遵宪“诗界革命”宣言“我手写我口，古岂能拘牵”的回响，还表现出独立卓异、不随流俗的气度。

在陈师曾引荐下，齐白石得识姚茫父等画界名流，眼界渐开。陈子庄在《石壶画语录》记载：“齐白石早年画美人，人称‘齐美人’。陈师曾见后道：‘你天性疏放，笔下出丑相，怎能画美人！应当学大笔写意画，以丑为美。’陈师曾从友人处借得二十幅吴昌硕精品，给齐白石学。”齐白石听从陈师曾的劝告，弃八大一派冷逸画风，转学“扬州八怪”和吴昌硕，自创红花墨叶一格。对此，齐白石说：“我画梅花，本是取法宋朝杨补之（无咎）。同乡

[1] 朱良志、邓锋主编：《陈师曾全集》诗文卷，江西美术出版社 2016 年版，第 296 页。

尹和伯（金阳）在湖南画梅是最有名的，他就是学的杨补之，我也参酌他的笔意。师曾说：‘工笔画梅，费力不好看。’我又听了他的话，改变画法。”[1]

1919 年，齐白石取法青藤老人的紫藤画法，尝试变法。

1919 年，齐白石还画了些较少受到重视的佛事题材作品，如北京画院现藏的一件 1919 年的《佛像》。初到北京时，齐白石辗转几次住在不同寺庙之中。其中包括法源寺、龙泉寺、石经庵等。有诗句曰 ：“法源寺徒龙泉寺，佛号钟声共一龛。谁识画师成活佛，槐花风雨石镫庵。”并加题跋道 ：“己未七月廿四为梁屏园存草，自以为笔画入古。”

齐白石的变法不仅体现在花鸟、人物、山水，甚至书法、篆刻也随之而变为简练、风趣、雄健的风格，线条古拙而随意，求神似而形不散。

1922 年，陈师曾应邀赴日参加中日绘画联合展览会。他在展览会上讲齐白石画的价格定得比吴昌硕的画还高。日本业界人士见后大惊，既感困惑，又生好奇。于是有人到中国收买齐白石作品。陈师曾立即电告国内，将所陈列的齐白石作品的润格提高二十倍，导致日本展览会上的齐白石作品销售一空。如此看来，陈师曾不但对齐白石作品的价值有信心，而且也很有推销办法。

如果没有陈师曾劝其变法乃至亲自推介，齐白石很难从一个默默无闻的画匠成为艺术大师。

齐白石感激陈师曾对他的关照提携。陈师曾去世，齐白石哭之以诗：“君我两个人，结交重相畏。胸中俱能事，不以皮毛贵。牛鬼与蛇神，常从胸底会。君无我不进，我无君则退。我言君自知，九原毋相昧。”[2] 又有 ：“哭君归去太匆忙，朋党寥寥心益伤。安得故人今日在，尊前拔剑杀齐璜。”[3]

光绪二十五年（1899），齐白石在湖南拜王闿运为师。当年 10 月 18 日《湘绮楼日记》记载 ：“齐璜拜门，以文诗为贽。文尚成章，诗则似薛蟠体。”后来胡适为齐白石做年谱，在此处加了按语：“王闿运说白石的诗‘似薛蟠体’，

[1] 齐白石：《白石老人自述》，生活 · 读书 · 新知三联书店 2010 年版，第 114 页。

[2] 齐白石：《齐白石诗集》，漓江出版社 2012 年版，第 80 页。

[3] 齐白石：《齐白石回忆录》，东方出版社 2012 年版，第 176 页。

这句话颇近于刻薄，但白石终身敬礼湘绮老人，到老不衰。白石虽然拜在湘绮门下，但他的性情与身世都使他学不会王湘绮那一套假古董，所以白石的诗与文都没有中他的毒。”[1]

中国文人画需要有深厚的文化底蕴,需要诗书画印融会贯通并自成风格。但更需要的是倔强的性情、不合流俗的风韵。齐白石学习了文人画，也极力想进入文人世界。所以他评价自己的成就，诗排第一，绘画甚至排在篆刻的后面。

美术史家这样评价齐白石：

> 齐白石的艺术，既不同于那些“海归”的“中西融合”派，也不同于固守传统的“国粹”派。在20世纪的中国艺术史中，齐白石曾以独特的艺术风格剑走偏锋，又被众人拉回艺术史的主线，他与时代的若即若离，使我们有机会书写一部非社会学背景的画家的艺术史。……1919年只是齐白石的一个艺术时间节点、一个生命历程节点，若将齐白石置于20世纪的中国、置于千年的中国艺术传承中，齐白石自身成为中国画的一个节点与符号。他留给我们的不仅是无以计数的作品和传奇的人生故事，更多的是对中国艺术自身传承发展规律的反思。[2]

与书香门第出身的陈师曾不同，齐白石朴野淳厚，元气淋漓，功夫扎实，心思细密。这位木匠从民间走来，给中国文人画注入了鲜活的气息。

---

[1] 胡适、黎锦熙、邓广铭编：《齐白石年谱》，上海商务印书馆1949年版。

[2] 吴洪亮：《齐白石的1919——从北京画院齐白石展览中引发的探求》，载《一叶知秋》，广西美术出版社2019年版，第51页。

《卿云歌》

1913 年，中华民国定五色旗为国旗。国歌的制定，民国成立伊始就成了各方争论的焦点。教育部于 1912 年 2 月发布征集国歌的布告，众议院议员汪荣宝（衮甫）的《卿云歌》入选。歌词是："卿云烂兮，糺缦缦兮，日月光华，旦复旦兮。时哉夫，天下非一人之天下也。"歌词取自《尚书·大传》的《卿云歌》，后两句是汪荣宝自己添加的。汪荣宝认为，《卿云歌》"气象高浑，超越万流。而卿云兼象国旗，光华隐寓国号，播诸管弦，尤足动人爱国之心……似于民国教育大有裨益，惟歌词太简，不便长言，拟于歌后取当时持衡枕首之语，用相增益，或更叠其词，以明咏叹"。1913 年 4 月 8 日，中华民国召开第一届国会，按照各国惯例，开幕典礼应奏国歌。内务部为救急，请教育部将《卿云歌》交侨居法国的比利时作曲家约翰·哈士东作曲，赶在国会开幕时演奏。但这首歌遭到了不少人的反对，所以既未正式公布为国歌，也未流传开来。后来袁世凯下令采用以荫昌作词的国歌，歌词为："中国雄立宇宙间，廓八埏，华胄来从昆仑巅，江河浩荡山绵连。共和五族开尧天，亿万年。"词句空洞，音调支离，加上袁恢复帝制，名声大坏，这首歌也未能流行。徐世昌上台，确定国歌就成当务之急。1919 年，政府指派教育部担当该项事务。

教育部于 1919 年 11 月设立国歌研究会，发布通令："各国通例，制定国歌，用之人民邦国，关系綦重。查民国四年前政事堂礼制馆呈准颁行之国乐谱及专韵拟谱之《卿云歌》虽历经应用，而音节词旨未尽允协，以致国内未能通行。各国国歌多有不止一阕者，应日本部设立国歌研究会，遴派部员并延聘文学音乐专家另行商讨厘订，以期制作合宜，再行呈请颁行。"

鲁迅被任命为国歌研究会干事之一。

1920 年 4 月，国歌研究会最终决定仍用 1915 年试用的《卿云歌》为国

《卿云歌》谱

歌："绎义寻声，填制新谱，庶全国人民易生尊敬、信仰之心，而推行无阻。且其所谓‘卿云糺缦’，实与国旗色彩相符；‘复旦光华’，并与国名政体隐合。"经国务会议决议和总统批准，由萧友梅作曲的《卿云歌》被确定为国歌，并于 1921 年 7 月 1 日通行全国。

《卿云歌》出自《尚书大传》，相传是舜禅位于禹时，与群臣互贺之作。原文是：

卿云烂兮，糺缦缦兮。日月光华，旦复旦兮。明明上天，烂然星陈。日月光华，弘于一人。日月有常，星辰有行。四时从经，万姓允诚。于予论乐，配天之灵。迁于圣贤，莫不咸听。鼚乎鼓之，轩乎舞之。菁华已竭，褰裳去之。

据《尚书大传》记载:舜在位第14年,行祭礼,钟石笙筦变声。乐未罢，疾风发屋，天大雷雨。帝沉首而笑曰:“明哉，非一人天下也，乃见于钟石！”随即荐禹使行天子事，并与俊乂百工相和而歌《卿云》。

天下，非一人之天下。有德才者获得人民拥戴，方有其位，方得天下。而权力的顺利交接极为重要,前任者要心甘情愿离开:“菁华已竭,褰裳去之。”国歌符合中华民国的立国原则，统治者在位和退位，古有贤德自觉，今有宪法规定。经过袁世凯恢复帝制和张勋策划的清廷复辟，这首歌中对古代贤人治道的颂扬更显得珍贵。

国歌只采用了前4句，其中后两句重复歌唱：“卿云烂兮，糺缦缦兮，日月光华，旦复旦兮。日月光华，旦复旦兮。”歌曲声调舒缓，不急不躁，包容万物，静穆平正，是大国应有的气度，而对1910年代的中国，则隐含着更具体的警示,让争夺大位的实力派心生畏惧——如果他们还知廉耻的话。

主要参考文献

[1] 陈独秀 . 新青年：第 1 卷至第 7 卷 . 上海：群益书社，1915—1922.

[2] 杜威 . 杜威五大演讲 . 北京晨报社，1921.

[3] 梅生 . 中国妇女问题讨论集 : 第 3 册 . 上海：新文化书社，1929.

[4] 王芸生 . 六十年来中国与日本 . 上海书店，1934.

[5] 罗家伦 . 黑云暴雨到明霞 . 上海：商务印书馆，1943.

[6] 胡适，黎锦熙，邓广铭 . 齐白石年谱 . 上海：商务印书馆，1949.

[7] 三联书店 . 胡适思想批判 . 北京：生活・读书・新知三联书店，1955.

[8] 华中工学院马克思列宁主义资料室 . 五四运动文辑 . 武汉：湖北人民出版社，1957.

[9] 中国科学院历史研究所第三所近代史资料编辑组 . 五四爱国运动资料 . 北京：科学出版社，1959.

[10] 丁守和 . 五四时期期刊介绍 . 北京：生活・读书・新知三联书店，1979.

[11] 张允侯 . 五四时期的社团 . 北京：生活・读书・新知三联书店，1979.

[12] 中国社会科学院近代史所 . 五四爱国运动 . 北京：中国社会科学出版社，1979.

[13] 中国社会科学院近代史研究所 . 五四运动回忆录 . 北京：中国社会科学出版社，1979.

[14] 北京大学历史系《北京大学学生运动史》编写组 . 北京大学学生运动史（1919—1949）. 北京出版社，1979.

[15] 埃德加・斯诺 . 西行漫记 . 董乐山，译 . 北京：生活・读书・新知三联书店，

1979.

[16] 胡适 . 胡适哲学思想资料选 . 上海：华东师范大学出版社，1981.

[17] 王树棣 . 陈独秀评论选编 . 郑州：河南人民出版社，1982.

[18] 顾维钧 . 顾维钧回忆录 . 北京：中华书局，1983.

[19] 胡颂平 . 胡适之先生年谱长编初稿 . 台北：联经出版事业公司，1984.

[20] 贺培真 . 留法勤工俭学日记 . 长沙：湖南人民出版社，1985.

[21] 张允侯，张友坤 . 在五四运动爆发的一年里 . 武汉出版社，1989.

[22] 刘永明 . 国民党人与五四运动 . 北京：中国社会科学出版社，1990.

[23] 戴季陶 . 戴季陶集 . 武汉：华中师范大学出版社，1990.

[24] 毛泽东 . 毛泽东早期文稿 . 长沙：湖南出版社，1990.

[25] 张国焘 . 我的回忆 . 北京：东方出版社，1991.

[26] 周作人 . 周作人诗全编笺注 . 王仲三，笺注 . 上海：学林出版社，1995.

[27] 中国蔡元培研究会 . 蔡元培全集 . 杭州：浙江教育出版社，1997—1998.

[28] 费正清 . 剑桥中华民国史 . 杨品泉，译 . 北京：中国社会科学出版社，1998.

[29] 周策纵 . 五四运动：现代中国的思想革命 . 周子平，译 . 南京：江苏人民出版社，1999.

[30] 中国人民政治协商会议全国委员会文史资料委员会 . 五四运动亲历记 . 北京：中国文史出版社，1999.

[31] 钱玄同 . 钱玄同文集 . 北京：中国人民大学出版社，1999—2000.

[32] 胡适 . 胡适全集 . 合肥：安徽教育出版社，2003.

[33] 鲁迅 . 鲁迅全集 . 北京：人民文学出版社，2005.

[34] 马格丽特 . 麦克米兰 . 大国的博弈 . 荣慧，译 . 重庆出版社，2006.

[35] 任建树 . 陈独秀著作选编 . 上海人民出版社，2009.

[36] 王光祈 . 王光祈文集 . 成都：巴蜀书社，2009.

[37] 曹汝霖 . 曹汝霖一生之回忆 . 北京：中国大百科全书出版社，2009.

[38] 齐白石 . 白石老人自述 . 北京：生活・读书・新知三联书店，2010.

[39]《俞秀松传》编委会 . 俞秀松传 . 杭州：浙江人民出版社，2012.

[40] 杨天石 . 钱玄同日记 . 北京大学出版社，2014.

[41] 陈占彪 . 五四事件回忆 . 北京：生活 · 读书 · 新知三联书店，2014.

[42] 王彦威，王亮辑 . 清季外交史料 . 李育民，刘利民，李传斌，伍成泉，点校整理 . 长沙：湖南师范大学出版社，2015.

[43] 朱良志，邓锋 . 陈师曾全集 . 南昌：江西美术出版社，2016.

[44] 丁晓平 . 五四运动画传：历史的现场和真相 . 北京：人民出版社，2019.

[45] 彭明 . 五四运动史：修订版 . 北京：人民出版社，2019.

附录

1919 年国内外纪事

日期	国内	国际
一月		
1 日	《国民》杂志在北京创刊。	
5 日	李大钊在《每周评论》上发表《新纪元》，呼唤时代进步，社会发展。	安东·德莱克斯勒（Anton Drexler，1884—1942）和查理·哈勒（Karl Harrer，1890—1926）等人在慕尼黑建立德国工人党。1920 年 4 月 1 日更名为“德意志民族社会主义工人党”，即“纳粹党”。 柏林工人总罢工，举行抗议示威游行与武装起义。
6 日		美国第 25 任总统西奥多·罗斯福（Theodore Roosevelt，1858—1919）病逝。
7 日		阿根廷“血腥的一周”开始。在军警与抗议工人的冲突中，约有六千人丧生。
11 日	北京政府授权总理钱能训进行内阁改组：陆征祥任外交总长（未到任前由次长陈第代理），傅增湘任教育总长，曹汝霖任交通总长。	罗马尼亚吞并特兰西瓦尼亚。 苏俄人民委员会颁布余粮征集制法令。
14 日	孙中山批复蔡元培（兼任北京大学国史编纂处主任）、张相文，认为有关秘密会党史实“不可混入民国史中”。	
15 日	陈独秀在《新青年》第六卷第一号上发表《本志罪案之答辩书》，阐述《新青年》同人拥护“民主”、“科学”的坚定决心。	德国共产党领袖卡尔·李卜克内西（Karl Liebknecht，1871—1919）和罗莎·卢森堡（Rosa Luxemburg，1871—1919）被德国社会民主党右翼军官杀害。

续表

日期	国内	国际
18 日	“巴黎和会”在法国巴黎凡尔赛宫开幕。21 日，中国派出代表团参加和会，代表团成员有陆征祥、顾维钧、王正廷、施肇基、魏宸组等。	
19 日	李大钊、陈独秀发文相互应和，呼吁除三害、兴三利。“三害”指官僚、军阀、政客；“三利”指培养进步学者、实行科学教育、创办民本事业和民本制度。	
20 日	无政府主义团体“进化社”出版《进化》月刊。	
21 日		爱尔兰宣布独立，第一任总统为其时仍在狱中的德瓦勒拉（Eamon De Valera，1959—1973）。 朝鲜高宗李熙去世。
26 日	北京大学“国故”社成立。3 月 20 日创办刊物《国故》。	
二月		
1 日	李大钊在《国民》杂志第 1 卷第 2 号上发表《大亚细亚主义与新亚细亚主义》，认为西洋文明本质上是“掠夺之文明”。	
2 日		葡萄牙宣布成立君主国。
5 日	山东旅京人士组织外交后援会，力争收回青岛。	“第二国际”恢复，亦称“伯尔尼国际”或“黄色国际”。
6 日		德国魏玛共和国建立。
7 日	北京《晨报》副刊宣布改组，增添介绍“新修养、新知识、新思想”的“自由论坛”和“译丛”两栏，明显倾向新文化运动。	
8 日	上海日商日华纺织公司工人罢工。	
9 日	北京高师学生组织成立“同言社”。	
11 日	汪大燮、熊希龄、梁启超、蔡元培等发起成立中国国际联盟同志会。	艾伯特（Friedrich Ebert，1871—1925）当选德意志共和国第一任总统。
15 日	李大钊在《新青年》第六卷二号上发表《战后之妇人问题》，探讨女性解放的方向与意义。	

续表

日期	国内	国际
16 日	中国国民外交协会在北京成立。	
17 日	林纾在《新申报》上发表《荆生》。	
20 日	南北和平会议在上海开幕。北京政府派朱启钤为总代表，广东政府以唐绍仪为总代表。3 月 3 日，因北军继续进攻陕西于右任率领的靖国军，和议遂告停顿。	
28 日		阿富汗独立。
三月		
1 日		朝鲜爆发“三一反日大起义”，导火索是 1 月 21 日，朝鲜废王李熙突然死亡，据传言称是“被日本人毒死的”。
2 日		各国共产党第一次世界代表大会在莫斯科开幕。4 日，大会宣布成立第三国际（共产国际）。
15 日	北京政府于中央公园举行“公理战胜”纪念牌坊开工典礼。 两千名上海印刷工人举行罢工。	
17 日	我国第一批赴法勤工俭学留学生派出。	
18 日	林纾在《公言报》发表《致蔡鹤卿太史书》。	
19 日	19 日至 23 日，林纾在《新申报》连载《妖梦》。	
21 日		匈牙利苏维埃共和国正式诞生，共产党人和社会民主党人组成了联合政府。
23 日	北京大学邓中夏等人组建“平民教育讲演团”，发起演讲活动，以“增进平民知识，唤起平民自觉心”。	墨索里尼（Benito Amilcare Andrea Mussolini，1883—1945）发起“法西斯主义运动”，在米兰建立了意大利第一个法西斯组织——“战斗的意大利法西斯党”。
24 日	北京发起工读互助团。	
29 日	孙中山撰写《祭黄花岗七十二烈士文》。	美国科学家预言火箭登月旅行将成为可能。

续表

日期	国内	国际
四月		
1日	《公言报》发表蔡元培《致〈公言报〉函并附答林琴南君函》。 出席巴黎和会的中国代表抗议英美法三国强行召开会议，并力争解决山东问题的办法。	
3日	北京政府电饬各省：注意取缔“俄国过激党派”。	
4日	梅兰芳赴日演出。	
5日	洪述祖因唆使他人暗杀宋教仁，被大理院判处绞刑。	
6日	《每周评论》第十六期上摘译《共产党宣言》第二章《无产者与共产党人》部分内容。	印度人民发生反英的罢工和绝食活动。
7日	南北代表开始新的谈判。南方代表提出取消中日军事协定，以及参战军、停止参战借款、恢复旧国会等议题，遭北方代表反对。	
11日	全国和平联合会在上海讨论山东问题，力争收回青岛。 章宗祥自日本回国，在东京车站受到中国留日学生三十余人的痛斥。	大韩民国临时政府在上海成立。
12日	巴黎和会讨论山东问题，日本坚持继承德国在山东的权利，并以退出和会为要挟。	日本“关东军”成立。 苏联第一次星期六义务劳动，当天莫斯科—喀山铁路分局莫斯科编组车站机车库的13名共产党员和另外两名工人经过一夜的义务劳动修复了3台机车。1920年5月1日，苏联在全境开展“星期六义务劳动”。
13日		慕尼黑工人在共产党领导下击败反革命势力，宣告巴伐利亚苏维埃共和国成立。 印度发生“阿姆利则惨案”，英军向普通民众开枪，伤亡数千人。
15日	鲁迅在《新青年》第六卷第四号发表《孔乙己》。	
16日		美国提出山东由五国共管。

续表

日期	国内	国际
17 日		卓别林、格里菲斯、璧克馥和范朋克在加利福尼亚创办了一家名为“联艺”的电影公司，制作并发行他们自己的新影片。
20 日	山东各界十万三千七百人在济南演武厅召开国民请愿大会。	
23 日	北京政府改北京女子师范学校为北京女子高等师范学校。	
24 日	詹天佑病逝。	
28 日	上海《时事新报》副刊《学灯》以“社会主义”为题发起征文。	叛军首领高尔察克白卫军进攻失败。高尔察克原是沙皇的海军上将，黑海舰队司令。十月革命后他盘踞在西伯利亚一带，发动对苏联的武装干涉。
29 日		巴黎和会召开英美法三国会议（日本代表应邀出席），议定《巴黎和约》关于中国山东问题之条款。
30 日	应中国新知识界邀请，美国实用主义哲学家、思想家、教育家约翰·杜威（John Dewey，1859—1952）抵达上海讲学。	巴黎和会议决德国在山东之权利一概让予日本，且明确规定于对德和约中。
五月		
1 日	英国代表将巴黎和会关于山东问题的决议通知中国代表。中国代表抗议巴黎会议将山东权利让给日本。陆征祥密电政府，报告中国外交在巴黎和会失败的消息。北京国民外交协会议决，如果巴黎和会不能采纳中国主张，即请政府撤回代表，并决定于 5 月 7 日在中央公园召开国民大会。	
2 日	林长民在北京《晨报》发表《外交警报敬告国人》，证实巴黎和会中国外交失败消息。 山东三千余名工人在济南北岗子举行收回青岛演说大会。	
3 日	下午四时，北京国民外交协会开全体职员会，议决 5 月 7 日在中央公园召开国民大会，并通电全国各省各团体同日举行。晚七时，北京大学全体学生在法科礼堂开会，高师等校代表亦参加，议决 4 日齐集天安门举行学生界的大示威。同时通电各省于 5 月 7 日举行全国游行示威运动。	

续表

日期	国内	国际
4 日	北京学生三千多人在天安门前集合，先至东交民巷，后去赵家楼胡同，举行示威游行。焚烧赵家楼曹汝霖住宅，殴打章宗祥。政府派军警镇压，捕去学生三十二人。当晚，钱能训在其私宅召集内阁紧急会议，筹商对付学生办法。	
5 日	北京中等以上学校实行总罢课。	
6 日	学生联合会在北京成立。贵州省议会通电全国，请求处决卖国贼。5 月 5 日至 6 日，北京总商会为学生被捕事宜召开紧急会议，决定全力赞助学生。	
7 日	上海举行国民大会；天津、济南、太原、长沙、吉林、南京、广州、武汉、南昌等城市群众也先后集会声援北京爱国学生；此外，东京留日中国学生也在本日集合向英、美、法、俄、意各国公使馆呈书，要求将胶州湾直接交还中国。日本警察逮捕多名学生。北京女师召集北京各女校代表集会，除发电数通外，还发布通告，呼吁全国女界同胞奋起救国。 北京政府迫于群众压力，释放全部被捕学生。爱国学生郭钦光激于义愤，吐血身亡。	
8 日	北京政府再次颁布镇压学生运动的命令。	
9 日	蔡元培辞职出京。北京议会部分议员弹劾曹汝霖。南京、无锡、松江、兰陵等地及法国巴黎华人召开国耻纪念大会。苏州、嘉兴、嘉定等地学生游行。	
11 日	上海学生联合会成立。 数万名旅京山东劳工于彰仪门外集会，要求政府交涉，万勿签字。 教育总长傅增湘离职出京。 武汉学商两界集会，商议支持北京五四运动的办法。南昌、杭州等地学生游行。广州、吉林等地召开国民大会。	

续表

日期	国内	国际
12 日	山东济宁学界开展爱国活动，并于当日成立学界联合会。	
13 日	南北议和再次破裂。南北双方议和代表均提出辞职。 河南省省会开封各校学生召开联合大会。	
14 日	天津学生联合会正式成立。	
15 日	《新中国》月刊在北京创刊。	
16 日	山东各地抵制日货。厦门学生游行。	
17 日	合肥、漳州等地学生游行。武汉学生联合会成立，三千余名学生集会。	
18 日	五千余名北京学生集会追悼郭钦光。 安庆、淮安、南通等地学生游行。	
19 日	在巴黎的中国代表决议不承认和约。	
20 日	北京、武汉等地商界决议抵制日货办法。 孙中山著作《孙文学说》出版。	
21 日	上海《新闻报》发表山东第五师全体一万零八十名士兵敬告全国同胞电。呼吁全国一致共御外侮、速除国贼。 徐世昌总统免李长太步军统领职，令王怀庆署理（7 月 31 日正式任王为步军统领）。	
23 日	天津、济南中等以上学校罢课。 北京警察厅查封学生联合会刊物《五七》日刊。	
24 日	因转载《山东第五师全体士兵告全国同胞电》，《益世报》被北京警察厅查封，主编被捕。山东益都各界召开国民大会，九千五百余人参加。保定学生罢课。	
25 日	北京政府严令禁止散发传单、集众游行、演讲。天津女界爱国同志会成立。	

续表

日期	国内	国际
26 日	上海中等以上学校学生两万多人罢课。	
27 日	济南各女子学校师生八百人，在女师风雨操场召开联合大会。	美国海军 NC-4 型水上飞机抵达里斯本，水上飞机首次横渡大西洋成功。
28 日	孙中山发表《护法宣言》。 湖南学生联合会在长沙成立。苏州学生罢课。	
29 日	南京、杭州、安庆等地学生罢课。	研究者分别在西非沿海的普林西比岛和巴西的索布拉尔拍下了日食照片。这些照片证实了关于宇宙的一种新理论——相对论。
30 日	福州、开封、南昌、宁波等地学生罢课。	
六月		
1 日	武汉学生意图组织街头讲演，遭到军警阻击。学生受伤多人，是为“六一”大惨案。	
3 日	北京学生组织街头讲演，170 余人被捕；次日，又有 700 余人被捕。是为“六三”事件。本日至 7 日，上海、天津、南京等地发生罢工、罢市、罢课，声援学生运动，抗议“六三”事件，要求释放学生，罢免曹、章、陆。	
6 日	政府任命胡仁源为北京大学校长。	
8 日	戴季陶、沈玄庐等主编的《星期评论》创刊。	
9 日	天津各界召开公民大会。吴佩孚抗议政府逮捕学生。	
10 日	天津工人酝酿大罢工。徐世昌下令准曹汝霖、章宗祥、陆宗舆三人辞职。 杭州、济南商界罢市，天津商界第一次罢市。	

续表

日期	国内	国际
11 日	陈独秀起草《北京市民宣言》，向北京政府提出取消中日密约等五项要求。 陈独秀走上街头，散发《宣言》，在“新世界”游艺场被逮捕。 徐世昌向国会参、众两院提出辞职。 汉口、唐山、安庆等地商人罢市。	
12 日	武昌、九江等地商人罢市。唐山、九江等地工人罢工。天津商界第二次罢市。	
13 日	徐世昌准钱能训辞职，令财政总长龚心湛暂代国务总理；任命徐树铮为西北筹边使。	
14 日		美国飞行员约翰·威廉·埃尔库克和他的领航员阿瑟·布朗，冒险驾驶一架双引擎的“威克斯－威米”双翼机，首次成功完成人类不间断飞越大西洋的壮举。
16 日	全国学生联合会于上海大东旅社召开成立会。	斯洛伐克人民在普雷肖夫（Prešov）宣布成立斯洛伐克苏维埃共和国。
17 日	山东各界代表自本日起连续在省议会开会，商议组建请愿团赴京。	
18 日	全国学生联合会召开选举会。北京代表段锡朋任会长，上海代表何葆仁任副会长。天津各界联合会成立。	
20 日	山东各界代表请愿团抵京，在新华门递交请愿书。	
22 日	全国和平联合会通电全国，历数安福系官僚集团祸国殃民罪行。	
27 日	北京学、商两界代表三百余人求见徐世昌，请勿在和约上签字。	
28 日	协约国与德国在法国凡尔赛宫签署和平条约《凡尔赛和约》，该条约于 1920 年 1 月 10 日生效。中国代表顾维钧拒绝在《巴黎和约》上签字。	

续表

日期	国内	国际
七月		
1日	少年中国学会在北京正式成立，并创办《少年中国》月刊。	墨索里尼发表法西斯宣言。宣言内容如下：满18岁以上者有选举权；妇女有选举权；比例代表制；地方政府自治权；公民复决权；解散议会和政警部队；结束秘密外交；创建一支单纯的防卫军；没收教会财产；禁止股票市场上的投机买卖；55岁退休；八小时工作制；法定最低限度工资；战争利润上升到85%者，收资本累进税。
4日		意大利工人为降低粮食及食品价格举行全国总罢工。
7日	旅沪山东协会发出通电，历数安福系国会卖国罪行。	居住在阜绿的意大利人与法国人之间爆发了流血冲突。后又发生多起武装冲突和流血事件。
8日	自本日起，天津、云南、四川、安徽、江西等地各团体和全国学生联合会先后发出通电，要求清算安福系军阀、官僚、政客。	
9日	湖南各界联合会成立。曹锟、吴佩孚向段祺瑞宣战。	
13日		英国飞艇“R-34号”到达它在普尔海姆的基地，完成了首次跨越大西洋的往返空中飞行。两段航程都没有着陆。首先从苏格兰的爱丁堡起飞到达长岛的米尼奥拉，然后返回英格兰。
14日	毛泽东主编的《湘江评论》创刊。	
18日	段祺瑞向徐世昌总统发出停战请求，徐世昌当日发布停止进攻电令，直皖战争结束。	

续表

日期	国内	国际
19 日	直皖战争结束，段祺瑞辞职。	19—22 日，美国白人暴徒对黑人大开杀戒，种族暴力血流成河。1919 年这个夏天在美国历史上被称为“血夏”，是美国历史上白人与黑人爆发的最严重暴力冲突。
20 日	徐世昌总统署令裁撤督办参战事务处，改设督办边防事务处，令段祺瑞督办边防事务。	
21 日	胡适在《每周评论》第 31 号上发表《多研究些问题，少谈些主义》；8 月 17 日，李大钊在该刊第 35 号上发表《再论问题与主义》。	
22 日	全国学生联合会发表《终止罢课宣言》。	
25 日	苏联政府向中国南北政府发出《俄罗斯苏维埃联邦社会主义共和国对中国人民和中国南北政府的宣言》(即《第一次对华宣言》)，宣布废除沙俄同中国签订的不平等条约、废除其在中国的特权、放弃在华一切利益。	
30 日	徐世昌免胡仁源北京大学校长职。	
31 日		德国国民议会在魏玛投票通过《魏玛宪法》(*Weimarer Verfassung*)。
	八月	
1 日	孙中山在上海创办《建设》杂志，该志自创刊号起，连载孙中山所著《实业计划》。	
5 日	济南镇守使马良枪杀爱国回民马云亭、朱秀林、朱春祥三人。	为抗议协约国所签订的和平条约，土耳其民族主义运动爆发。
6 日	针对马良暴行，周恩来在《天津学生联合会报》发表《黑暗势力》，提出推倒安福系。	
9 日	中国试制成功第一架水上飞机。	
10 日	张敬尧解散湖南学生联合会。	
11 日		《魏玛宪法》生效，德国成为共和国。美国钢铁大王卡耐基逝世。

续表

日期	国内	国际
14 日	四川留法勤工俭学生陈毅等六十一人，自沪乘船赴法。	
19 日	自本日起至 21 日，《南京学生联合会日刊》连载张闻天所写的《社会问题》，介绍《共产党宣言》纲领。	
23 日	山东、北京、天津各界代表齐集新华门，要求惩办马良。	
24 日	《新生活》周刊在北京创刊。	
30 日	《每周评论》被北洋政府封禁。	
	九月	
1 日	北京高师附中学生赵世炎等发起成立少年学会。	美国共产党成立（英文简称 C.P.U.S.A.），创始人为社会党左翼领袖鲁登堡。
11 日	《解放与改造》半月刊在上海创刊。	
15 日	北京大学校长蔡元培重返北京大学。	
16 日	徐世昌宣告对德战争状态停止，授段祺瑞大勋位。	
24 日	徐世昌总统准代国务总理龚心湛辞职，令陆军总长靳云鹏代国务总理。	
25 日	南开大学开学纪念。	
27 日	上海各界联合会成立。	
	十月	
1 日	上海、天津、山东、河南等七省、市代表到新华门总统府进行第二次请愿，当晚全部代表被捕。	
10 日	中华革命党正式改组为中国国民党。北京、天津学生利用庆祝共和纪念日，广泛开展“劳工神圣”“推翻专制”“打倒军阀”等新思想宣传，部分活动遭镇压，天津警察打伤学生多人。天津五万多名学生、市民与警察发生冲突，发动罢课和市民请愿活动，迫使省长道歉，并撤换杨以德。	

续表

日期	国内	国际
11 日		曾任俄国临时政府总参谋长，西方战线和西南战线司令富人邓尼金（1872—1947）组织白卫军向苏维埃政权进攻遭失败。
13 日		26 个国家在巴黎签署的《关于管理空中航行的公约》，即《巴黎公约》，是第一个关于航空的国际公约，是第一部最完整、最重要的国际航空法法典，对于国际航空法的建立和发展具有重要作用。
17 日	严修、张伯苓创办私立南开大学。	
18 日	孙中山在上海寰球中国学生会发表《救国之急务》之演说。	
23 日	《北京大学日刊》发表毛泽东寄给邓中夏的《问题研究会章程》。	
31 日	留法勤工俭学生李富春、张昆弟等 150 人自沪乘船启行。	
十一月		
1 日	郑振铎、王统照等编辑的《曙光》杂志在北京创刊。	美国 50 万矿工大罢工，标志着美国工人运动史上第一个工运高潮到来。
5 日	北京政府收回自 1900 年起被美军占领的北京正阳门城楼管辖权。	
10 日	鲁迅在《新青年》第六卷第六号发表《我们现在怎样做父亲》。	
11 日	本日起至 12 月 4 日《广东中华新报》连载杨匏安的《马克思主义》。	
12 日	日本人制造“台江事件”，中国政府外交部向日本驻华公使发出抗议照会。	
16 日	日本挑起福州事件。	
17 日	在皖系将领徐树铮将军的努力下，外蒙古取消自治，回归中华民国统治。	
18 日	因屡次要求当局严惩镇压学生之魏邦平（广东警务处长兼广州警察厅长）均无结果，广州中等以上学校自本日起罢课。	

续表

日期	国内	国际
27 日		第一次世界大战的战胜国在巴黎近郊的纳伊签订了对德国原同盟国保加利亚的《纳伊条约》（Treaty of Neuilly），规定将南多布罗加划给罗马尼亚，把马其顿的一部分划给南斯拉夫，把西色雷斯划给希腊，使保加利亚失去爱琴海的出海口。
28 日	福建督军兼省长李厚基宣布福州紧急戒严。	
29 日	北京男女学生约三万人在天安门集会，声讨日本在福州的暴行。在此前后，各地团体纷纷集会声讨，并提出解决闽事主张。	
	十二月	
1 日	全国学联就福州事件通电各地学联，请求“每日多派学生游行演说”。 李大钊在《新潮》第 2 卷第 2 号发表《物质变动与道德变动》，提倡“适应人类一体生活”的社会道德。	
2 日	湖南发起驱逐督军张敬尧运动。	
3 日		法国印象主义大画家雷诺阿去世。
4 日	王光祈在北京《晨报》发表《城市中的新生活》，向全社会倡议“工读互助”。	
7 日	北京各界十万人在天安门前开国民大会，声讨日本在福州的暴行。	
18 日	湖南请愿团抵达北京，要求政府罢免督军张敬尧。	
24 日	前总统冯国璋在北京病逝。	
29 日	觉悟社编辑的《觉悟》在天津创刊。	1918—1919 年世界发生大流感，导致几千万人丧生，史称“全球性世纪瘟疫”。

从《旧邦新命》到《国民：1919》[1]

（代后记）

1919 年发生的五四运动，意义非凡，影响深远。

2019 年是五四运动一百周年，北京鲁迅博物馆（北京新文化运动纪念馆）纪念这一历史事件，是社会期待，也是职责所在。纪念馆每年都在青年节前后开展学术活动；逢五逢十，纪念更为隆重。今逢百年，其意特殊。

早在五年前，博物馆和纪念馆就开始规划纪念活动了。我们内部工作计划称之为“几个一百年”：新文化运动一百年，新文学发生一百年，鲁迅《狂人日记》发表一百年，五四运动一百年，中国共产党建党一百年，乃至《阿Q 正传》发表一百年。

五年前的 2014 年，北京鲁迅博物馆和新文化运动纪念馆合并，两馆性质相近，距离不远，一个在西城的阜成门内鲁迅旧居旁，一个在沙滩北大红楼旧址。合并后的两馆（简称鲁新馆）获得新的发展机遇。当时，我对两馆的业务融合有一个初步的设想：鲁迅博物馆从原来对一个有重大影响的人物的研究，上升到对一场深刻影响国家文化形态的运动及其人物群体的研究。鲁迅博物馆本来就设有鲁迅同时代人文物库，《鲁迅研究月刊》辟有“鲁迅同时代人研究”专栏。特别在周作人、钱玄同等新文化代表人物的研究上，有资料优势，并取得一些成果。合并后，通过对新文化人物群体研究，一方

[1] 本文为作者 2019 年 5 月 26 日在鲁迅博物馆鲁迅书店举行的“1919：国民·觉悟——五四百年纪念展览报告会”上的发言。

面使鲁迅研究外延扩大，另一方面将鲁迅研究学科的丰富经验用于新文化研究，深化新文化运动研究，进而建立“新文化学”。

两馆合并后的办馆方针是：开展鲁迅研究和新文化研究，二者交汇融合。从一个人的研究，到同时代相关人物研究，到一场运动的研究，到一个文化转型时代的研究，更指向中国近现代文化发展规律和文化创新等重大问题的研究，以对历史经验的总结和反思，为当前中国文化建设提供参考。

2019 年纪念五四运动一百周年的活动，从某种意义上来说，是对五年来工作的总结。

2015 年，为纪念新文化运动一百周年，我牵头制作了一个展览《旧邦新命》。展览分为“《新青年》· 新文化”、“冲决罗网引领思潮”、“文学革命振发起衰”、“改革教育奠基科学”四个部分，回顾新文化运动的过程，彰显其深远影响。“旧邦新命”一语出自《诗经》：“周虽旧邦，其命维新”，歌颂了变革和创新。我在序言和后记中把新文化运动的意义拔得很高：二十世纪初，中西文化碰撞、新旧文化蜕变之际，新文化的先贤们，掀起一场启蒙运动和文艺复兴运动。新文化运动提倡民主科学，致力于塑造国民的健全人格，建设自由公正的社会。从那时到现在，几代仁人志士艰苦探索，锐意革新，取得了卓越成绩，极大地推动了中国社会的进步。阐旧邦以辅新命，续传统而重铸文明，《旧邦新命》展览的立意，是希望观众对中华文明的连续性和创新性有更深入的认识。这理想不可谓不高远，但一个展览怎么能有如此强？只是从中可以看出两馆合并之初，心气之高。

2016 年，鲁迅诞辰 135 周年、逝世 80 周年，也是北京鲁迅博物馆建馆 60 周年。我们除了召开学术研讨会外，还制作了馆藏文物展。我本人根据多年整理鲁迅照片的成果，制作了一个小型展览《俯首横眉——鲁迅生命的瞬间》，精选 60 余幅照片，配以详细的解说，希望有助于观众认识多面的鲁迅。

五年间，有关新文化运动杰出人物的研究取得了很大成绩。单就展览而言，《新文化运动的急先锋——钱玄同》很受好评。钱玄同是《新青年》的重要作者和编辑，鼓吹白话文，主张文言一致，反对用典，提倡注音字母，书写横排标点。他反对纲常名教，主张“非圣”、“逆伦”，是新文化运动的急先锋。展览分“章门弟子，志切复古”、“文学革命，冲决网罗”、“国语先行，化古用今”、“师友切磋，文采风流”四部分，展示钱玄同在新文化运动、国语运动中的成绩及其与师友们的交往。《回眸胡适》以胡适生平为主线，以“早年求学”、“文学革命”、“学界领袖”、“学者大使”、“北大校长”、“晚年岁月”、“亲情友情”七个专题，呈现他作为文学改良的提倡者和新文化运动领袖的伟大功绩，以及他在文学、史学、哲学、教育等诸多领域的开创性贡献。此外，我们还推出了蔡元培、陈独秀、李大钊生平展和一些专题展。

我们在工作中体会到，新文化运动涉及社会各个阶层、各个方面。如果对时代背景没有全面的把握，对人物和事件没有细致的研究，就很难认识这场运动的实质和精髓。

2017 年，为纪念新文学发生一百周年，我们召开了学术研讨会，同时制作了展览《文白之变》。这是对新文化运动一个方面的具体展现。这个展览制作之初，题目起得比较大，概括的方面比较多，经过斟酌，我建议专注一面，把语言文字问题讲充分。新文化运动给现代中国带来巨大恩惠。若干年来，学界对五四新文化运动有所反思，指出其偏颇、武断和决绝。反思当然是必要的，但对历史事件不能有先入之见，不能求全责备，不能一味强调缺点和不足，不能忘记表彰其给后世带来的恩惠。白话文、注音字母、读音统一、标点符号，新编中小学教科书，乃至教育制度的变革，正是新文化运动的卓越功绩，对后世中国造成的影响，怎么高估都不过分——我们现在写字行文，就在受着这场运动的恩惠。

我感到，五年以来，鲁新馆的学术研究、文物收藏、展览展示渐趋扎实，从上层的“邦国”概念下沉到普通民众，从理论性的主义落实到具体问题。2017 年，鲁新馆还制作了纪念西北科考团成立 90 周年的展览，首先在北大红楼，后又在燕园北京大学展出，并开了两次纪念座谈会。我们常说，新文化运动高举的大旗上写着“民主”和“科学”，但科学观念究竟是怎么发展和传承的？科学考察团的实践和业绩可以让观众获得形象的认识。

2018 年，为纪念《狂人日记》发表一百周年，我们召开了学术研讨会，并做了有关北大红楼的展览，纪念这座有一百年历史的建筑在中国近现代史上发挥的重要作用。

经过大半年的考虑，我把 2019 年五四百年纪念活动设计为一场学术研讨会和三个展览。

学术研讨会名为“在文学与历史之间”，听起来颇有学术意味，其实隐含着我的实际考虑。学者们从多学科多角度研究五四，有历史的五四，有文学的五四。文学和历史都有真实性，虚构的真实有时是更高意义上的真实。但我原初的想法还有一点现实的因素，就是要回到五年前两馆合并时的设想，即鲁迅博物馆和新文化运动纪念馆的融合，也正是一次文学与历史的融合——鲁迅博物馆偏重文学，新文化运动纪念馆偏重历史。

展览的构想源于一本日历的编辑。2018 年，出版社的朋友与我商量编辑一本 2019 年新文化运动的日历。我考虑了很久，感到材料不够，也难以找到合适的体式，终于放弃了。最后的结果，是编辑了一本《鲁迅日历 2019》，由商务印书馆出版。

不过，几次讨论和长时间的思考功不唐捐。在编辑鲁迅日历的过程中，我也想到，鲁迅在 1919 年究竟做了什么事？面对学生运动引发的社会动荡，他有什么思考，写了什么文章？能不能以展览的形式展现鲁迅在 1919 年？进一步，怎么把 1919 年的五四学生运动及其影响更真实更全面地表现出来？

构想的三个展览，第一个是“多媒体五四”，希望通过五四期间的照片、新闻报道、传单等，多角度复原历史场景，后来改名《五四现场》，仍然含有“多媒体”的意思，即是对百年前那场运动的“现场直播”。展览推出后，我看到很多观众在主题墙前合影留念，有的青年朋友还摆出五四时期学生的姿势，青春的热情延续着历史。第二个展览，我想兼顾一下文学，做一个表现鲁迅的专题展览《鲁迅在 1919》，但仍然未能实现，一是因为场地的限制，一是因为这个主题不太具有展示性。起初，我给这个展览起的名字是《也便成了路》，颇有些诗意。在个人生活中，1919 年的大半年，鲁迅买房置业，年底回到故乡，把家眷接到北京，过上了全家团圆的生活。后来他根据这次的经验，写了小说《故乡》，最后一句是“也便成了路”。鲁迅在这一年走过的路不同于其他新文化先贤，他做了社会批评和文明批评的工作，但实际行动较少，没有参与学生运动，也很少积极支持。

于是，第二个展览就是《国民：1919》。我想挑选约一百件文物和文献资料来表现五四运动发生那一年中国的社会状况。无疑，我是受了两年前大英博物馆馆长策划的《百件文物中的世界史》（*A History of the World in 100 Objects*）的启发。但是，我是在国家博物馆参观的这个展览，惊异于策展人眼界之高，勇气之大，学识之渊博。一百件文物，表现几千年的世界史，对展品认知的敏锐度，解说文字的凝练度，令人叹为观止。当然，这样的大手笔需要一个庞大的团队，也需要长时间的研究功夫。

用一百来件实物带观众感受1919年的时代氛围，把一年浓缩在一百来件物品和一个二百多平方米的空间，无疑是一次冒险。

我遇到的第一个难题，是馆内现存文物数量不足。查阅馆藏目录发现，真正需要的文物，馆藏没有；馆藏所有，重复又太多，又或者没有展示价值。

经过半年的努力，总算拿出一个按时序排列的文物展品大纲。五四学生运动是重点，也是关键。展览就以五四运动为中心，分为三个部分，一个是五四运动之前，一个是五四运动之中，一个是五四运动之后。主题的确定颇为曲折，最初题为《1919：有百年影响的年份》，总觉不妥，因为五四之后已历百年之久，一个小型展览难以涵盖如此长的时段，如此多的事件和人物。后来我在搜索馆藏品目录时发现1919年1月1日出版的《国民》杂志，眼睛一亮。这是由北京的学生救国会创办的刊物，办刊宗旨有四点：（一）增进国民人格，（二）灌输国民常识，（三）研究学术，（四）提倡国货。《国民》杂志坚持启蒙精神，注重学术研究，尤其令人感佩的是最后一条，不是从反面抵制日货，而是从正面提倡国货，切实而明智。杂志的封面也很吸引人，据说是画家徐悲鸿设计的，画的是一个用手掌托着下巴思考的青年人，眼神中既有担忧，又透出坚定的信心。

《国民》杂志的诞生具有象征意义：国民登上了中国历史的舞台，青年又担任了主角。国民是一个复合词，其实还可以拆开了看，国和民，是矛盾统一体。1919 年的很多事件体现了国家与民众之间的关系，有一致，也有分歧，有斗争，也有和解。

蔡元培为这本杂志写的发刊词中有一段话，很有警示意义：

> 学生唯一之义务在求学，胡以牺牲其求学之时间与心力，而从事于普通国民之业务，以营此杂志？曰：迫于爱国之心，不得已也。向心生而外之国民，均能爱国，而尽力于救国之事业，使为学乐者得专心求学，学成而后有以大效于国，诚学生之幸也。

国民应该怎样发挥更大的作用，国家的管理者怎样对待民众，是 1919 年的很多问题的症结所在。在国民眼中，统治者应该受到监督，权力应该受到限制。在这场运动中，民众发出自己的声音，这声音得到了尊重，也在一定程度上改变了国家的政治外交决策。甲午战争、戊戌维新后，启蒙者主张以西方的先进观念和制度改造中国，输入各种“主义”，意在实现社会自由平等，鼓励民众参政和自治。新文化运动承接历史使命，坚守启蒙立场，更全面、更深刻、更坚决、更彻底。五四运动把新文化的思想观念付诸实践和行动，赋予国家新气象，带给国民新体验。从这个意义上说，1919 年是划时代的年份，中国从一个死气沉沉的国度，转变为一个生机蓬勃的国度，从“无声的中国”变成了“有声的中国”。

因此，我用这本杂志的名称命名整个展览，并且把它列为第一件展品。五四运动以文化的变革为根基，以民众的联合行动为护卫，以政治外交的角力为焦点，以公民的觉悟为根本指归。民众获得觉悟，积极参与到政治斗争中，为后来的社会斗争提供了新的模式。所以，觉醒和觉悟是 1919 年经常出现的词汇。学生组成讲演团街头演说，启发民众的自觉心。

《上海罢市实录》封面上有“自觉自悟良心救国”的标语；报纸杂志叫《觉

悟》的专刊副刊就有好几种；就连被戴上卖国贼帽子的曹汝霖，在后来的回忆录中也说："此事（指 5 月 4 日学生烧毁其住宅及后来其职务被罢免）距今四十余年，回想起来，于己于人，亦有好处。虽然于不明不白之中，牺牲了我们三人，却唤起了多数人的爱国心，总算得到代价。"天津的学生组织为团体起名"觉悟"，而 1919 年底，周恩来主编的杂志《觉悟》创刊了。

"觉悟"二字象征性地描述了这个特殊年份里国民生存状态的一个主要特点，因此，我把展览的最后一个展品确定为这本杂志。

"国民"、"觉悟"是 1919 年的关键词，这一年的"国民觉悟"为后世提供了宝贵经验。

展览遇到的另一个难题是如何做到文物之间的联系和贯通。我注重各物之间的联系，也希望相对集中地说明一些问题。第一部分，介绍当时国家的形势，如政府的组成，权力的分配，政治影响力。也表现文化思想界的复杂形势。第二部分讲述五四运动过程，虽然与《五四现场》展览有重合，但也有所区别。《五四现场》展览注重当时媒体报道，《国民：1919》则用更多背景资料带观众回到历史现场。在此要感谢兄弟馆和朋友们的帮助，上海一大会址纪念馆提供了五四时期的传单；黑龙江大学博物馆臧伟强先生提供了章宗祥保存的一些照片。其中，有一张照片是 1918 年底中国赴巴黎谈判代表团部分成员在中国驻日使馆拍摄的。如果不加解说，可能会有人认为，中国既然想收回日本意欲抢夺的山东利益，为什么还要去日本？原来，代表团团长和助手从北京出发，经过朝鲜、日本、美国，到达巴黎，一路上中国的外交方针发生了变化，从与日合作变为联美疏日。还有一个展品，借自收藏家韩斗先生，是当时法文画报有关五四学生运动的报道，题目是《中国学生之反日》。其中有一张照片，过去我们简单解说成"学生被关押在北京大学法学院"。但画报的图注说的是学生替换了政府派来的军警，把守大门，正在检查通行证。这是怎么回事呢？原来，政府已经下令释放学生，但学生因为没有达到目的，拒绝离开拘押所，并自行担负起维持秩序的职责。这细节说明国家与民众的关系并非完全对立。这篇报道在述及日本人对学生运动的反应时，提到了义和团运动，并表明了态度："日本人放话说，他们的政府已接到盟国请求，将派军队到中国维持秩序。消息并不准确，由学生、商人和一些政客参与发起的这场运动与1900年的义和团运动没有可比性。"

总之，1919年，国民的觉悟贯穿始终。国民外交、民众运动、民众大联合、勤工俭学、工会、互助、无政府主义、新教育等，多为民间自发行为；注音字母、国语统一、书写方式、新教科书的制定等，是国家统一的努力。而追本溯源，还是要回到新文化运动上来。没有新文化运动的准备，五四运动就不可能有那样大的规模和那样深远的影响。因此，我不但在《国民：1919》展览中突出文化、思想方面的情状，并且特地制作了另一个展览，缅怀和表彰新文化运动的先贤们。

这就是第三个展览《中国的文艺复兴：新文化八大家》。

"新文化八大家"是我几年来思考的一个概念，也是博物馆、纪念馆长期进行新文化运动及著名人物研究的成果。新文化运动在中国近现代历史上地位极其重要，而我们对于这场运动的历史功绩研究得还不充分，尤其是有些新文化运动人物，因为这样那样的原因，时有被低估、忽视乃至贬低的现象。

展览分为两个部分，一是"中国的文艺复兴"，一是"旧墨新声"，分别在两个展厅内展出八位先贤的照片、著作、手稿和书法作品等。我在序言中略述展览的目的和意义道：

> 文艺复兴需要贯穿古今、融合内外的巨人。像中国唐宋的古文运动一样，新文化运动也需要而且产生了有"文起八代之衰、道济天下之溺"志向的文化巨人。较之唐宋古文运动，新文化运动更宏阔，更强烈，更迅猛。俊杰一时汇聚，群星光耀长空。新文化群贤像唐宋名家一样，尊重元典，承续文脉，因应时代要求，勇于变革，善于创新，在与外来文明的碰撞中坚定文化自信，在中西文明交融的关键期为中国的文艺复兴开辟出广阔道路。他们的成就不仅仅在文艺，而涵盖各个方面。他们像唐宋先贤一样，有探索勇气，有道德坚守，有术业专攻；他们雍容、博

大，深厚、锐利，富有才情，文质彬彬。百年过去，他们标举的民主科学理念已经深入人心，他们的论著或为学术典章，垂范学界；或作为教科书中的范文，传颂众口。

以上就是五年来，特别是 2019 年，鲁新馆所做的一些工作，一定还存在不少错讹和疏漏，衷心期盼观众朋友们批评指正。